한국의 중장기 미래전략

국가안보의 새로운 방향모색

한국의 중장기 미래전략

국가안보의 새로운 방향모색

김상배 · 신범식 · 신성호 · 이승주 · 이신화 · 조화순 · 황지환 지음

FUTURE

인간사랑

차례

제2부 군사·경제안보의 변환과 복합 109

제4부 중장기 미래전략의 방향모색 257

머리말

국가의 미래를 내다본다는 차원에서, 향후 10-30년은 한국에게 큰 도전의 시기가 될 것 같다. 무엇보다도 중국의 부상에 따라 향후 10-30년 동안 미-중관계가 재조정되면서 동아시아 권력구조가 크게 변화할 가능성이 보인다. 남북한 관계도 지금과 같은 냉담과 긴장 상태가 한없이 계속될 것 같지는 않다. 오히려 우려스러운 부분은 누구도 원치 않게 사태가 급변하는 형태로 변화가 발생하는 것이다. 좀 더 시야를 넓혀서 세계를 보아도 한국에 닥쳐오는 도전은 늘어나고 있다. 다양한 초국적 난제들을 놓고 모색되는 글로벌 거버넌스의 장에 한국의 적극적인 참여를 요구하는 목소리가 높아지고 있다. 이러한 도전에 맞서는 한국도 이제 종전과 같은 개도국은 아니다. 해방 이후 70년의 성장을 바탕으로 물질적 국력이라는 면에서 대략 세계 10-15위권의 중견국이 되었다. IT나 인터넷 분야에서 이룩한 한국 기업들의 성공이나 TV드라마와 K팝을 앞세운 한류 열풍도 높아진 국가 브랜드를 엿보게 한다. 이렇게 커진 국력을 바탕으로 한국은 최근 국제사회에서 중견국 외교의 역량을 발휘하고 있다.

이러한 맥락에서 보면 이 책의 제목인 '한국의 중장기 미래전략'이라는 말이 그리 생소하게 들리지만은 않는다. 사실 현실 국제정치의 장에서 중장기 전략에 대한 고민은 개도국들의 몫은 아니었다. 개도국들도 고민을 할 수는 있었겠지만 그러한 고민이 낳을 행동의 결과가 주변 국가들의 주목받을 정도로 큰 관심을 끌지는 못했다. 오히려 중장기 전략은 일정 정도 이상의 국력을 보유한 국가들이 자국의 의지를 주변 국가들과 미래의 질서에 투영하고 싶을 때 흔히 꺼내드는 카드였다. 이렇게 보면 지금 중장기 전략을 논한다는 것 자체가 한국이 이제는 더 이상 개도국이 아니라는 사실의 반증인 셈이다. 국내적 역량과 국제적 위상이 상승하면서, 이제는 강대국들이 닦아 놓은 길을 그들의 손을 잡고 더듬듯이 따라가는 근시안적 대응을 넘어서, 중견국의 시력에 맞는 도수의 천리경을 쓰고 자신의 미래를 스스로 고민하는 '중장기 전략'을 논할 필요성이 생겼다고 해야 할 것이다.

사실 개념적으로 보아 '중장기'라는 말이 얼마만큼의 기간을 의미하는지를 구체적으로 논하기는 쉽지 않다. 5년, 10년, 30년, 100년 등 논자에 따라서 각기 다른 기준이 있을 수밖에 없다. 그러나 적어도 현재의 시점에서 한국이 '중장기'라는 말을 꺼내든 이유는, 현 정권 내에서 승부를 보거나 5년 단위의 정권교체 주기에 맞추어 차기를 준비하자는 뜻은 분명 아니다. 오히려 다음 세대에게 닥칠 일을 현 세대가 미리 고민하고 준비하겠다는, 적어도 한 세대, 즉 30년의 미래를 준비하겠다는 발상을 바탕에 둔다. 더 길게는 식민지의 길로 접어들었던 100여 년 전을 뒤돌아보면서 앞으로 한 세기를 과거와는 다르게 만들어가겠다는 역사적 각성이 담겨 있다고도 볼 수 있다. 이러한 백년대계를 바탕으로 해서 앞으로 한 세대를 어떻게 꾸려 나가야 할지, 그리고 그러한 미래를 위해서 오늘과 내일은 무엇을 할지에 대한 중층적인 고민을 담아야 할 것이다.

이러한 중장기 전략의 고민 중에서 이 책의 필자들이 주목한 주제는

'국가안보'의 미래이다. 사실 오늘날 세계정치의 양상을 보면 국가안보라는 말에서 '국가'와 '안보'의 내용이 모두 변화하고 있음을 알 수 있다. 안보의 단위라는 차원에서 일국 차원의 안보뿐만 아니라 국가의 경계를 넘어서 발생하는 지역안보와 글로벌 안보를 모두 고려해야만 하는 시대가 되었다. 이러한 문제들을 해결하기 위해서 나서는 안보 행위자의 성격도 전통적인 국민국가라기보다는 '내이션(nation)'의 경계를 안과 밖으로 넘나들며 새롭게 모색되는 '국가(state)'이다. 안보의 영역이라는 차원에서도 오늘날 안보문제의 주관심사는 군사안보에만 국한되지 않는다. 환경, 에너지, 식량, 원자력, 전염병, 컴퓨터 해킹 등으로부터 이민이나 인구, 인권 및 사회통합의 문제 등에 이르기까지 다양한 요소들이 모두 우리의 안보를 위협하고 있다. 이러한 맥락에서 미래의 '국가안보'를 제대로 지키기 위해서는 전통적인 안보개념의 틀에만 갇혀 있지 말고 문제의 성격 자체를 새롭게 보려는 발상의 전환이 필요하다.

이러한 맥락에서 이 책의 필자들이 국가안보의 미래와 관련하여 던지는 개념적 화두는 '신흥안보(emerging security)'이다. 사실 신흥안보의 이슈들은, 종전에는 전통안보와 대비된다는 의미로, 비전통안보(non-traditional security)라는 이름으로 다루어졌다. 그러나 비전통안보라는 말은 새로운 안보 이슈의 성격을 전통안보와의 관계 속에서 상대화시켜서 보게 하고, 그 결과로 전통적인 것에 비해 부차적인 의미를 갖는 안보 이슈라는 느낌을 준다. 마치 군사안보를 위주로 한 전통안보가 상위에 있고 그 외의 나머지 안보 이슈들이 그 하위에 있다는 인상을 줄 우려가 다분히 있다. 그러나 오늘날 우리가 당면한 새로운 안보 이슈들은 그렇게 주변적인 문제로 치부하기에는 너무나도 빠르게 우리의 삶을 위협하는 요인으로서 자리 잡아가고 있다. 이러한 문제의식을 바탕으로 이 책의 필자들은 미래의 안보를 부르는 용어 자체에 대한 고민을 시작하게 되었고, 결국 '신흥안보'라는 개념을 고안하게 되었다.

신흥안보라는 말은 단순히 새롭다는 의미만 담고 있지는 않다. 오히려 오늘날 세계정치에서 관찰되는 변화를 반영하려는 다의적인 의도를 담고 있다. 전통적인 군사안보의 영역을 넘어서는 새로운 안보 이슈들이 문제시되고, 위협의 발생이 국가의 경계 내가 아니라 국가를 넘어서 초국적으로 이루어지며, 그것을 해결하는 데에도 단순히 국가 행위자들만 나서는 것이 아니라 다양한 비국가 행위자들까지도 참여하는 새로운 방식을 추구하고, 안보문제를 해결해나가는 전략 자체도 물질적 자원에 주로 의존하는 전통적인 방식이 아니라 좀 더 스마트하게 관계적인 맥락을 활용해야 한다는, 다층적인 의미에서 '신흥'이다. 국내외 학계의 현황을 돌아볼 때, 이상에서 설명한 개념적인 의미를 염두에 두고 '신흥안보'라는 용어를 사용하는 것은 이 책에서 처음 시도했다고 할 수 있다.

여기서 하나 짚고 넘어갈 점은, 이 책의 필자들이 국가안보의 변화를 논하는 시각이 쉽게 말하는 바와 같이 '전통안보로부터 신흥안보로의' 단순한 이행을 논하는 것은 아니라는 사실이다. 오히려 이 책의 필자들이 취하고 있는 입장은 전통안보와 신흥안보가 복합되는 맥락에서 21세기 국가안보의 미래를 바라보아야 한다는 것이다. 이러한 관점에서 보면, 한국의 중장기 전략이 탐구해야 할 국가안보의 미래는 전통안보 일색에서 전통안보와 신흥안보가 겹치고 엮이는 '복합안보'의 개념으로 파악하는 것이 맞을지도 모른다. 그렇다면 이러한 전통안보와 신흥안보의 복합을 어떻게 이해해야 할 것이며, 그러한 과정에서 창발(emergence)하는 복합안보의 내용은 무엇일까? 이 책에 담긴 7편의 논문과 마지막에 실은 라운드 테이블 토론은 이러한 국가안보 패러다임의 변화를 향후 한국이 추구할 중장기 미래전략의 시각에서 다루었다. 특히 앞으로 한국이 추구해야 할 외교안보 전략 과제, 군사안보나 경제안보와 관련된 현실의 변화, 중장기적으로 새롭게 당면하게 될 신흥안보 이슈들의 부상, 그리고 한반도의 관점에서 보는 국가안보의 새로운 방향이라는 네 부분으로 나누어 살펴보았다.

제1부 '외교안보의 중장기 미래전략'에는 현재 한국이 글로벌 및 동아시아 차원에서 당면하고 있는 외교안보 전략의 과제를 중견국 외교와 유엔안보외교의 시각에서 다룬 두 편의 논문을 실었다.

제1장 '중장기 외교안보 전략의 과제'는 중견국 한국이 추구할 향후 중장기 전략의 방향과 외교안보 전략의 과제들을 이론적 시각에서 짚어보았다. 오늘날 한국은 향후 세계정치의 변환에 적극적으로 대응하는 차원에서 중견국으로서의 위상 변화에 걸맞은 중장기 외교안보 전략을 모색해야 할 과제를 안고 있다. 제1장은 이러한 외교안보 전략 과제들을 세 가지 측면에서 제시하였다. 첫째, 한국의 중장기 외교안보 전략은 글로벌 및 동아시아에서 형성된 복합구조의 속성을 파악하고 그 안에서 한국이 차지하는 '구조적 위치'를 제대로 이해하고 적절히 활용해야 할 과제를 안고 있다. 둘째, 한국의 중장기 외교안보 전략은 부국강병을 위한 자원권력의 추구전략에만 집착할 것이 아니라 글로벌 및 동아시아에서 형성되는 복합구조 속에서 작동하는 신흥권력의 다차원적 메커니즘을 잘 이해하고 적극적으로 활용해야 할 과제를 안고 있다. 끝으로, 한국의 중장기 외교안보 전략은, 과거 외교안보 전략의 전제가 되었던 개도국의 협소한 국가이익 규정이나 근대 국민국가의 모델을 넘어서, 새로이 변화하는 세계정치의 환경과 높아진 한국의 위상을 고려한 열린 국익의 발상과 미래의 국가모델을 추구해야 할 과제를 안고 있다. 종합적으로 제1장은 한국의 중장기 외교안보 전략이 앞으로 30년에 걸쳐서 그 진면목이 본격적으로 드러날 것으로 보이는 '네트워크 세

계정치'의 부상에 적극적으로 대응해야 한다고 주장하였다.

제2장 '유엔 안보외교의 미래전략'은 향후 30년 동안 한국이 당면해야 할 가장 중요한 외교의 문제로서 유엔 안보외교의 주제를 다루었다. 특히 세계안보와 평화를 유지·관리하기 위한 유엔의 '아이디어'와 대응·접근방식들이 어떻게 발전되어 왔고 실제로 어떠한 성과와 한계를 가져왔는지를 검토하였다. 안보리의 결의안 분석을 통하여 냉전기 초강대국 미국과 소련의 대결 속에서 나타난 안보리 거부권 행태, 그리고 향후 미국과 중국 및 러시아의 힘겨루기를 분석하였다. 더 나아가 이러한 과정을 통해서 향후 국제위협과 분쟁예방 및 해결을 위한 보다 강력하고 타당하며 적실성 있고 효과적인 유엔의 역할은 어떠해야 하는지를 살펴보았다. 또한 제2장은 유엔 및 국제사회에서 중견국의 역할이 제반 분쟁에 대한 중재자(good office)적 역할, 경제적·윤리적 문제를 다루는데 있어서 모범적 행위자로서의 역량을 발휘하는 데 있다고 주장한다. 이러한 역할을 조명함으로써 향후 '선도 중견국 한국'의 장기적인 외교전략을 엿볼 수 있다는 것이다. 사실 한국은 경제개발과 민주화라는 두 마리 토끼를 성공적으로 이루어서 많은 개도국의 벤치마킹의 대상이 되고 있다. 이러한 한국이 어떻게 동북아 4강에 둘러싸인 지정학적 한계를 극복하고, 유엔이나 국제사회의 평화활동에 기여하며, 서구와 비서구를 잇는 국제규범을 추구할 수 있을지가 성공적인 중견국 외교를 이끌어가는 관건이 될 것이다. 요컨대 한국의 중견국 외교는 특정 지역이나 이슈에 얽매이지 말고, 양자적·다자적 협력을 포괄하는 광범위한 중견국 외교의 모델을 창출하는 방향으로 이루어져야 하며, 한국의 유엔안보외교도 이러한 맥락에서 추진되어야 한다.

제2부 '군사·경제안보의 변환과 복합'에는 근대 국제정치의 주요 논제인 국방과 경제의 문제가 21세기 세계정치의 초국적인 신흥 이슈와 어떻게

연계되는지를 초고령·저출산의 인구문제와 지구화 시대의 자유무역협정의 사례를 검토한 두 논문을 실었다.

제3장 '국방안보의 미래: 초고령·저출산 인구문제를 중심으로'는 중장기 전략의 시각에서 인구문제가 미래 국방안보에 주는 의미를 살펴보았다. 동북아시아의 경쟁적 안보구도, 북한의 위협, 그리고 전시작전권 전환을 통해 한-미동맹 변화가 지속되는 가운데, 초저출산·초고령화는 안보와 국방의 영역에도 극복하기 쉽지 않은 여러 가지 도전을 제기한다. 초저출산은 국방에 필요한 병력 수급에 직접적인 영향을 미친다. 또한 초고령화는 현재 일반병 위주의 군 구조에서 군 간부 증가와 첨단 무기 체제 도입을 수반하는 군 구조의 질적 변화를 요구한다. 문제는 초저출산·초고령화가 국방비 증가를 더욱 어렵게 만드는 요소로 작용한다는 것이다. 우선 저출산은 산업인구를 감소시킴으로써 세수의 감소를 가져와 궁극적으로 정부재정 확보에 어려움을 초래한다. 또한 산업인구 감소는 경제성장률에도 부정적인 영향을 미칠 수밖에 없다. 저성장과 조세수입 감소에 따른 정부재정 감소는 국방비 감소로 이어진다. 한편, 인구의 고령화는 복지에 대한 수요 증대로 이어져 정부재정 지출에서 복지비용의 비중이 점차 커질 수밖에 없다. 국방에 대한 요구와 복지에 대한 요구가 앞으로 더욱 서로 상충할 것이라고 예상된다. 이와 같이 초저출산·초고령화는 안보에 있어 말 그대로 어느 쪽을 선택해도 문제점이 발생하는 하나의 커다란 딜레마로 한국을 빠져들게 하고 있다. 이러한 맥락에서 제3장의 주장은 국방개혁을 보다 시급하게, 그리고 다각적이고 입체적으로 접근해야 한다는 데 초점을 맞추고 있다.

제4장 '경제-안보 연계전략: 자유무역협정을 중심으로'는 앞으로 한국의 중장기 전략이 경제외교를 안보문제와 연계하는 방향으로 진행해야 한다고 주장한다. 경제-안보의 연계라는 관점에서 볼 때, 동아시아 지역질

서의 구성 원리는 다른 지역, 특히 유럽에 비해 독특하다. 냉전기 동아시아의 지역 아키텍처는 미국을 중심으로 한 양자 동맹의 네트워크적 성격이 강했고, 경제적 상호의존 역시 동맹국에 대한 시혜적 성격이 있었다는 점에서 지역 차원의 다자체제를 형성하였다. 1990년대 냉전 종식, 세계화의 진전, 중국의 부상 등 동아시아 지역질서의 변화를 촉진하는 요인들이 속속 등장하면서 미국 중심의 경제–안보 연계체제에도 변화의 압력이 증가하기 시작하였다. 미국을 허브(hub)로, 동아시아 국가들을 스포크(spoke)로 하는 전후 안보 체제는 신흥 강대국의 부상, 안보 기구의 지속적 위기, 비국가 행위자의 부상 등으로 인해 유용성이 감소하게 되었다. 주요국들이 탈냉전 시대에 부합하는 전략적 협상의 새로운 유형을 모색하는 과정에서 경제–안보 연계 현상이 강화되기 시작했다. 2010년 이후 동아시아 국가들이 TPP 및 RCEP와 같은 거대 FTA로 정책의 중심을 빠르게 이동시키고 있는데 이로 인해 경제–안보 연계 현상이 더욱 강화되고 있다. 거대 FTA에 나타난 경제–안보 연계가 동아시아 지역 협력의 제도화에 미치는 영향은 양면적이다. FTA를 통한 제도화된 협력은 안보에 대한 우려를 상당 부분 감소시키는 결과를 초래할 수 있다. 그러나 경제–안보 연계현상의 근저에는 미국과 중국의 권력 변화와 그에 따른 지구적·지역적 차원의 새로운 아키텍처 수립을 위한 경쟁이 작용하고 있다. 거대 FTA 협상의 대두 과정에서 발견되는 경제–안보 연계가 지역 제도의 동학에도 커다란 영향을 미치는 것이다.

제3부 '신흥안보의 중장기 미래전략'에는 이 책에서 한국의 중장기 미래전략의 방향으로 설정한 신흥안보 분야 중에서 최근 가장 큰 쟁점으로 부각되고 있는 두 가지 주제, 즉 환경안보와 사이버안보의 문제를 다룬 두 편의 논문을 담았다.

제5장 '환경안보의 미래전략'은 1980년대 중반 이후 주요한 국제적 쟁점으로 부상하고 있는 환경문제를 중장기 미래전략의 시각에서 살펴보았다. 21세기 세계정치의 쟁점으로 등장한 기후변화 문제는 한 국가의 안보 차원에서 뿐만 아니라 지역적 및 지구적 차원에서 중층적이며 복합적인 접근을 통해서만 해결이 가능한 사안이라는 특징을 갖는다. 이와 같은 기후변화에 대응하기 위한 새로운 기후변화 대응체제의 기본틀을 만드는 노력이 범지구적 차원에서 진행되는 중이다. 특히 교토의정서를 대신할 새로운 기후 협약이 2015년 말 성공적으로 합의될 것인지, 또한 그 실행을 둘러싼 경제적·사회적 효과는 어떠할지에 대한 다층적인 우려와 도전이 국내외적으로 제기되고 있다. 한국은 환경문제에 대한 깊은 관심을 가지게 된 이후 최근 기후변화 대응체제 협상과정에서 외교력과 국제무대에서 가시성을 높이기 위한 노력을 경주해 왔다. 하지만 한국 기후변화 대응을 위한 대내외 정책은 이제 새로운 국면을 맞이하고 있다. 그간 선진국과 개도국 사이의 중간자적 입지를 활용하여 커다란 부담은 회피하면서 자신의 중재자적 가치를 높이려는 외교정책이 일정기간 통했다. 하지만 이제 이와 같은 입지를 활용할 수 있었던 국제적 환경이 변화하고 있다. 이제 본격적인 기후변화에 대한 '감축'과 '적응'을 위하여 과감한 국내적 체질개선을 추진하여야 한다. 2010년대에 전개되고 있는 기후변화 대응체제 구축을 둘러싼 국가 간 협력과 경쟁은 적어도 지난 반세기 동안 지구 정치의 중요한 축으로 급성장한 환경 영역에서의 지구적 거버넌스를 재편하고 환경 영역의 의제가 다른 영역과 연계되는 방식을 결정하는 중요한 분야가 될 것임에 틀림없다.

제6장 '사이버안보의 국제정치와 미래전략'은 최근 초국적 차원에서 벌어지고 있는 사이버테러와 사이버공격이 지니는 안보적 의미를 중장기 미래전략의 시각에서 다루었다. 2000년대 후반 이후 전 세계적으로 보안에

취약한 특정 분야의 민간기업과 기관을 대상으로 한 해킹과 사이버공격뿐만 아니라 적대국가에 대한 공격의 한 방편으로 사이버공격을 감행하고 있다. 미국과 이스라엘이 이란의 핵시설을 공격한 올림픽 게임 작전, 미국의 소니 영화사에 대한 북한의 해킹에서 나타난 바와 같이 사이버공간을 이용해 국가의 중요 기간시설을 공격하는 사이버전쟁은 더 이상 공상과학 영화에 등장하는 이야기가 아니다. 사이버안보는 컴퓨터와 네트워크의 발전을 배경으로 사이버공간을 이용해 발생할 수 있는 전쟁, 테러, 위협 등 새로운 차원의 안보 위협을 의미한다. 전 세계가 급격히 인터넷과 소셜 네트워크로 연결되고 사이버공간을 이용한 정보 이동과 교류가 활발한 네트워크 사회에서 각 국가가 사이버공간의 위협을 완전히 통제하는 것은 거의 불가능하다. 더 어려운 문제는 사이버공격은 안보의 전통적 대상이었던 국가뿐만 아니라 개인, 테러리스트, 국제조직 등 비영토적 주체도 위협을 가할 수 있어 사이버안보를 수호하는데 어려움이 있다. 이러한 맥락에서 제6장은, 사이버안보가 국제사회에 등장하고 있는 새로운 안보 이슈라는 관점에서 사이버안보를 위협하는 사례들을 통해 그 실태를 파악한 후 사이버공간의 다양한 위협에 대해 주요 국가들이 어떻게 제도적, 정책적으로 대응하고 있는지를 살펴보았다. 또한 초국경적인 사이버위협에 대응하기 위한 국제사회의 노력은 어떤 것이 있는지에 대한 논의를 통해 사이버안보를 위한 글로벌 거버넌스의 한계를 지적하였다.

제4부 '중장기 미래전략의 방향모색'에서는 이 책에서 펼친 중장기 미래전략의 방향에 대한 논의를 한반도 통일이라는 현안에 초점을 맞추어 검토한 논문과 21세기 세계정치에서 발생하는 국가안보의 패러다임 변환에 대한 전문가들의 라운드 테이블 토론을 담았다.

제7장 '한반도 통일의 미래전략'은 통일과 관련된 한반도의 미래를 북

한의 정상국가화, 급변상황, 현상유지 등 3가지 시나리오로 설정하고 논의를 시작하였다. 그러나 북한의 현상유지 시나리오는 한반도가 상당기간 동안 통일되지 않는 상황을 의미하기 때문에 한반도 통일의 미래전략으로서 북한 급변상황과 정상국가화라는 두 가지 과정에 초점을 맞추었다. 제7장에서 상정하는 한반도 통일을 위한 최상의 시나리오는 북한 정권 스스로 핵무기를 포기하고 중국이나 베트남처럼 개혁개방 정책을 추구하여 국제사회의 대규모 투자를 받아들이면서 경제발전에 집중하는 북한 정상국가화의 과정이다. 현재의 북한정권과는 전혀 다른 차원으로 북한체제의 성격이 변화하게 되는 경우 한반도 통일에 더욱 우호적인 환경이 될 것임은 분명하다. 또 다른 통일의 시나리오는 북한 급변상황과 이를 통한 통일의 과정이다. 우리가 원하든 원하지 않든 북한체제의 불안정이 급변상황으로 전환될 경우에 미리 대비해야 한다. 이 경우 독일 통일의 경우처럼 급변상황을 어떻게 한반도 통일로 연결시킬 수 있을 것인지에 대한 진지한 고민이 필요하다. 이러한 맥락에서 제7장이 내리는 제언은 한반도 통일을 견인하기 위해서는 강대국의 일방적인 영향성을 억지하고 국제사회가 한반도의 통일의지를 받아들일 수밖에 없는 방안을 모색하는 것이다. 아울러 북한 급변상황이나 정상국가화의 어떤 경우에도 북한 주민들이 한국과의 통합을 원하지 않고 독립적인 국가건설을 시도한다면 한반도 통일은 불가능하다는 점을 강조하고 있다.

제8장 '라운드 테이블 토론: 국가안보의 새로운 방향모색'에는 한국의 중장기 미래전략과 국가안보의 새로운 방향모색이라는 주제로 이 책의 필자들과 향후 연구주제를 발전시키는 작업에 참여할 전문가들이 함께 벌인 토론 내용을 정리하여 담았다. 이 라운드 테이블 토론에서 제기한 문제는 크게 세 가지이다. 첫째, 중장기 미래전략의 총론을 제기한다는 차원에서

지금 한국은 중장기 미래전략이 필요한가, 왜 필요한가, 만약에 필요하다면 어떤 미래전략이 필요한가라는 질문을 던졌다. 둘째, 향후 한국이 중장기 미래전략을 추구함에 있어서 국가안보의 문제가 차지하는 위상에 대해서 토론하였다. 특히 중장기 미래전략의 과제를 풀어나가는 데 있어서 국가안보 어젠다가 차지하는 위상이 이 책에 실린 7편의 논문 내용에 제대로 반영되었는지에 대해서 평가하였다. 끝으로, 향후 중장기 미래전략을 추진하는 과정에서 발생할 국가안보 패러다임의 변화와 연속성에 관하여 토론하였다. 한국의 전략은 국가안보의 새로운 방향을 모색할 필요가 있는지의 주제로 토론하는 과정에서 환경, 원자력, 보건, 인권, 문화정체성, 사이버안보, 인구, 에너지·식량, 이민, 통일 후 사회통합, 경제안보 등과 같은 신흥안보문제의 위상을 설정하였으며, 이러한 신흥안보의 문제가 전통적인 안보문제와 만나게 되는 복합 지점에 대한 토론을 벌였다. 라운드 테이블 토론의 말미에 이루어진 논의는, 이 책의 필자들이 향후 진행할 확장연구의 일환으로서 '신흥안보의 국가전략'이라는 주제에 좀 더 본격적으로 초점을 맞추겠다는 기약을 중심으로 이루어졌다.

이 책이 나오기까지 많은 분들의 도움을 얻었다. 무엇보다도 중장기 미래전략 연구에 기꺼이 동참해 주신 필자 선생님들께 감사드린다. 지난 1년 동안 함께 만나 벌였던 발표와 토론은 이 책이 세상에 나올 수 있었던 토양이었다. 또한 1년차 연구를 평가하고 2년차 연구를 기약하는 라운드 테이블 토론에 참여해 주신 배영자(건국대), 조홍식(숭실대), 김헌준(고려대), 이태동(고려대), 정혜주(고려대) 등 다섯 분 교수님께도 감사드린다. 이분들은 현재 기획하고 있는 다음 책에 필자로서 참여하실 예정이다. 라운드 테이블의 토론내용을 녹취하고 글로 옮기는 작업을 도와준 조문규, 김유정 두 대학원생들에게도 고마움을 전한다. 또한 성심껏 이 책의 출판을 맡아주신 도서출판 인간사랑 관계자들께도 감사의 말씀을 전한다.

2015년 7월 31일

필자들의 뜻을 모아

김상배

제1부

외교안보의 중장기 미래전략

중장기 외교안보 전략의 과제

제1장

김상배

I. 머리말

해방 이후 지난 70년의 역사를 돌아보면 오늘날 한국의 국가적 위상이 크게 높아졌음을 실감하게 된다. 한국은 2010년 현재 군사비 세계 12위, GDP 세계 15위를 달성하여 물질적 국력이라는 면에서 대략 세계 10–15위권을 차지한 중견국(中堅國, middle power)으로 평가된다. 2012년 6월에는 세계에서 일곱 번째로 국민소득 2만 달러와 인구 5천만 명을 넘어선 나라들의 대열인 이른바 '20–50클럽'에도 진입하여 개도국의 이미지를 완전히 벗어던졌다. 국가 브랜드라는 측면에서도 이제 한국은 '원조 받는 나라에서 원조 주는 나라'의 이미지를 세워나가고 있다. 이밖에도 IT나 인터넷 분야에서 이룩한 한국 기업들의 성공이나 TV드라마와 K팝을 앞세운, 이른바 한류(韓流) 열풍도 한국의 높아진 위상을 엿보게 하는 사례들이다. 이렇게 커진 국력을 바탕으로 한국은 최근 글로벌 거버넌스의 다양한 분야에서 중견국으로서의 외교적 역할을 발휘하고 있다(Kim, 2014a; 김상배 편, 2015).

향후 한국의 중견국으로서의 물질적 국력과 외교적 위상은 얼마나 더 지속될까? 이를 가늠할 요건은 여러 가지가 있겠지만, 그 중에서 가장 기초적인 국력의 잣대인 인구를 보면, 앞으로 한 세대인 30년이 관건이다. 2012년에 접어든 인구 5천만 명 시대는 2030년의 인구 5천2백만 명을 정점으로 하여 그 이후에는 점점 더 감소 추세에 접어들어 2045년에는 다시 5천만 명에 이를 것이라고 한다. 한국은 앞으로 30년 동안만 5천만 명이 넘는 인구를 보유한 국가로서 역사에 이름을 남기게 될 것 같다. 경제력이라는 차원에서도 2030년은 중요한 분기점이 될 것으로 전망되는데, 한국의 잠재성장률이 2030년경에는 0.55%를 기록하여 사실상 성장을 멈추는 단계에 이를 것이라고 한다. 이렇게 되면 2010년대 중반에 획득한 20−50클럽 멤버로서의 중견국 지위는, 앞으로 마냥 지속되는 것이 아니라, 향후 30년 정도만 유지될지도 모른다. 2015년의 한국에게는 앞으로 30년 동안만 기회의 창이 열려 있는 셈이다.

한반도 주변정세와 세계정치 환경의 변화라는 측면에서도 향후 30년은 중견국 한국에게 도전의 시기가 될 것으로 전망된다. 무엇보다도 중국의 부상에 따라 향후 30년 동안 동아시아 권력구조의 변환이 급격히 이루어질 것으로 예상된다. 중국은 2021년 공산당 창당 100주년을 맞아 '전면적 소강사회' 완성을 국가발전 목표로 내걸고 미국과 중국의 GDP 역전을 노리고 있다. 건국 100주년을 맞이하는 2049년에는 '중화민족의 위대한 부흥'을 통해서 미·중 패권교체의 꿈을 꾸고 있다. 경우에 따라서는 향후 30

년을 전후하여 새로운 패권의 시대가 올 가능성도 완전히 배제할 수 없다. 또한 지구화, 정보화, 민주화의 시대를 맞이하여 전통적인 군사안보나 정치경제 분야뿐만 아니라 다양한 글로벌 거버넌스의 난제들이 부상하고 있다. 이러한 문제들은 태생적으로 초국적인 성격을 띨 뿐만 아니라 그 영향도 글로벌한 차원에 미치기 때문에 소수 강대국들만이 나서서 해결하기에는 벅찰 정도로 복잡하다. 향후 30년 동안 이들 분야에서 중견그룹 국가들의 역할이 더욱 더 기대될 수밖에 없는 대목이다.

그렇다면 중견국 한국은 앞으로 30년 동안 무엇을 해야 할까? 이 글은 이러한 질문에 답하기 위한 노력의 일환으로서 한국의 중장기 외교안보 전략이 당면하고 있는 과제들을 이론적 시각에서 짚어보았다. 특히 이 글은 최근 자연과학과 사회과학 분야에서 주목받고 있는 네트워크 이론[1]을 국제정치학 분야에 원용하여 이론틀을 개발한, 이른바 '네트워크 세계정치이론'의 논의를 중심으로 이러한 고민을 풀어갔다. 기존 국제정치이론이 근대 국민국가 행위자들이 벌이는 자원권력의 게임을 분석했다면, 네트워크 세계정치이론은 오늘날 지구화, 정보화, 민주화의 시대를 맞이하여 질적 변환

1 이 글에서 원용하는 네트워크 이론은 그 인식론이나 방법론의 기준으로 보았을 때 하나가 아니고 여러 가지이다. 네트워크 개념과 이론이 다양할 뿐만 아니라 이들 연구가 주안점으로 삼고 있는 네트워크의 층위도 조금씩 다르다. 이러한 문제는 네트워크라는 것이 하나의 고정된 실체로서 파악되는 종류의 개념이 아니라는 특징 때문에 발생한다. 사실 어느 시점과 각도에서 관찰하느냐가 네트워크의 개념을 이해하는 변수가 된다. 다시 말해 분석적 층위를 어디에 고정시키느냐에 따라서 네트워크라는 존재는 유동적으로 이해될 수 있다. 여러 가지 분류가 있겠지만, 이 글은 국제정치학에 주는 의미를 염두에 두면서 기존의 네트워크 이론을 네트워크 조직 이론, 소셜 네트워크 이론, 행위자-네트워크 이론 등의 세 가지 진영으로 나누어서 이해하고 이들을 복합적으로 원용하였다. 이러한 복합 네트워크 이론을 국제정치학의 시각에서 제시한 논의로는 김상배(2014) 제1장 참조.

을 겪고 있는 새로운 국가 행위자로서 '네트워크 국가'들이 벌이는 '네트워크 권력'의 게임으로 분석한다. 네트워크 세계정치이론이 그려내는 세계정치는 '국가 간 정치(inter-national politics)'로서 국제정치(國際政治)라기보다는 '네트워크 간의 정치(inter-network politics)'로서 망제정치(網際政治)이다. 이러한 네트워크 세계정치이론의 논의가 향후 중견국 한국의 중장기 외교안보 전략을 가늠하는 데도 크게 유용하다는 것이 이 글의 판단이다.[2]

이러한 이론적 시각을 바탕으로 하여 이 글은 한국의 중장기 외교안보 전략이 추구해야 할 세 가지 과제를 제시하였다. 이 글의 II-IV에서는 이러한 과제들과 관련된 이론적 논제와 경험적 사례들을 다루었다. 첫째, 한국의 중장기 외교안보 전략은 글로벌 및 동아시아에서 형성된 복합구조의 속성을 파악하고 그 안에서 한국이 차지하는 '구조적 위치'를 제대로 이해하여 적절히 활용해야 할 과제를 안고 있다. 둘째, 한국의 중장기 외교안보 전략은 부국강병을 위한 자원권력의 추구전략에만 집착할 것이 아니라 글로벌 및 동아시아에서 형성되는 복합구조 속에서 작동하는 '네트워크 권력'의 다차원적 메커니즘을 잘 이해하고 적극적으로 활용해야 할 과제를 안고 있다. 끝으로, 한국의 중장기 외교안보 전략은, 과거 외교안보 전략의 전제가 되었던 개도국의 협소한 국가이익 규정이나 근대 국민국가의 모델을 넘어서, 새로이 변화하는 세계정치의 환경과 높아진 한국의 위상을 고려한 열

2 네트워크 이론을 국제정치의 이론과 현실에 적용한 사례로는 Hafner-Burton, Kahler and Montgomery(2009), Kahler, ed.(2009), Maoz(2010), Nexon(2009). Goddard(2009) 등을 참조. 그런데 이들은 주로 소셜 네트워크 이론의 논의를 원용하고 있다. 이들 미국 학계의 시각과는 달리 네트워크 조직 이론이나 행위자-네트워크 이론까지도 포함하는 복합 네트워크 이론의 시각에서 네트워크 세계정치이론을 모색한 사례로는 김상배(2014) 참조.

린 국익의 발상과 '네트워크 국가' 모델을 추구해야 할 과제를 안고 있다. 요컨대, 네트워크 세계정치이론의 시각을 원용하여 살펴볼 때, 한국의 중장기 외교안보 전략은 앞으로 30년에 걸쳐서 그 진면목이 본격적으로 드러날 것으로 보이는 네트워크 세계정치의 부상에 적극적으로 대응해야 할 과제를 안고 있다.

Ⅱ. 복합 세력망의 구조적 공백 찾기

한국의 중장기 외교안보 전략은 글로벌 및 동아시아 차원에서 형성되는 네트워크의 전반적인 구조 및 참여 행위자들의 성격과 이해관계를 파악하고, 그 안에서 한국의 위치를 파악하는 데에서 시작해야 한다. 이 글에서 네트워크 이론을 원용하여 말하는 '구조'의 개념은 기존 국제정치이론에서 논하는 '구조'와는 다르다. 자원권력 게임의 양상을 넘어서 다양한 행위자들이 관여하는 21세기 세계정치에서 신현실주의 국제정치이론이 말하는 세력분포로서의 '구조'나 또는 세계체제론이 말하는 자본주의 체제의 '구조'와 같은 지정학적 구조라는 관점에서만 '구조'를 이해할 수는 없다(Waltz, 1979; Wallerstein, 1974). 국가 행위자뿐만 아니라 다양한 형태의 비국가 행위자들이 다양한 이슈영역에서 기존 국가의 경계를 넘나들며 형성하는 관계의 구조를 적극적으로 개념화할 필요가 있다. 이러한 맥락에서 이 글이 주목하는 구조는 행위자들 간의 관계구도(relational configuration) 또는 상호작용 자체의 패턴으로 이해된다. 이러한 구조에 권력 변수를 추가해서 이해하면, 현실주의가 말하는 세력균형(Balance of Power, BoP)과 대비하는 의미에서

'세력망(Network of Power, NoP)'이라고 명명할 수 있겠다. 중장기 외교안보 전략을 모색하는 한국의 입장에서 이러한 세력망으로서의 구조를 파악하는 것이 매우 중요한다는 점이 이 글의 주장이다.

특히 중견국의 입장에서는 이러한 세력망의 구조에서 어떠한 '구조적 위치'를 차지하는지를 파악하는 것이 중요하다. 사실 중견국(中堅國)이라는 말에서 중심이라는 의미의 '중(中)' 자와 함께 쓰인 '견(堅)' 자는 이 글에서 논하는 '구조적 위치'의 뜻을 품고 있다. 형성문자인 '견고할 견(堅)'은 신하(臣)가 두 손을 마주잡고(又) 땅(土) 위에 굳건히(堅) 서 있다는 뜻이다. 이는 왕 앞에서 고개를 숙이고 부동의 자세를 한 사람을 의미하는데, 땅에 엎드린 일반 백성이나 높은 단위에서 자유로이 움직이며 왕을 보좌하는 측근들과는 구별되는 직책의 사람들을 의미한다. 실제로 중견은 고대 사회에서 최고 지휘자가 있는 부대(中軍)에서 최고 지휘자를 호위하는 사람(중견 무사 또는 중견 관리)을 의미했다. 중견은 지도자(또는 그 측근)도 아니고 백성도 아닌 위치를 점하고 있기 때문에 자신의 행동이나 언어가 영향을 받는 인사라고 할 수 있다. 마찬가지로 중견국은 패권국도 아니고 약소국도 아닌 위치를 점하고 있기 때문에 자신의 외교적 역할에 영향을 받는 국가라고 할 수 있다(김상배 편, 2014, p.30).

전체 네트워크의 세력망 구조에서 위치를 파악하는 능력은 중견국뿐만 아니라 세계정치에 관여하는 모든 행위자들이 길러야 하는 능력일 것이다. 이러한 능력은 네트워크상에서 행위자들이 보유하고 있는 권력자원의 분포, 과학·기술·지식의 보급과 활용 현황, 행위자들 간의 관계적 맥락에서 발생하는 정보의 흐름, 네트워크의 저변에 흐르는 문화적 맥락의 차이 등을 파악하는 복합적인 외교능력을 의미한다. 예를 들어 현재의 세계질서는 어떠한 성격을 띠고 있으며 누가 주도하고 있는지, 군사력과 경제력을 포함한 각종 자원의 분포는 어떻게 이루어졌는지, 좀 더 구체적으로는 주변 국가들의 세력판도나 연결망은 어떻게 형성되어 있는지 등을 파악하는 능력을 말한다. 이러한 외교능력을 조지프 나이(Joseph S. Nye)는 상황을 파악하는 지적인 외교능력이라는 의미에서 '상황지성(contextual intelligence)'이라고 개념화하였다(Nye, 2008).

이러한 상황지성은 중견국이 중장기 외교안보 전략을 추구함에 있어서 구비해야 할 중요한 요건임이 분명하다. 그러나 강대국과는 달리 중견국의 입장에서 보면, 여기서 나아가 세계정치 세력망의 구조와 빈틈을 읽어내고 그러한 상황에서 자신의 위치를 파악하는 외교지(外交知)를 구비하는 능력이 더욱 절실하게 요구된다. 예를 들어, 강대국의 입장이 아닌 한국에게는 한반도 주변에 형성된 세계정치의 네트워크가 그저 중립적인 '상황'이나 '환경'이 아니라 외교적 운신의 폭을 제약하는 하나의 '권력구조'로 작용함을 명심해야 하기 때문이다. 따라서 네트워크의 전체적인 상황을 파악하는 상황지성에서 한 단계 더 나아가 네트워크의 구조적 속성으로부터 파생되는 중요한 위치를 찾아내는 능력이 요구된다. 이러한 점에서 중견국 한국에게 상황지성은 네트워크의 구조에서 차지하는 '위치'를 파악하는 지성, 즉 '위치지성(positional intelligence)'이라고 부르는 것이 더 적절할 것 같다(김상배, 2014).

위치지성의 시각에서 볼 때, 전체 네트워크에서 '위치'를 파악하는 것뿐만 아니라 네트워크의 전체 구도에서 무언가를 할 수 있는 '빈틈'을 찾는 것도 중요하다. 네트워크 이론에서 이러한 틈새는 '구조적 공백(structural holes)'이라는 개념으로 연구되어 왔다(Burt, 1992). 구조적 공백을 파악하는 것이 중요한 이유는 이를 메움으로서 새로운 역할과 가치의 창출이 기대되기 때문이다. 다시 말해, 이러한 능력을 바탕으로 네트워크상의 구조적 공백을

〈그림 1-1〉 동아시아 세력망의 가상도

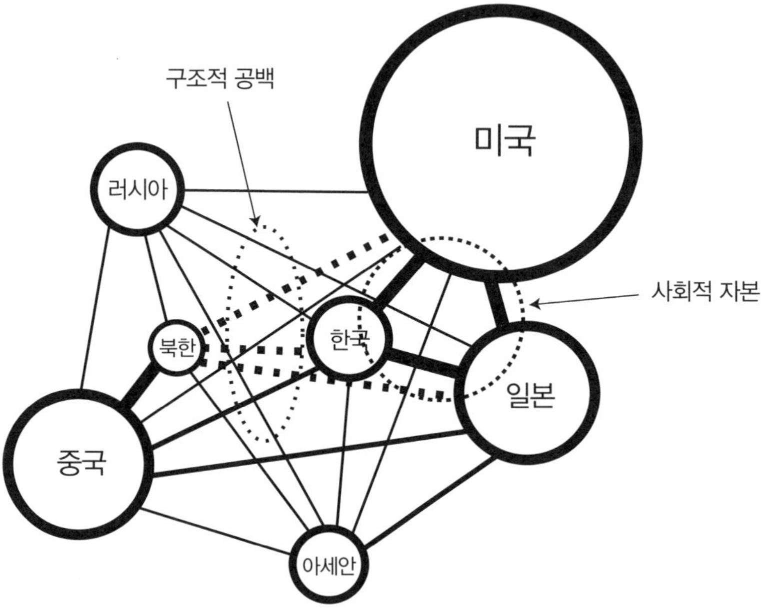

출처: 하영선·김상배 편(2010), p.80에서 응용.

찾아서 메우거나 활용함으로써 자신이 차지하는 위치의 전략적 가치를 높일 수 있어야 한다. 틈새를 찾는 것과 더불어 네트워크상에서 상대적으로 밀집되고 중복된 상호작용이 발생하는 부분, 즉 일종의 '배후지'를 파악하는 것도 중요한데, 이는 일찍이 '사회적 자본(social capital)'이라는 개념으로 알려져 왔다(Putnam, 1993). 이러한 구조적 공백이나 사회적 자본을 찾기가 구조적 위치 파악에 대한 논의와 연결되는 것은 대부분의 경우 이들이 네트워크상에서 이미 '실재'하기보다는 행위자들이 네트워크를 치는 과정에서 '구성'되는 것이기 때문이다. 〈그림 1-1〉은 이상에서 살펴본 상황지성과 위치지성을 바탕으로 추구되는 구조적 공백의 공략과 사회적 자본의 활용

에 대한 논의를 가시화하기 위해서 그려본 동아시아 세력망의 가상도다.[3]

여기서 관건이 되는 것은 이러한 공백이 어디에 있느냐, 그리고 그러한 구조적 공백을 어떻게 찾을 것이냐의 문제이다. 사실 이에 대한 답은 이론적 작업을 통해서 구할 수 있는 것이 아니라 해당 분야의 구체적 사례에 대한 경험적 연구를 통해서 얻어야 할 성질의 것이다. 최근 한국의 중견국 외교에 대한 기대의 증대는 추상적인 논의에서 출발했다기보다는 글로벌 거버넌스의 구체적인 이슈영역에서 한국이 차지하는 구조적 위상의 변화에서 기인한 바가 크다. 좀 더 멀리 보면, 1990년대 초중반 이래 캐나다, 호주 등과 같은 국가들의 중견국 외교에 대한 기대가 상승한 것도 글로벌 차원에서 형성되는 이슈구조의 변환을 배경으로 한다. 글로벌 경제질서 운용이나 환경 거버넌스 수립, 비핵화 노력, 빈곤·기아·식량 분야의 기여 등과 같은 분야에서 중견국 외교가 빛을 발할 수 있는 장으로 거론되었다. 이러한 과정에서 제기된 개념이 틈새외교(niche diplomacy)인데, 이는 중견국이 글로벌 거버넌스의 이슈구조 전 영역에 걸쳐 행동하는 것이 아니라 상대적으로 자신의 진가를 발휘할 수 있는 특정 영역을 선택하여 집중하는 외교전략을 의미한다.

사실 초국적으로 위협이 발생하는 신흥안보 분야는 강대국들의 국제협력 메커니즘만으로는 그 문제를 해결할 수 없는, 즉 기성 국제질서의 구조적 공백이 존재하는 대표적 분야이다. 최근 들어 한국의 중견국 외교도 기후변화 및 녹색성장, 글로벌 경제질서의 재편, 개발협력, 원자력 안전, 사이버안보 등과 같은 영역에서 선진국과 개도국 간의 협력을 촉진하고 지속

3 〈그림 1-1〉에 대한 자세한 설명은 김상배(2014) pp. 372-374 참조.

가능한 발전에 기여할 가능성을 타진하고 있다. 이명박 정부 시기부터 기후변화 문제에 대처하는 글로벌 거버넌스의 논의에도 적극 참여하였으며, WTO, OECD, APEC 등에서의 국제 경제규범 형성 논의에도 적극 참여하였다. 2010년의 서울 G20 정상회의, 2011년 부산 개발원조총회 등도 좋은 사례인데, 두 회의에서 모두 각각 '서울 액션플랜'과 '서울 개발 컨센서스' 등의 합의를 도출한 바 있다. 또한 2012년 서울 핵안보정상회의를 주최하면서 핵테러 방지 위한 '서울 코뮤니케' 채택에 주도적 역할을 하였으며, 2013년 서울 사이버공간총회에서는 사이버 이슈 분야 글로벌 거버넌스 메커니즘의 준비에 노력하였다(Kim, 2014b).

그런데 여기서 하나 유의해야 할 점은, 이렇게 글로벌 거버넌스의 이슈구조에서 발견되는 공백과 위치에 대한 논의를 전통 지정학에서 말하는 권력구조 개념과의 관계 속에서 이해해야 한다는 점이다. 아무리 글로벌 거버넌스의 장에서 벌어진다고 해도, 중견국 외교안보 전략이 성공하기 위해서는 전통 지정학에서 말하는 지역적인 차원의 권력구조를 무시할 수는 없기 때문이다. 다시 말해, 네트워크 구조를 활용하는 중견국 외교안보 전략의 저변에 강대국들이 형성하는 지정학적 권력구조가 밑그림으로 깔려 있기 마련이고, 따라서 기존 세계질서를 주도하는 강대국들과의 관계를 적절히 설정하는 것은 여전히 중견국 외교안보 전략의 중요한 관건일 수밖에 없다. 실제로 최근 한국의 중견국 외교안보 전략에서도 미국의 쇠퇴와 중국의 부상이라는 해륙국가 간 세력전이의 구조 속에서 중견국으로서 한국의 위상을 어떻게 설정할 것이냐의 문제가 쟁점이다.

그렇지만 이러한 지정학 구조에 대한 논의에만 갇혀서는 21세기 한국이 당면한 외교안보 전략의 해답을 찾기 어렵다는 사실 또한 직시해야 한다. 무엇보다도 자원권력을 잣대로 하여 벌어지는 지정학 구조의 권력게임에서 중개자의 입지를 설정하기가 쉽지 않기 때문이다. 2000년대 중반 노무현 정부 시기 동북아시아의 지정학 구조를 염두에 두고 제기되었던 '동북아 균형자론'의 전철이 바로 그 사례이다. 당시 동북아 균형자론은 19세기 국제정치의 세력균형의 밑그림을 바탕에 두고 미국과 중국, 그리고 일본과 러시아 사이에서 새로운 역할을 모색하는 것으로 그려졌는데, 이는 기존의 한-미동맹과 경쟁하는 관계로 인식됨으로써 국내외적으로 많은 논란을 일으킨 바 있다. 당시 동북아 균형자론은 증대된 국력에 걸맞은 한국 외교의 새로운 역할을 모색하려는 노력이었다는 점에서 그 의미를 평가할 수 있지만, 새롭게 펼쳐지는 21세기 세계정치의 본질을 입체적으로 파악하지 못한 섣부른 시도였다는 비판을 면하기 어렵다.

결국 중견국으로서 한국의 중장기 외교안보 전략은 동북아시아의 지정학적 구조와 글로벌 거버넌스의 이슈구조가 겹치고, 전통안보 이슈와 신흥안보 이슈가 중첩되는 과정에서 생성되는 복합 세력망의 구조를 활용하는 데에서 그 활로를 찾아야 한다. 이러한 논의는 전통 지정학의 시각뿐만 아니라 이를 넘어서는 비판 지정학이나 비(非)지정학, 탈(脫)지정학의 논의도 포괄하는 '복합 지정학(complex geopolitics)'의 발상을 바탕으로 한다.[4] 이러한 복합구조에서 발견되는 구조적 공백을 공략하는 중견국 외교안보 전략은 그 나라의 전반적인 자원권력과 특정 이슈영역에서의 외교력 간의 편차를 교묘하게 활용하는 능력에 성패가 달려 있다. 예를 들어, 지리적으로 근접

4 최근 중국의 부상과 러시아의 도전에 따라 지정학의 부활에 대한 논의가 이루어지고 있다. 최근 국제정치의 변화라는 맥락에서 지정학의 부활을 논한 작업으로는 Mead(2014), Ikenberry(2014), 지상현·콜린 프린트(2009) 등을 참조. 이러한 논의의 연속선상에서 본 복합 지정학에 대한 문제제기로는 김상배(2015)를 참조.

한 지역에서 자원권력을 바탕으로 형성된 지정학 구조의 경직성은 중견국에 제약요인으로 작동하겠지만, 그러한 지정학 구조가 지역 차원을 넘어서는 글로벌 이슈구조와 중첩된다면, 그리하여 기존의 지역 구조가 지닌 경직성을 부분적으로나마 완화시킬 수 있다면 일말의 기회요인을 창출할 수도 있다. 중견국의 입장에서 볼 때, 기능주의적 차원에서 글로벌 연계성을 갖는 지역 차원의 이슈구조를 해결하는 경험들을 쌓음으로써 오히려 지정학 구조 차원의 고질적 난제들을 해결할 실마리를 찾을 수도 있기 때문이다.

Ⅲ. 중개-연대-설계의 네트워크 전략

네트워크 이론의 시각에서 본 중장기 외교안보 전략은, 현실주의 국제정치이론이 처방하는 바와 같이 자원권력을 증대하는 전략이 아니라, 네트워크상에서 작동하는 권력 메커니즘의 속성을 잘 이해하고 이를 적극적으로 활용하는 네트워크 전략이 되어야 할 것이다. 현실주의가 염두에 두고 있는 권력 개념은 주로 국제정치의 핵심 노드인 국가가 보유하고 있는 물질적 자원, 특히 부국강병을 보장하는 군사력이나 경제력의 보유라는 관점에서 파악된다. 그러나 21세기를 맞아 변화하는 세계정치의 맥락에서 이해되는 권력 개념은 행위자의 속성론이나 자원론의 관점에서 파악하기보다는 행위자들이 형성하는 관계의 맥락에서 인식해야 한다. 이러한 맥락에서 네트워크 이론에서 주목하는 권력은 노드로서의 국가 행위자의 속성이나 보유자원에서 비롯되는 고정된 개념이 아니라 노드와 노드들이 맺는 관계의 구조라는 맥락에서 생성되는 '네트워크 권력'이다. 이러한 네트워크 권력의 시각에서 이 글은 한국이 앞으로 30년 동안 추구해야 할 중장기 외교안보 전략의 방향으로서 중개와 연대 및 설계의 네트워크 전략을 제안하고자 한다.

1. 중개의 네트워크 전략

첫째, 중장기 외교안보 전략은 주변 행위자들의 관계를 조율하는 중개 전략이다. 앞서 설명한 구조적 위치에 대한 인식이 중요한 이유는 이를 바탕으로 한 네트워킹의 과정에서 이른바 위치권력(positional power)을 행사할 가능성이 있기 때문이다. 사실 국제정치의 역사를 보면, 중개에서 비롯되는 위치권력은 강대국에 기대되는 역할이었다. 그러나 네트워크 시각으로 보면, 구조가 어떻게 형성되느냐, 그리고 어떠한 구조적 위치를 점하느냐에 따라서 중견국이 결정적으로 중요한 역할을 담당할 가능성도 없지 않다. 특히 구조적 공백, 즉 네트워크상에 존재하지만 당사자들은 인식하지 못하고 있는 독특한 형태의 빈틈을 남보다 앞서 공략하는 것은 중견국에게 큰 기회가 될 수 있다. 만약에 자신들이 아니면 단절되어 있을, 행위자들 사이에 존재하는 '빠진 링크', 즉 구조적 공백을 메움으로써 네트워크의 작동을 좀 더 원활하게 할 수 있다면, 아무리 덩치가 작은 나라에서도 그 존재감을 발휘할 수 있기 때문이다.

중견국이 수행할 중개의 네트워크 전략과 관련하여 우선 생각해 볼 수 있는 것은 '대칭적 중개'의 역할이다. 이는 기존에 존재하는 관계구도를 변화시키지 않으면서 그 관계의 상호작동성을 원활하게 하는 일종의 거래적 중개(transactional brokerage)라고 할 수 있다. 대칭적인 관계 사이에서 거래적으로 중개의 역할을 수행하기 때문에 네트워크 전체에 질적인 변화를 수행하지 않는 경우가 대부분이다. 그렇기 때문에 이러한 중개의 역할이 요구되는 부분은, 소셜 네트워크 이론에서 말하는 '구조적 공백'이라기보다는, 단순한 빈틈 즉 일종의 '기능적 공백'인 경우가 많다. 이러한 공백을 메우는 중개의 역할은 단순히 정보의 흐름을 중개하는 '연결자'나 의미의 흐름을 이어주는 '전달자' 등으로 나누어 생각해 볼 수 있다(김상배, 2014, pp. 265−267).

그런데 중장기 외교안보 전략에서 좀 더 기대를 모으는 부분은 '비대칭적 중개'다. 이는 그야말로 구조적 공백을 메움으로서 네트워크상의 흐름이 변화시키고 더 나아가 행위자들 간의 관계구도에 변화를 가져오는, 따라서 각 행위자들의 이익의 구도를 넘어서 새로운 비전을 제시하는 것이 중요한 변환적 중개(transformative brokerage)를 의미한다. 이러한 변환적 중개에서는 단순한 정보의 흐름이 아닌 의미의 흐름을 중개해야 하는 '번역'의 과정이 필요하기도 하다. 사실 현재 한국이 동아시아 지역 차원에서 당면하고 있는 중견국 외교의 현실은 바로 이러한 변환적 중개가 기대되는 상황이다. 다시 말해 한국은 글로벌 패권국으로서의 미국과 지역 패권국으로 부상하는 중국 사이에서, 이러한 지정학적 구조와 글로벌 이슈구조의 사이에서, 그리고 개도국의 이익구조와 선진국의 패권구조 사이에서, 그리고 더 나아가 동서양의 서로 다른 문명코드 사이에서 비대칭적이면서도 변환적인 중개의 역할에 대한 기대를 받고 있는 것이 사실이다.[5]

5 이러한 비대칭적 중개는 여러 가지 유형이 있을 수 있는데, 한국의 중견국 외교와 관련하여 주목할 필요가 있는 유형은 이른바 '평행 중개(parallel brokerage)'이다. 이는 애플의 매킨토시 컴퓨터에서 애플 운영체계 위에서도 윈도 운영체계를 구동시킬 수 있게 도와주는 응용 프로그램인 패럴렐 데스크톱(parallel desktop)의 기능에서 유추해서 명명하였다. 평행 중개는 다른 이름으로는 층간 중개(inter−layer brokerage) 또는

이러한 비대칭적 관계의 조율이 쉽지 않은 것은 새로운 관계를 맺는 과정이 기존 관계를 끊는 과정과 동시에 발생할 수도 있기 때문이다. 특히 곤란한 문제는 '맺은 만큼 끊을 필요'가 있는 경우에 발생한다. 다시 말해 어느 일방과의 관계 강화는 타방과의 관계 약화를 의미하기도 하고 새로운 관계 맺기는 기존의 관계 끊기를 야기한다. 또한 이러한 관계조율이 단순히 맺고 끊거나 구조적 공백을 메우는 정도에만 그치지 않을 수도 있다. 중개자의 역할이 네트워크 흐름의 호환성을 통제하는 변환자의 성격을 갖게 될 경우, 네트워크의 구조가 완전히 변화되거나 네트워크 게임에 관여하는 행위자들이 교체되는 일이 발생할 것을 예상할 수 있다. 이러한 관계조율의 과정에서 일반이론을 세우기란 쉽지 않지만 적어도 한국 외교사로부터 교훈은 얻을 수 있다.

19세기말 일본 주재 청나라 외교관이 조선을 위해서 써주었다는 『조선책략』의 사례를 들어 보자. 〈그림 1-2〉에서 보는 바와 같이, 러시아의 남하를 '막기(防)' 위해서 중국과 '친(親)'하고 일본과 '결(結)'하고 미국과 '연(聯)'하라는 조언이었다. 그런데 여기서 친(親)-결(結)-연(聯)은 모두 다른 수준의 관계를 상정하는 비대칭적 연결망의 구축에 대한 주문이다. 한자의 뜻만 살펴보아도, 친할 친(親)은 '나무(木)가 포개어져 있는(亲) 것처럼 많은 자식들을 부모가 보살피는(見) 것과도 같은 관계'를 의미한다. 애정이 담길 정도로 친밀한 관계를 뜻한다고 볼 수 있다. 맺을 결(結)은 '훌륭한 사람(士)의 말(口)을 실타래(糸)로 묶는 것과도 같은 관계'를 의미한다. 기본적으로 신뢰가

플랫폼 위에서의 중개(on the platform brokerage) 등으로 부를 수 있다. 이러한 평행중개는 중견국 외교의 방향모색이라는 차원에서 유용한 개념인데, 앞으로 좀 더 추가적인 개념적 정교화와 경험적 사례의 발굴이 필요하다(김상배 편, 2015).

깔려 있는 관계를 뜻한다고 볼 수 있다. 연이을 연(聯)은 마치 중국의 오래된 초상화에 그려진 인물처럼 '귀(耳)가 뺨에 잇닿아(絲) 있는 것과도 같은 관계'를 의미한다. 애정이나 신뢰를 전제로 하지는 않지만 기존에는 없던 관계를 새로이 만든다는 뜻을 담고 있다. 이렇듯 19세기말의 『조선책략』에서 제시된 청나라의 충고에는, 상이한 의미의 한자어들에서 드러나는 바와 같이, 당시 조선이 주변 국가들과 맺어야 할 차별화된 관계의 성격을 담고 있었다.

〈그림 1-2〉 21세기 연(聯)-결(結)-친(親)-맹(盟)의 전략?

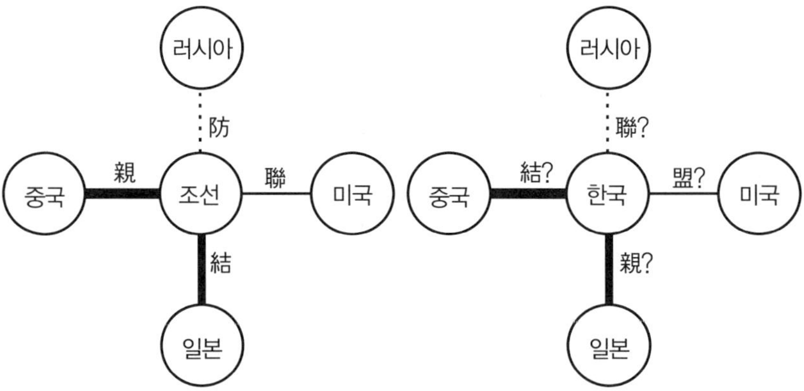

a) 19세기 조선책략　　　　b) 21세기 한국책략?

그렇다면 21세기 한국의 외교전략에 대한 조언으로 『한국책략』을 쓴다면 어떠한 처방이 담길까? 이러한 처방에는 20세기 중반 이래 동맹(同盟)을 유지해온 미국과의 관계를 재조정하는 것이 가장 중요한 부분으로 포함될 것이다. 사실 동맹에서 맹(盟)이라는 말은 앞서 언급한 친(親)-결(結)-연

(聯)보다는 좀 더 친밀한 관계를 상정한다. 맹세 맹(盟)은 '그릇(皿)에 담긴 짐승의 피(血)를 번갈아 빨고 신에게 맹세하고 똑똑히 나타내어(明) 굳게 약속하는 일'의 뜻을 지닌다. 피를 나눌 정도의 단단한 관계를 의미한다. 이러한 맥락에서 보면 21세기 연결망 외교의 관점에서 본 한국 외교의 과제는 미국과의 동맹 관계를 어떻게 조율할 것이며, 아울러 새롭게 부상하는 중국과는 어떠한 관계를 설정하고, 이러한 와중에서 일본이나 러시아와의 관계를 어떠한 비중으로 조정할 것인가를 고민하는 문제로 압축된다. 다시 말해 〈그림 1-2〉의 오른쪽 그림에 가설로 적은 것처럼 한반도 주변 4개국과의 관계를 조율하는, 21세기 버전의 '연(聯)-결(結)-친(親)-맹(盟)의 전략'의 내용이 무엇인지를 묻는 작업이 될 것이다.

2. 연대의 네트워크 전략

둘째, 한국이 중장기 외교안보 전략을 추진하는 과정에서 필요한 것은 네트워크 연대 전략을 모색하는 것이다. 복합적으로 구성되는 구조 하에서 어느 중견국이라도 혼자 나서서 효과적인 성과를 얻어내기는 쉽지 않다. 이러한 점에서 중견국 전략의 가장 중요한 부분은 생각을 공유하고 행동을 같이하는 동지국가(同志國家, like-minded country)를 최대한 많이 모으는 것이다. 예를 들어, 구조적 공백을 메우려는 중견국의 역할이 궁극적으로 성공하는 길은 남들에 비해서 얼마나 많은 행위자들을 자국 주위에 모을 수 있느냐에 달렸다. 다시 말해 중견국 전략의 핵심은 이질적인 행위자들을 모으는 과정에서 발생하는 힘의 확보에 있다. 〈그림 1-3〉에서 묘사한 바와 같이, 강대국의 네트워크 전략이 혼자서 거미줄을 치는 거미의 전략에 비유된다면, 중견국의 네트워크 전략은 흔히 여럿이 함께 벌집을 짓는 꿀벌들의 전략에 비유될 수 있겠다. 여기서 한 가지 유의할 점은, 이렇게 세(勢)를 모으는 권력, 즉 집합권력(collective power)이 형성되는 메커니즘이 오늘날 세계정치에서 크게 달라지고 있다는 사실이다. 전통 국제정치의 경우에는 주로 군사력이나 경제력과 같은 하드파워(hard power) 자원에 의거했다면, 최근에는 지식, 문화, 이념 등을 통해서 상대방을 끌어들이고 설득하는 소프트파워(soft power)의 중요성이 부각되고 있다(Nye, 2004).

〈그림 1-3〉 거미줄 치기와 벌집 짓기

사실 여럿이 모여서 힘을 합치는 세 모으기는 세계정치의 기본이다. 근대 국제정치에서도 연합이나 동맹 및 제휴 등의 형태로 집합권력에 대한 관념이 존재했다. 힘과 돈이 있는 곳에 사람이 모이는 것은 생리이다. 또한 힘이 약한 나라들이 힘을 키워서 자신들의 안보를 보장하기 위해 서로 연합하거나 제휴하고 동맹을 맺는 일은 국제정치에서 상시적으로 발생하는 일이었다. 이러한 과정을 통해서 세를 모으고 내 편을 만드는 외교는 국제체제의 안정을 유지하기 위한 하나의 원리로서 세력균형이라는 개념으로 이해되기도 한다. 이러한 과정에서 군사력이나 경제력과 같은 권력자원을 얼마나 많이 보유하고 있느냐의 여부가 세를 모으는 국제정치 게임의 잣대가 되었다. 이러한 점에서 보면, 집합권력의 논의는 근대적인 의미에서 본 하드파워 기반의 자원권력에 대한 논의와 중첩되는 부분이 많다.

그러나 최근의 집합권력에 대한 관심은 군사력이나 경제력을 바탕으로 세를 모으는 근대적 발상을 넘어 형성되는 측면이 강하다. 예를 들어 하드파워 자원을 기반으로 하는, 단순히 위협하고 강제하는 방식을 넘어서 소프트파워 자원을 바탕으로 하는 보상과 설득 및 협력의 방식으로 세를 모으는 전략의 중요성이 강조되고 있다. 다시 말해 네트워크의 세를 형성하는 집합권력이 제대로 작동하기 위해서는 밀어붙이는 완력(腕力)이나 실력(實力)보다는 끌어당기는 '매력(魅力, attractive power)'이 중요하다는 인식이 등장하였다. 매력의 사전적 의미는 상대방의 마음을 호리거나 상대방의 머리를 납득시켜 내 편으로 만드는 힘이다(평화포럼21 편, 2005). 이러한 연속선상에서 보면 중장기 외교안보 전략에서 대내외적으로 매력을 발산하는 공공외교는 매우 중요한 의미를 갖는다(김상배·이승주·배영자 편, 2013).

한편, 이러한 세 모으기의 논리를 빌어서 작동하는 동지국가들의 연대전략은 지역 차원에서 제도화된 정부간 협의체의 모습을 띠기도 하지만, 많은 경우 글로벌 거버넌스의 장에서 동지국가들의 연대외교로 나타난다. 동지국가 외교에서 그 연대 효과를 가시화할 수 있는 공동의제의 발굴은 매우 중요한 관건이다. 최근 글로벌 차원에서 공동의제로 제기되는 분야인 개발협력, 기후변화, 사이버안보, 보건안보, 재난관리, 인도적 지원 등은 어느 한 국가 또는 소수 선진국들의 힘만으로는 풀 수 없는 초국가적 난제들이다. 최근 한국도 참여하고 있는 중견국 협의체인 믹타(MIKTA)[6]는 이들 분야에서 중견국들이 주도하는 협의의 장을 열어 선진국과 개도국 사이에서 중개자로서의 역할을 담당하겠다는 포부를 내비치고 있다. 그런데 이들 분야의 특징은 모두 공부하지 않으면 제대로 풀 수 없는 어려운 숙제들이라는 데 있다. 중견국 전략은 '구조적 위치'를 잘 잡아야 한다고 했지만, 구체적인 이슈구조 하에서 중견국의 이익과 리더십을 반영한 '위치잡기'를 한다는 것은 쉬운 일이 아니다. 중장기 외교안보 전략이 다양한 국가 및 비국가 행위자들이 참여하여 모두의 중지(衆智)를 모으는 '지식외교'를 지향해야 하는 이유가 바로 여기에 있다.

3. 설계의 네트워크 전략

끝으로, 중장기 외교안보 전략이 염두에 두어야 할 또 다른 과제는 중견국으로서 나름대로의 세계질서를 구상하는 설계의 네트워크 전략을 구사해야 한다는 점이다. 향후 30년 동안 한국이 추구할 중장기 외교안보 전략이 상정하는 세계질서의 모습은 지난날 냉전과 탈냉전기의 세계질서와는 다른 모습일 수밖에 없다. 이러한 맥락에서 중장기 외교안보 전략은 기

6 믹타(MIKTA)는 멕시코, 인도네시아, 한국, 터키, 호주의 머리글자를 따서 이름 붙여진 5개국 외교장관들의 비공식 협의체이다. 2012년 2월 시작된 이후 믹타는 여러 차례의 회의를 개최하면서 글로벌 거버넌스 분야의 현안에 대한 협력방안을 논의해 오고 있다. 믹타는 캐나다와 호주와 같은 전통 중견국 그룹이나 브릭스(BRICs)로 대변되는 신흥 중견국 그룹과는 구별되는, 이른바 제3세대 중견국 그룹이 주도하는 외교의 장이라는 점에서 주목을 받고 있다. 호주를 제외한 나머지 국가들은 모두 세계질서에서 차지하는 위상이나 국제사회 발전에 기여할 의지와 역량의 관점에서 최근 새롭게 부상한 중견국들이다. 이들 국가들은 믹타를 통해서 '창의적 동반관계'의 구축을 기치로 내걸고 이른바 동지국가들의 네트워크를 형성하고 있다(김상배 편, 2015).

존의 구상을 답습할 것이 아니라 21세기 세계정치 환경의 변환을 반영하는 새로운 세계질서의 밑그림을 가질 필요가 있다. 이는 궁극적으로는 세계질서 전체의 판세를 읽고 나름대로의 프레임을 짜는 능력을 갖추어야 함을 의미한다. 예를 들어 최근 주목을 받고 있는 '중국몽(中國夢)'과 '아메리칸 드림'으로 대변되는 강대국들의 동상이몽 사이에서 한국은 '중견국의 꿈'을 제시할 수 있을까? 다시 말해 어떻게 세계질서 또는 동아시아 질서의 프레임을 짜야 주변 국가들이 동의할까? 여기서 관건은 한국이 과거 약소국의 경험에 갇히지 않고 중견국의 미래를 짚어내는 꿈을 꿀 수 있느냐, 그래서 남의 꿈을 대신 꿔주는 것과도 같은 설득력을 얻어낼 수 있느냐의 여부일 것이다. 이는 '중견 국가지(middle power intelligence)'를 발휘하는 문제인 동시에 '중견국 상상력(middle power imagination)'을 실험하는 문제이기도 하다.

중견국의 세계질서에 대한 구상은 어느 정도의 범위에서 제시되어야 할까? 현재 중견국의 입장이라는 것이 기존의 세계질서 운영과정에 수동적으로 편입되는 약소국은 아니지만, 그렇다고 강대국을 대신해서 판 전체를 새로이 구상할 수 있는 처지도 아니다. 사실 중견국이 세계질서에 대한 구상을 제시한 사례는 매우 드물다. 오히려 세계정치의 제도와 규범, 그리고 철학적 목표와 가치를 제공하는 설계의 힘을 발휘했던 측은 강대국들이었다. 그러나 중견국이 세계질서 전체를 설계할 수는 없더라도 주어진 플랫폼 위에 부가가치를 늘리는 하위 설계자 정도의 역할을 하는 것은 떠올릴 수 있다. 다시 말해 중견국의 경우에도 강대국들이 설계한 플랫폼 위에 적절한 역할을 설정함으로써 시스템 자체가 원활히 작동하는 개선책과 보완책을 제시할 수는 있을 것이다. 그러기 위해서는 반드시 전체 프로그램의 설계자가 될 필요는 없다. 이러한 맥락에서 이 글은 세 가지의 보완적 설계의 네트워크 전략을 제안한다.

첫째, 설계전략의 맥락에서 중견국이 추구할 수 있는 중장기 외교안보 전략의 아이템으로는 '틈새외교'를 생각해 볼 수 있다. 중견국의 경우에는 강대국처럼 세계질서 전체를 설계하는 외교를 추구할 수는 없겠지만 강대국의 표준 플랫폼 위에서 기성 세계질서가 포괄하지 못하는 틈새의 프로그램을 메우는 외교안보 전략을 추구하는 것은 가능하고 바람직하다. 예를 들어 2010년 11월 G20 서울 정상회의에서 의장국인 한국은 세계 주요 국가들의 환율을 조정하는 프로그램을 관철시킬 수는 없었지만 새로운 개발협력 이슈를 제기하는 역할은 수행할 수 있었다. 이밖에도 다양한 분야에서 세계정치의 원활한 작동을 위해서 고안되는 일종의 '하위 프로그램'을 설계하는 중견국의 외교안보 전략이 가능할 것이다. 이러한 맥락에서 볼 때 중견국의 외교안보 전략은 기성 세계질서를 운영하는 과정에서 강대국이 간과하기 쉬운 틈새 응용 프로그램을 보완하는 데 주력할 필요가 있다. 다시 말해 세계질서에서 중견국이 차지하는 특별한 위상은 강대국이 주도하는 세계질서의 빈틈을 무조건 공격하기보다는 오히려 그 빈틈을 메워주는 역할을 요구한다. 이러한 종류의 빈틈 메우기 전략이 가능한 것은 아무리 좋은 프로그램도 네트워크를 백 퍼센트 장악하는 법은 없기 때문이다.

둘째, '접맥외교'도 중견국이 추구할 수 있는 설계의 네트워크 전략의 좋은 아이템이다. 접맥외교란 호환되지 않는 기존의 복수 표준들을 중개하고 복합하는 맥락에서 추진되는 외교를 의미한다. 사실 중견국의 설계권력은 독창적이고 새로운 프로그램을 만드는 것보다는 오히려 이미 존재하는 여러 프로그램들을 수용하고 이를 복합적으로 엮어내는 소위 '메타 프로그램'을 개발하는 과정에서 발휘될 수 있다. 메타 프로그램이란 엄밀하게 살펴보면 '내용' 차원에서 새로운 프로그램이라고 할 수는 없지만 기존의 여러 가지 프로그램들을 새로운 발상으로 융합하고 복합하였기 때문에 '형식' 차원에서는 새로운 것으로 인식될 수 있는 프로그램을 의미한다. 예를 들어, 한국이 20세기 후반에 이룩한 발전모델은 비슷한 경로를 추구하는 개발도상국들에게 전수할만한 '접맥모델'의 사례라고 할 수 있다. 다시 말해 한국의 산업화와 민주화의 역사는 시장경제와 권위주의가 공존하는 개발도상국 모델로부터 시장경제의 성숙을 바탕으로 정치적 민주화를 달성한 선진국 모델로의 발전 가능성을 보여주었다. 최근 학계에서는 전자의 개발도상국 모델을 '베이징 컨센서스(Beijing Consensus)', 후자의 선진국 모델을 '워싱턴 컨센서스(Washington Consensus)'라는 개념으로 부르고 있다(손열 편, 2007). 이러한 맥락에서 볼 때, 한국의 발전모델은 '서울 컨센서스(Seoul Consensus)'로 부를 수 있을 것인데, 이는 개발도상국과 선진국의 입장을 연결해 주는 메타 프로그램 또는 접맥모델을 제시한 의미가 있다. 이러한 한국의 독특한 발전경험을 원용해 보면 중견국 한국의 외교안보 전략에서도 이에 비견되는 접맥외교의 프로그램을 모색할 수 있을 것이다.

끝으로, 설계전략의 맥락에서 떠올릴 수 있는 또 하나의 중견국 전략 아이템으로는 기성 세계질서의 프로그램이 결여하고 있는 규범적 정당성에 문제를 제기하는 '규범외교'의 전략을 들 수 있다. 규범외교란 인류 공통의 규범이나 보편적 가치 등을 외교 지침으로 삼아 다른 나타들에게 모범을 보이는 외교라고 할 수 있다. 규범외교는 무엇이 정상적(normal)인지 정의하여 국가의 행위패턴을 변환시키는 규범의 수립을 지향한다는 점에서 설계권력의 맥락에서 이해할 수 있다. 예를 들어 법치주의와 민주주의의 증진, 사회적 약자의 보호와 지속가능한 발전 등의 분야에서 벌인 유럽 국가들의 외교적 관념과 태도를 현대 규범외교의 대표적 사례로 간주하기도 한다. 상대적으로 군사력이나 경제력에서 약세인 중견국의 입장에서 볼 때 이러한 규범외교의 추구는 일정한 효과를 얻을 수 있는 것이 사실이다. 특히 규범외교의 전략은 기성 세계질서의 운영방식에 대한 대안적 비전을 제시함으로써 강자 위주의 논리에 대해 어느 정도의 반론을 제기하는 효과가 있다. 다시 말해 물리력보다는 도덕적 힘에 호소하는 규범외교의 전략은 단순히 물리력의 분포를 위주로 형성된 강대국 주도 질서의 빈틈을 지적하고 여기에서 더 나아가 그 개혁의 필요성을 제기하는 효과를 얻을 수 있다.

Ⅳ. 열린 국익 및 통일 모델의 추구

중장기 외교안보 전략의 효과적인 추진을 위해서는 대외전략을 어떻게 추진할 것인가 하는 문제 이외에도 대내적으로도 한국이 추구할 국가모델의 성격, 즉 어떠한 형태의 국가인가 하는 존재론적 문제를 고민하지 않을 수 없다. 네트워크 이론이 제시하는 네트워크 행위자의 개념은 기존의 국민국가 행위자를 중심으로 보는 주류 국제정치이론의 전제를 수정할 것을 요구한다. 신현실주의 국제정치이론에서는 주권과 영토성의 원칙을 기반으로 하여 작동하는 위계적인 폐쇄체계(closed system)로서 국민국가를 주요 행위자로서 설정하였다. 이에 비해 네트워크 이론의 시각은, 국가의 존재를 완전히 무시하지는 않지만, 기존의 국민국가가 그 경계의 안팎으로 변환되면서, 그 역할과 형태가 변화하는 개방체계(open system)의 형태를 띠는 새로운 행위자로서의 국가의 부상에 주목한다. 이러한 국가는 새로운 환경에 적응하는 과정에서 비국가 행위자들과의 관계를 새롭게 설정한다. 또한 〈그림 1-4〉에서 묘사한 바와 같이, 국가 그 자체도 더 이상 일사불란한 모습으로 움직이는 위계조직이 아니며, 국가기구 내의 여러 하위 행위자들의 수평적 관계가 활발해지는 조직형태로 변화한다. 이러한 맥락에서 네트워크 이론에서 주목하는 국가는 '네트워크 국가'라고 부를 수 있을 것이다.

이러한 네트워크 국가에 대한 논의는 한국이 추구할 중장기 외교안보 전략이 전제로 하는 국가 모델에 대한 고민의 필요성을 제기한다. 특히 21세기 변환의 시대를 맞는 세계정치 환경 하에서 이제 개도국에서 중견국으로 성장한 한국이 과거 국가 모델의 굴레를 넘어서 어떠한 성격의 국가를 지향하고 그 전제 위에서 어떠한 중견국 전략을 추구할 것이냐의 문제와 관련된다. 특히 이러한 중견국의 국가 성격의 문제는 중견국 전략의 방법과 원칙, 목표가 되는 국가이익을 어떻게 규정할 것이냐의 문제를 통해서 나타난다. 앞서 살펴본 구조적 위치론이 주로 밖으로부터 규정되는 중견국 한국의 대외적 역할과 정체성에 대한 논의였다면, 내부적 차원에서도 중견국 한국이 추구할 국가이익의 인식에도 영향을 미치는 변수이다. 다시 말해, 국가이익 개념의 재규정 문제는 한국이 자리 잡은 구조적 위치에 대한 고민을 반영한다. 이러한 시각에서 보면, 중견국은 강대국이 추구하는 것과 같이 확장된 국가이익의 개념을 바탕으로 행동할 수도 없지만, 그렇다고 개도국의 경우처럼 협소하게 규정된 국가이익의 개념에만 머물러 있을 수도 없는 처지에 놓여 있다.

최근 한국이 처한 중견국의 입장을 보더라도 이제는 더 이상 과거와 같이 협소하게 정의된 국가이익만을 추구할 수 없게 되었다. 사실 한국은 20세기 후반 근대화와 산업화의 추진 과정에서 국내적으로 협소한 국가이익을 추구해 왔다. 대외적으로도 개별국가 단위의 차원에서 본 국가이익의 추구를 우선시할 수밖에 없는 형편이었다. 그러나 최근 개도국의 위상을 넘어서 중견국의 위치로 도약하고 있는 한국의 경우, 기존의 국가이익에 대한 인식을 수정할 필요성과 당위성에 직면하였다. 중견국 한국은 종전과는 달

〈그림 1-4〉 위계조직에서 네트워크로

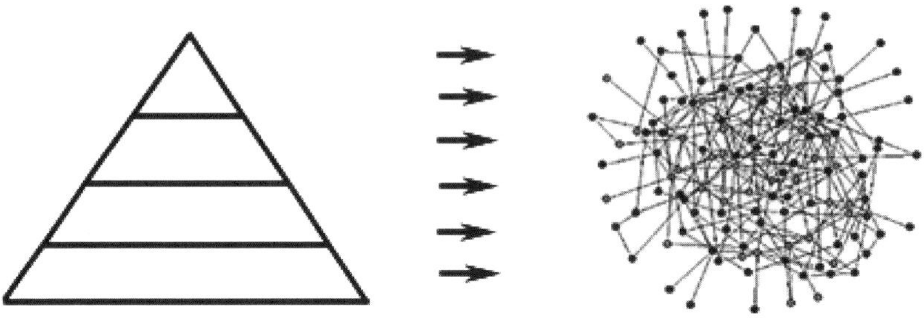

리 좀 더 넓은 의미에서 국가이익을 정의하고 이를 기반으로 하여 안팎으로 확장된 전략을 추진해야 할 과제를 안고 있다. 현 시점에서 적어도 확인할 수 있는 것은 한국의 중장기 외교안보 전략이 '닫힌 국가이익론'이 아닌 '열린 국가이익론'을 바탕으로 모색되어야 한다는 사실이다.

첫째, 국가이익을 추구하는 방법이라는 점에서 볼 때, 한국의 중장기 외교안보 전략은 종전보다 좀 더 '부드럽게' 국가이익을 추구할 수밖에 없다. 이는 군사력, 경제력 등과 같은 물질적 권력자원을 바탕으로 상대방을 밀어붙이는 힘, 즉 하드파워에 기반을 두고 국가이익을 추구하는 패턴에서 탈피하는 것을 의미한다. 지식, 이념, 외교와 같은 비물질적 자원을 바탕으로 하여 상대방을 설득하고 유인하고 회유하여 끌어당기는 힘, 즉 소프트파워를 활용하여 국가이익을 추구하는 것이 효과적이라는 인식과 통한다. 더 나아가서 이는 하드파워와 소프트파워를 교묘히 섞는 스마트파워(smart power) 전략의 채택을 의미하는데, 앞서 설명한 네트워크 권력의 추구전략에 대한 논의와 통한다. 사실 국제정치의 역사를 보면, 중견국인 나라들이 일정한 수준의 하드파워를 갖추게 되면, 즉 속성론에서 볼 때 국력이 중간

규모로 커지게 되면, 하드파워 외교의 패턴을 넘어서 소프트파워 외교에 관심을 갖는 경향이 나타났다. 최근에 공공외교나 한류와 같은 소프트파워 외교에 각별한 관심을 갖는 한국의 사례도 이러한 맥락에서 이해할 수 있다.

둘째, 국가이익을 추구하는 원칙이라는 점에서 볼 때, 한국의 중장기 외교안보 전략은 상호 간의 공동이익을 만족시키는 외교를 추구할 필요가 있다. 이는 개별 국가이익의 일방적 추구를 넘어서 인식의 공유와 연대의 형성을 바탕으로 한 상호이익을 추구하는 문제이다. 이러한 상호이익은 어느 국가가 지닌 내재적 속성의 유사성에서 비롯될 수도 있지만, 일군의 국가들이 글로벌 거버넌스의 이슈구조에서 유사한 구조적 위치를 차지함으로써 발생하기도 한다. 다시 말해, 행위자들이 내재적으로 지닌 개별이익일 수도 있고 유사한 구조적 위치에 놓임으로써 생겨나는 집합이익일 수도 있다. 1990년대 이후의 캐나다, 호주와 같은 국가들의 중견국 외교에 대한 논의도 바로 이러한 상호이익의 개념을 바탕으로 전개되었는데, 무역이나 금융, 신흥안보 분야에서 출현한 동지국가들의 연대전략이 거론되었다. 당시 중견국의 입장에서 볼 때, 물리적 공격에 의한 영토적 통합성에 대한 명시적 위협은 감소한 반면, 새로이 재편되는 글로벌 경제질서의 소용돌이 속에서 경제주권을 확보하는 문제나 초국적 이슈로 제기된 신흥안보의 위협이 오히려 더 심각할 수 있다는 인식이 그 배경이 되었다.

끝으로, 국가이익을 추구하는 목표라는 점에서 볼 때, 한국의 중장기 외교안보 전략은 국제사회와 인류공동체의 보편적 규범에 부합하는 외교를 추구할 필요가 있다. 이는 이익을 기반으로 작동하는 실리외교를 넘어서, 앞서 설명한 바와 같이, 규범적이고 도덕적으로 타당한 국가이익을 추구하는 규범외교의 추구를 의미한다(전재성, 2012). 사실 이러한 중견국 외교의 규범적 성향은 '계몽된 자기이익'에 대한 관념을 바탕으로 이루어지는 '인도적 국제주의(humane internationalism)'로서 개념화된 바 있다(Pratt, ed. 1990). 우리말로 표현하자면, 이는 '착한(善) 외교,' 또는 '어진(仁) 외교'라고 부를 수 있을 것이다. 그런데 이 글에서 강조하는 구조적 위치론의 시각에서 보면, 이러한 중견국의 규범외교는 행위자의 기질 자체에서 비롯되기보다는 그 나라가 놓여 있는 구조적 위치에서 생성된다는 점도 없지 않다. 다시 말해 중견국의 규범외교는 다른 나라보다 좀 더 도덕적이고 덜 이기적인 기질을 갖고 있는 나라였기 때문이 아니라 특정한 구조적 조건 하에서 이루어지는 행위자의 전략적 선택의 결과로 해석할 수 있다. 최근 한국이 추구하고 있는 개발협력 외교, PKO 평화유지외교, 인도주의적 기여외교 등의 의미도 이렇게 구조적 위치에서 파악된 규범외교(즉 확장된 국가이익)라는 관점에서 되새겨볼 필요가 있다.

한편 새로운 국가이익의 개념에 기반을 둔 중견국 외교의 추진은 대내적으로 이러한 국가이익의 재규정을 감내할 국내적 지지 기반을 필요로 한다. 왜냐하면 중견국 전략의 추구는 많은 경우 글로벌 거버넌스에의 참여로 인해 발생하는 의무를 부담하는 문제로 귀결되는데, 이를 감당하기 위해서는 그 비용을 지불할 국내적 합의와 지지가 있어야 하기 때문이다. 지구화 시대를 맞이하여 글로벌 이슈들이 국내체제에 미치는 영향이 늘어나면서 외교정책의 과정에 민간 및 시민사회 행위자들이 기여할 여지가 증가했다. 이러한 구도에서 특정 이슈 영역에서 중견국 규범외교의 실천이 국제적으로 기대됨에도 불구하고, 국내 특정집단에 피해를 줄 가능성 때문에 국내적 반대에 봉착하는 상황이 발생할 수도 있다. 이러한 점에서 중견국 외교는 약소국 외교의 실리주의와 이에 익숙한 기존 여론의 극복을 과제로 안고 있다. 이러한 맥락에서 볼 때 캐나다, 호주, 스웨덴, 노르웨이 등과 같은 서방 중견국들의 출현은 그들 국가의 (사회)민주적 국내체제의 성격이 중요한 영향을 미쳤다고 볼 수 있다. 따라서 중견국 외교의 국내적 기원을 강조하는 시각은, 이 글에서 강조하고 있는 중견국 외교에 대한 구조적 위치론의 주장을 보완한다.

이상의 논의를 바탕으로 볼 때, 한국의 국민들은 '양보하고 기여하는 소프트파워의 중견국 외교'를 추진하기 위한 준비가 얼마나 되어 있을까? 중견국의 국가이익이나 정체성에 대한 논의가 궁극적으로 중견국의 국가모델을 재조정하는 문제로 연결될 수밖에 없는 대목이다. 좀 더 넓게 보면, 중장기 외교안보 전략은 전통적인 근대 국민국가 모델의 연속이 아니라 21세기 세계정치의 새로운 국가모델, 즉 '네트워크 국가'의 부상이라는 맥락에서 이해해야 한다(하영선·김상배 편, 2006). 네트워크 조직 이론의 시각에서 보면, 지구화, 정보화, 민주화의 시대를 맞이한 오늘날에는 국민국가와 같은 폐쇄체계의 국가모델이 아닌 개방체계의 모습을 따르는 열린 국가모델이 부상하고 있다. 게다가 앞서 제시한 소셜 네트워크 이론의 시각에서 볼 때도, 21세기 세계정치에서 구조적 공백을 공략하는 중견국은 변환적(transformative) 외교를 펼치는 주체일 수밖에 없다. 이러한 점에서 한국의 중견국 전략에 대한 논의는 단순히 국민국가로서의 어느 중견국의 외교라는 차원을 넘어서 좀 더 열린 정체성과 국가이익에 기반을 둔 개방체계로서의 네트워크 국가가 추구하는 외교라는 맥락에서 이해되어야 한다.

한편, 이상에서 펼친 네트워크 국가에 대한 이론적 논의를 현재 한국이 당면하고 있는 가장 중요한 외교안보 전략 문제 중의 하나인 한반도 통일의 문제에 적용하면 어떻게 될까? 궁극적으로 한국의 중장기 외교안보 전략에 대한 논의는 남북한의 통합, 그리고 더 나아가 동아시아 차원에서의 네트워크 국가의 실험 등과 관련해서 거론하지 않을 수 없다. 네트워크 이론의 시각에서 한반도 통일을 논하는 경우 제일 먼저 필요한 것은 역시 기존의 노드의 발상을 넘어서는 통일론의 지평을 여는 일이다. 사실 우리가 자주 사용하는 통일(統一, reunification)이라는 용어는 근대 국민국가라고 하는 노드 차원의 발상이 낳은 소산이다. 지난 70여 년 동안 우리가 논하고 있는 한반도의 통일이란 다름 아니라 남북한에 나뉘어 살고 있는 한민족이 국민국가라는 틀 안에서 '하나가 되는 것,' 즉 '통일(統一)'을 의미한다. 이러한 맥락에서 보면 한반도의 통일이란 19세기 후반 개항 이후 지난 백여 년 동안 우리 민족이 추구해왔던 근대 국민국가 건설의 과정에서 지속적으로 설정되어 온 목표라고 할 수 있다.

그렇지만 여기서 우리가 주목할 것은, 한반도의 통일이 노드 차원에서 제기되는 목표인 것은 맞지만 그 목표가 노드 차원의 발상만으로는 풀 수 없는 '탈(脫)노드 차원의 과제'라는 사실이다. 다시 말해, 한반도의 통일은 이해관계가 걸려 있는 주변 국가들과의 '관계' 속에서 풀어야 할 '네트워크 차원의 과제'이다. 이러한 맥락에서 볼 때 한반도 통일전략의 방향은 '하나로 합치는 통일(統一)'의 전략이기보다는 '모든 곳으로 통하는 전통(全通)'의 전략, 즉 네트워크 통일의 전략이 되어야 할 것이다. 이러한 점에서 보면, 한반도 통일은 단순히 남북한의 단위 통합의 문제가 아니라, 남북한 통합을 중심에 놓고서 안팎으로 국내외의 거버넌스 메커니즘을 구축하는 네트워크 국가의 건설과제로서 이해된다.

통일 네트워크 국가의 달성을 위해서는 남북한 간의 네트워크와 함께 국내적 차원에서도 네트워크를 구축하는 것이 필요하다. 한국의 사례만을 보더라도 최근 주요 국제문제에 대한 여론분열, 남남갈등 등이 효과적인 외교적 대응을 가로막는 중요한 요인이 되어 왔다. 이를 극복하기 위해서는 국내정책과 정치적 소통체계를 총체적으로 재정비하고, 정보화시대에 걸맞은 정부와 시민사회의 소통기제를 마련해야 한다. 나아가 정부가 수세적으로 소통하는 것이 아니라 시민사회의 지혜를 정책결정 및 실행과정과 연결시키고 이들을 이끌어 가는 노력이 필수적이다.

통일국가의 모델로서 네트워크 국가는 국가-비국가 행위자의 관계망을 특징으로 하는 다층적인 네트워크의 등장을 포괄하는 개념이다. 네트워크 국가는 정부 간 네트워크의 활성화와 온오프라인 지구 거버넌스의 필요성, 그리고 국민국가 단위를 넘어서는 지역주의의 강화 등을 배경으로 출현하고 있다. 예를 들어 유럽이나 북미, 그리고 동아시아에서 모색되고 있는 지역통합의 움직임은 국민국가 단위를 넘어서는 네트워크 국가의 부상을 보여주는 하나의 사례이다. 그러나 네트워크 국가의 등장은 각 지역별로 상이한 형태로 나타날 가능성은 존재한다. 이러한 맥락에서 볼 때 한국의 통일 네트워크 국가는 동아시아 차원에서 진행되는 네트워크 국가와 보조를 맞출 필요가 있다.

V. 맺음말

지금 한국은 향후 세계정치의 변환에 적극적으로 대응하는 차원에서 그 위상 변화에 걸맞은 중장기 외교안보 전략을 모색할 과제를 안고 있다. 특히 새로운 외교안보 전략의 패러다임으로서 중견국 전략에 대한 관심이 집중되고 있다. 기존의 약소국과 개도국의 이미지를 넘어서는 동시에 국가주도의 발전국가로서의 모델을 넘어서 새로운 환경변화에 대응하는 국가모델과 외교전략을 모색하려는 실험을 벌이고 있다. 이러한 실험은 주로 동북아시아의 지정학적 구도에 고착되어 온 공간 개념을 넘어서, 그리고 주로 미국에 편중된 강대국 중심의 대외관계를 넘어서 21세기 세계정치의 장에 좀 더 적극적으로 참여하는 외교를 펼치는 작업으로 요약된다. 특히 최근 다양한 초국적 문제들을 놓고 벌어지는 글로벌 거버넌스의 모색 과정에서 한국은 중견국 외교의 리더십을 발휘할 기회를 얻고 있다. 한국이 안고 있는 이러한 과제는 기존에 국제정치에서 중견국으로 거론되던 나라들이 안고 있었던 것과는 질적으로 다른 내용을 갖고 있다.

기존의 국제정치이론에는 새롭게 변화하는 21세기 글로벌 거버넌스의 과정에서 한국의 중장기 외교안보 전략을 논할 이론적 자원이 부족하다. 기존의 중견국론이 보유한 이론적 상상력을 가지고 변환의 시대를 맞고 있는 한국외교의 새로운 정체성과 국가모델 및 전략을 논하기는 벅차다. 이 글은 이러한 문제의식을 통감하고 한국의 중장기 외교안보 전략을 이해하는 이론틀을 마련하기 위한 작업의 일환으로서 네트워크 세계정치이론의 시각을 원용하였다. 특히 이 글은 네트워크 이론의 논의로부터 구조적 위치론, 네트워크 권력론, 네트워크 국가론 등의 개념을 추출하여 활용하였다. 이렇게 개발된 중장기 외교안보 전략론에서 한국외교의 정체성은 복합 지정학의 시각에서 파악된 구조적 위치에서 비롯된 중견국 정체성으로 개념화된다. 이러한 구조적 조건과 자기 정체성을 부여안은 한국이 추구할 중장기 외교안보 전략의 향후 추진방향은 네트워크 권력게임의 복합적 추구로 설정되어야 한다. 더 나아가 이러한 전략을 추구하는 중견국 한국은 변화하는 글로벌 환경에 적응하기 위한 국가모델의 재조정과 국가이익에 대한 재인식의 과제도 소홀히 할 수 없다.

첫째, 한국의 중장기 외교안보 전략은 글로벌 거버넌스에서 차지하는 구조적 위치론으로 파악되는 중견국 정체성을 기반으로 하여 추구되어야 한다. 기존의 국제정치이론가들이 중견국 외교를 설명하기 위해서 주로 행위자의 속성이라는 변수에 주목했지만, 이 글은 네트워크에서 차지하는 구조적 위치라는 변수에 착목하여 중견국의 개념을 이해할 것을 제안하였다. 사실 기존의 속성론은 일정한 정도의 물질적 자원을 확보한 중견국의 자격을 거론하는 데는 유용하다. 그러나 일정한 자격을 갖춘 중견국이 구체적으로 어떠한 종류의 역할을 할 수 있는가라는 질문에는 답할 수 없다. 따라서 중견국 외교의 내용을 설명하기 위해서 구조적 위치의 관점에서 중견국을 정의하고, 더 나아가 그 구조적 위치로부터 어떠한 종류의 역할이 부여되는지를 탐구하는 노력이 필요하다. 이러한 맥락에서 볼 때, 소셜 네트워크 이론에서 원용하는 위치권력의 개념은 분절된 네트워크에서 구조적 공백을 메우는 중개자의 역할을 엿볼 수 있는 이론적 자원을 제공한다.

둘째, 구조적 위치와 위치권력에 대한 논의는 중장기 외교안보 전략이 추구해야 할 좀 더 구체적인 네트워크 전략의 내용에 의해 보충되어야 한다. 이러한 맥락에서 이 글은 한국이 추구할 중견국 외교안보 전략의 요소를 네 가지 측면에서 지적하였다. 무엇보다도 중견국이 성공적인 네트워크 전략을 수행하기 위한 전제는 주변 네트워크 구조를 이해하고 그 상황 하에서 적절한 위치를 설정하는 것이다. 그리고 그 네트워크 내에서 발생하는 행위자들 간의 비대칭적 관계를 슬기롭게 조율하는 중개자의 역할을 수행할 수 있어야 한다. 이러한 중개 역할을 완수하기 위해서는 세계 도처로부터 지지 세력을 끌어들여야 하는데, 그 과정에서 다양한 행위자들과 물질적 조건들을 활용하는 노력이 필요하다. 이러한 네트워크 전략을 추구하는 와중에 중견국 한국은 설계자의 목표도 병행해서 추구할 필요가 있다. 그러나 그러한 설계자의 역할은 시스템 전체를 설계하기보다는 강대국이 운영하는 시스템에 유용한 보완 프로그램을 제공하는 하위 설계자의 역할에 가까울 것이다.

끝으로, 한국의 중장기 외교안보 전략은 국력위상의 상승과 대내적 적응의 과정에서 출현하는 국가모델의 변환과 국가이익의 재조정이라는 과제까지도 품어야 한다. 이러한 시각에서 본 중견국의 국가이익론은 종전의 협소한 국가이익론을 넘어서는 데 필요한 개념적 틀을 제공한다. 이러한 맥락에서 이 글이 제시한 것은 열린 국가이익론이다. 국가이익을 추구하는 방법이라는 측면에서 열린 국가이익은 종전보다 좀 더 '부드럽게' 국가이익을 추구하는 것을 의미한다. 또한 국가이익을 추구하는 원칙이라는 측면에서 열린 국가이익은 기본적으로 상대 국가와 중첩되거나 공유할 수 있는 상호이익을 추구하는 것을 뜻한다. 더 나아가 국가이익을 추구하는 목표라는 측면에서 열린 국가이익은 규범적이고 도덕적으로 타당하며 보편적 규범에 부합하는 방향으로 국가이익을 추구하는 것을 의미한다. 요컨대, 이렇게 네트워크 시각에서 보는 중견국의 국가이익론은 안팎으로 네트워크화 되는 국가모델로서 새로운 통일국가 모델에 대한 논의와 연결된다.

정리하자면, 이 글은 실천적 문제의식을 바탕에 깔고 중장기 외교안보 전략에 대한 이론적 논의를 펼쳤다. 앞서 언급한 이론적 요소들, 즉 구조적 위치를 잡는 과정에서 창출되는 위치권력과 중개권력, 중견국의 네트워크 권력전략, 중견국의 열린 국익론과 국가모델 등의 적용 및 활용에 대해서는 앞으로 추가연구가 이루어져야 할 것이다. 그런데 이러한 과정에서 우리가 한 가지 유념해야 할 점은, 향후 30년을 염두에 두고 개발해야 할 한국의 중장기 외교안보 전략론은 기존처럼 강대국의 방침을 추수하는 '약소국 전략'과는 다른 '중견국 전략'이라는 새로운 개념적 범주를 설정해야 한다는 점이다. 그렇다고 한국의 '중견국 전략'이 또 하나의 강대국이 되기 위해서 힘의 논리를 따르는 '강대국 전략'의 발상과 행태가 되어서는 곤란하다. 다시 말해, 이제는 강대국을 추수하는 약소국 전략의 발상을 넘어서야 한다는 것은 맞는데 이것이 또 다른 강대국이 되겠다는 것을 의미하지는 않는다. 현시점에서 한국이 지향하는 중견국의 꿈은 적어도 언젠가는 또 다른 강대국이 되어서 한국이 정점에 올라서는 위계질서를 만들겠다는 것이어서는 안 된다. 비유컨대 패권을 추구하기 위해서 혼자서 거미줄을 치는 '거미의 꿈'이 아니라 비슷한 처지에 있는 나라들이 함께 어울려서 좋은 세상을 만들겠다는 '꿀벌의 꿈'을 가져야 할 것이다.

참고문헌

김상배. 2014. 『아라크네의 국제정치학: 네트워크 세계정치이론의 도전』. 파주: 한울.

김상배. 2015. "사이버공간과 한반도 통일: 복합지정학으로 본 사이버안보의 세계정치." 통일의 신지정학 제3차 토론회 발표문. 6월 5일.

김상배 편. 2014. 『네트워크 시대의 외교안보: 중견국의 시각』. 서울: 사회평론.

김상배 편. 2015. 『제3세대 중견국 외교론: 네트워크 이론의 시각』. 서울: 사회평론.

김상배·이승주·배영자 편. 2013. 『중견국의 공공외교』. 서울: 사회평론.

손열 편. 2007. 『매력으로 엮는 동아시아: 지역성의 창조와 서울 컨센서스』. 서울: 지식마당.

전재성. 2012. "동아시아의 복합네트워크 규범론과 한국 전략의 규범적 기초." 하영선·김상배. 편. 2012. 『복합세계정치론: 전략과 원리, 그리고 새로운 질서』. 파주: 한울. pp. 310−340.

지상현, 콜린 프린트. 2009. "지정학의 재발견과 비판적 재구성." 『공간과 사회』 통권 1호, pp. 160−199.

평화포럼21 편. 2005. 『매력국가 만들기: 소프트파워의 미래전략』. 21세기평화재단·평화연구소.

하영선·김상배 편. 2006. 『네트워크 지식국가: 21세기 세계정치의 변환』. 서울: 을유문화사.

Burt, Ronald S. 1992. *Structural Holes: The Social Structure of Competition.* Cambridge, MA: Harvard University Press.

Goddard, Stacie E. 2009. "Brokering Change: Networks and Entrepreneurs in International Politics," *International Theory.* 1(2), pp.249−281.

Hafner–Burton, Emilie M., Miles Kahler, and Alexander H. Montgomery. 2009. "Network Analysis for International Relations." *International Organization.* 63, pp. 559–592.

Ikenberry, G John. 2014. "The Illusion of Geopolitics: The Enduring Power of the Liberal Order." *Foreign Affairs,* 93(3), pp. 80–90.

Kahler, Miles. ed. 2009. *Networked Politics: Agency, Power, and Governance.* Ithaca and London: Cornell University Press.

Kim, Sang Bae. 2014a. "Roles of Middle Power in East Asia: A Korean Perspective." EAI MPDI Working Paper No.2.

Kim, Sang Bae. 2014b. "The Inter–network Politics of Cyber Security and Middle Power Diplomacy: A Korean Perspective." EAI MPDI Working Paper No.4.

Maoz, Zeev. 2010. *Networks of Nations: The Evolution, Structure and Impact of International Networks, 1816–2001.* Cambridge and New York: Cambridge University Press.

Mead, Walter Russell. 2014. "The Return of Geopolitics: The Revenge of the Revisionist Powers." *Foreign Affairs,* 93(3), pp. 69–79.

Nexon, Daniel, 2009. *The Struggle for Power in Early Modern Europe: Religious Conflict, Dynamic Empires, and International Change,* Princeton, NJ: Princeton University Press.

Nye, Joseph S. 2004. *Soft Power: The Means to Success in World Politics.* New York: Public Affairs.

Nye, Joseph S. 2008. *The Powers to Lead.* Oxford and New York: Oxford University Press.

Pratt, Cranford. ed. 1990. *Middle Power Internationalism: The North–South Dimension.* Kingston and Montreal: McGill–Queen's University Press.

Putnam, Robert D. 1993. *Making Democracy Work: Civic Traditions in Modern Italy.* Princeton: Princeton University Press.

Wallerstein, Immanuel. 1974. "The Rise and Future Demise of the World Capitalist System: Concepts for Comparative Analysis." *Comparative Studies in Society and History*, 16(4), pp. 387–415.

Waltz, Kenneth N., 1979. *Theory of International Politics,* New York: Random House.

유엔 안보외교의 미래전략[1]

제2장

이신화

I. 서론

20세기 두 차례의 세계대전을 치루면서 집단안전보장 혹은 집단안보라는 제도가 군사안보의 새로운 접근으로 등장하였다. 즉 일국의 군사력 확대나 타국과의 동맹을 통해 국가안보를 이루는 것이 아니라, 지구촌 국가

1 본고의 '유엔 안보리 결의안 및 부결안, 기권 등의 집계'와 관련한 자료는 유엔 웹사이트 정보 및 필자가 유엔자료를 통해 직접 구분한 목록에 따라 조사한 것으로, 이 연구 부분은 교육과학기술부의 재원으로 한국연구재단의 지원(2014S1A3A2044032)을 받아 수행되었다.

들이 국제연합(유엔)을 창설하여 어떤 국가가 도발을 감행할 경우 다른 모든 회원국들이 협력하여 응징함으로써 침략 받은 국가 및 세계안전을 보장한다는 것이다. 이렇듯 유엔은 헌장(UN Charter)에 기초하여 국가 간 갈등을 군사적 힘이 아닌 법치(rule of law)와 제도를 통해 사태해결을 모색한다는 국가들의 '아이디어의 합치'에서 시작된 것이다.

하지만 냉전기 동안에는 동서 양진영의 대결 무대가 되어 세계평화유지와 인류공동가치의 추구라는 설립목표를 제대로 이행하기 힘들었다. 특히 세계평화와 안전보장을 위해 필요한 행동을 취할 책임과 권한을 가진 유엔의 가장 핵심기관인 안전보장이사회(안보리)가 상임이사국들(P5), 특히 미국과 소련의 거부권 행사로 집행능력이 마비되었다는 비판을 받았다. 냉전기 세계경찰국가를 자임했던 미국은 유엔에서 세력 불리기에 힘을 쏟았고, 소련은 유엔을 선전수단으로 이용하였다. 또한 미-소 강대국의 틈바구니 속에서 회원국들 역시 공존과 공영보다는 자국 이해관계에 따라 의사결정을 하고 경쟁하면서 유엔은 일종의 '국익각축장'이 되어버렸다. 결국 냉전기 유엔은 베트남전, 이란혁명, 소련의 아프가니스탄 침공과 같은 굵직한 세계안보이슈로 인한 국제정세의 부침 현상으로 미-소 중심의 강대국들 간 역학관계에 영향을 받을 수밖에 없었다.

베를린 장벽이 무너지고 소련이 해체되면서 냉전이 종식되었는데, 이러한 변환기를 틈타 이라크가 쿠웨이트 침공을 감행하였다. 이를 응징하고자 안보리는 미국 주도의 다국적군 공습을 승인하면서 1991년 걸프전은 한국전쟁 이후 처음으로 집단안보권을 발동하였다. 이를 계기로 유엔의 위상과 역할이 재조명 받았고 미국과 러시아가 협조하는 분위기에서 안보리 의사결정에 대한 가결도 눈에 띄게 증가하면서 유엔은 르네상스를 맞는 듯했다. 더욱이 전통적인 군사안보 뿐 아니라 환경, 경제, 질병, 인도적 문제와 같은 비전통안보(non-traditional security) 이슈들이 안보영역에 포함되면서 유엔이 다루어야 하는 평화와 안보의 의제가 복잡하고 다양해졌다. 무력분쟁의 경우도 국가 간 전쟁이나 갈등은 급격히 감소한 반면, 탈냉전기 다민족국가 내 정치인종 분쟁(ethnopolitical conflict)이 급증하면서 내전이 크게 확산되었고 이에 따른 인도적 위기상황이 점점 심각해지면서 유엔의 안보 역할이 더더욱 커지게 되었다. 비록 창립시 유엔헌장에는 기재되지 않았지만, 1948년 예루살렘 정전감시단(UNTSO) 이래 시작된 유엔평화유지활동(PKO) 및 분쟁조정 역할의 필요성이 냉전 종식 후 급증하였기 때문이다. 더욱이 전후 국가재건 및 평화구축활동(PBO) 과정에서 분쟁이 재발하는 경우가 늘고, 내전으로 인한 대량학살이나 난민문제와 같은 인도적 위기상황이 심각해지면서 유엔의 분쟁 예방을 위한 지속적인 관여 및 효과적이고 정당한 인도적 개입과 인도적 지원의 중요성이 커지게 되었다.

그럼에도 불구하고 여전히 유엔에 대해 자국의 이해관계에 매몰된 회원국들의 집합체로 탁상공론의 장일 뿐이라는 비판을 하는 목소리가 있고, 현실주의적인 권력정치를 벗어나지 못하고 강대국, 특히 미국의 꼭두각시에 불구하다고 비판하는 시각도 많다.[2] 더욱이 국제이슈에 있어 강대국들의 선별적 혹은 일방적 개입을 제어하지 못하는 유엔의 무기력함이나 무용성을 지적하며 폐지론까지 펼치기도 한다.[3] 이렇듯 유엔이 미국이나 서

2 "북한 '유엔 안보리, 미국의 꼭두각시.. 개혁해야': 노동신문, 유엔총회 개막 맞춰 '안보리 개혁' 주장," 《Daily NK》, 2014년 9월 17일, http://www.dailynk.com/korean/read.php?cataId=nk00900&num=104669.

3 "Bolton Says Palestinian Resolutions Demonstrate UN Irrelevance," *Bloomberg*, December 1, 2005, http://www.bloomberg.com/apps/news?pid=newsarchive&sid=aMtyi.vxeA5Q.

구를 대변하는 듯한 기관으로 비추어지면서 유엔기관이나 직원들이 테러 행위의 표적이 되는 위험이 증가하였다. 이에 따라 2004년 12월 유엔 내에 안보국(UN Department of Safety & Security)이 설립되었고 유엔기관이나 직원을 보호하는 기능 및 활동영역이 점점 확대되고 있다.[4]

이와 같은 비판이나 위험에도 불구하고 유엔의 역할이나 존재 자체에 대해 문제 삼는 것은 바람직하지 않을 뿐 아니라 세계평화유지를 위한 국제사회의 역사적인 노력에도 부정적 영향을 끼치는 일이다. 193개 회원국을 지닌 세계 최대의 다자 기구인 유엔은 지구촌 제반 문제들을 둘러싼 회원국들의 다양한 관점과 우선순위들이 부딪히거나 강대국, 특히 안보리 상임이사국들(P5)의 힘겨루기 장이 되기도 하지만, 복잡한 분쟁과 인도적 위기상황 및 숱한 글로벌문제에 대응하기 위한 법적 토대와 규범적 타당성을 만들어내고 회원국 간 협력을 모색할 수 있는 '포컬 포인트(focal point)'의 역할을 한다는 것만으로도 그 존재의의가 크다 하겠다.

따라서 이번 장에서는 세계안보와 평화를 유지·관리하기 위한 유엔의 '아이디어'와 대응·접근방식들이 어떻게 발전되어 왔고 실제로 어떠한 성과와 한계를 가져왔는지 고찰해보고자 한다. 특히 안보리 결의안 분석을 통해 냉전기 초강대국 미국과 소련의 대결 속에서 나타난 안보리의 거부권 행태, 그리고 향후 미국과 중국 및 러시아의 힘겨루기 상황에서 향후 국제위협과 분쟁예방 및 해결을 위한 보다 강력하고 타당하고 적실성 있고 효과적인 유엔의 역할을 모색해보고자 한다. 또한, 유엔 및 국제사회에서 중견

4 United Nations Department of Safety and Security (UNDSS), "What We Do," http://www.un.org/undss/?q=whatwedo.

국(middle power)의 역할은 제반 분쟁에 대한 중재자(good office)적 역할, 경제적·윤리적 문제를 다루는데 있어서 모범적 행위자로서의 역량을 발휘하는 것이라는 관점에서 그 역할을 조명함으로써 향후 "선도 중견국 한국"의 장기적인 외교전략에 대하여 고찰해보고자 한다. 경제개발과 민주화라는 두 마리 토끼를 성공적으로 잡고 많은 개도국의 벤치마킹이 되고 있는 한국이 어떻게 동북아 4강에 둘러싸인 지정학적 한계를 극복하고, 유엔이나 국제사회의 평화활동에 기여하고, 서구와 비서구를 잇는 국제규범을 추구할지가 성공적인 중견국 외교를 이끌어나가는 관건이 될 것으로 보인다. 특히 한국의 중견국 외교는 특정 지역이나 이슈에 얽매이지 말고, 양자적, 다자적 협력을 포괄하는 광범위한 중견국 외교의 모델을 창출하는 방향으로 이루어질 필요가 있다. 한국의 유엔안보 외교도 같은 맥락에서 추진되어야 할 것이다.

II. 세계분쟁의 변천 및 유엔의 안보 아이디어와 역할평가

고대부터 중세 및 근대를 거쳐 냉전기에 이르기까지 크고 작은 전쟁들은 많은 경우 패권전쟁, 정복전쟁, 동맹이나 연합을 통한 세계전쟁, 혹은 강대국의 대리전 양상을 띠는 국가 간 전쟁이었다. 제1차 세계대전의 경우, 1914년 오스트리아가 자국 황태자 부부가 세르비아 청년에게 살해된 사건을 빌미로 세르비아에 선전포고를 하면서 시작되었다. 당시 러시아가 세르비아를 지원하려 하자 독일은 러시아에 선전포고를 했으며 이는 삼국동맹과 삼국협상 국가들의 대결로 이어졌다. 삼국 협상국에 미국과 이탈리아가

합세하여 구성된 연합군이 1918년 1월 독일과 오스트리아 및 이들을 지원하는 헝가리, 터키로 이루어진 동맹군에 승리하면서 마무리되었다.[5] 그 결과 오스트리아-헝가리제국, 러시아제국, 오트만(터키)제국이 몰락했고, 폴란드, 체코슬로바키아, 유고슬라비아, 핀란드 등 새로운 국가들이 탄생하였다. 1919년 6월 조인된 베르사유 조약은 패전국 독일에게는 군대의 대폭 축소, 영토의 상당부분 이양, 막대한 전쟁배상금 지불을 요구하는 가혹하고 굴욕적인 규정이었다.[6]

1920년 세계평화와 안전유지 및 국가 간 경제적, 사회적 협력을 증진시키는 것을 목적으로 국제연맹(League of Nations)이 창설된다. 스위스 제네바에 본부를 둔 국제연맹은 무기감축과 개방외교를 표방하였고, 집단안보개념을 강조하였다. 설립 후 10년간 국제연맹은 세계평화와 안전을 위한 역할을 순조롭게 하는 듯했고, 국가 간 협력제고에 있어 가시적 성과를 거두기도 하였다. 하지만 1930년대에 들면서 굴욕감과 불만에 가득찬 독일 및 이탈리아, 일본 등과 같은 신흥 군국주의 세력의 도발적 행위에 대하여 집단적 제재 조치를 취하지 못하는 무기력함을 보였다.[7] 결국 1939년 9월 독일이 폴란드를 침공하고 영국과 프랑스가 독일에 선전포고를 하면서 시작된 제2차 세계대전은 무솔리니가 이끄는 파시스트, 히틀러가 주도한 나치당, 일본의 군국주의자들을 중심으로 한 추축국과 영국, 프랑스, 미국, 소련이

5 이탈리아는 처음에는 삼국동맹에 참여했으나 오스트리아와 사이가 나빠져 삼국협상에 있는 나라들을 도와주는 연합군에 합세하였다.

6 Charles W. Kegley Jr and Shannon L. Blanton, *World Politics: Trend and Transformation, 2012–2013* 14th edition, Chapter 4, "Great Power Rivalries and Relations" (South Melbourne, Victoria: Cengage Learning, 2013).

7 박재영, 『유엔과 국제기구』 (서울: 법문사, 2007년 12월).

중심이 된 연합국 사이에 벌어진 전쟁이었다. 1943년 7월 연합군의 이탈리아 상륙으로 무솔리니 정권이 무너지면서 이탈리아가 항복하고, 1945년 5월 연합군의 베를린 함락과 히틀러의 자살로 독일이 무조건 항복하였으며, 같은 해 8월 미국의 원자탄 투하로 일본이 항복하면서 전쟁은 종결되었다. 그 결과, 패전국 독일은 동서독으로 분단되었다. 이로써 세계는 자본주의 체제의 미국과 사회주의 체제의 소련으로 양분되어 냉전체제의 대립과 긴장관계에 돌입하게 되었다.[8]

1945년 전쟁의 참화를 딛고 설립된 유엔은 영토정복이나 자원탈취 및 영향력 행사를 위해 힘 있는 국가가 그렇지 못한 국가를 무력으로 침공하는 것을 방지하기 위해 국가 간 분쟁을 법치로 대체하는 목적을 가지고 있다. 이에 따라 제1차 세계대전 이후 창설되었지만 제2차 세계대전을 막지 못한 국제연맹을 보완하기 위해 자의적으로 다른 국가를 공격하는 침략국에 대한 강력한 응징을 위해 무력사용을 할 수 있도록 하는 집단안보체제를 만들었다. 한 유엔회원국에 대한 침략행위는 다른 모든 회원국들에 대한 침략으로 간주하여 단호하게 대응한다는 국제사회의 원칙을 수립한 것이다. 하지만 안보리의 승인에 의해서만 집단안보를 실시할 수 있기 때문에 지난 70년 동안 1950년 한국전쟁 및 1991년 걸프전 이외에는 적용되지 못했던 점에서 볼 수 있듯이 안보리에서 거부권을 미국, 영국, 프랑스, 소련, 중국 등 P5 간 팽팽한 긴장과 경쟁구도 속에서 유엔의 안보기능은 위축되거나 마비되어 왔다.

한편, 1950년대 예방외교(preventive diplomacy)의 개념이 처음 도입되었는

8 상동.

데, 이는 다그 함마르셸드 제2대 사무총장(1953년–1961년 재임)이 도입한 개념으로 냉전기 동서이념분쟁 하에서 작은 충돌이나 국지전이 강대국들을 포함하는 전면전이 되어 세계대전으로 비화하지 않도록 사전에 관리하려는 구상이었다.[9] 이후 탈냉전기 예방외교란 용어는 1992년 부트로스 부트로스 갈리 제6대 유엔사무총장이 주창한 유엔평화활동의 주요 유형으로 사용되었는데, 분쟁이나 위기가 발발할 개연성이 있는 상황에 대해 사전에 방지하거나 발생한 경우에는 최대한 빠른 시간 내에 효과적으로 대응함으로써 그 부정적 여파의 최소화를 목적으로 한다.[10]

냉전기인 1950년대부터 세계평화와 안보를 위한 유엔의 구상들은 군축과 같은 군사문제 뿐 아니라 오일쇼크 등으로 인한 개발(development) 문제를 광범위하게 다루기 시작하였다. 1973년 중동전쟁 발발 후 페르시아 만 6개 산유국들이 담합하여 원유가격을 인상하고 감산함으로써 이듬해 선진국들은 물가상승과 마이너스성장으로 고전해야 했다. 1979년 발생한 2차 오일쇼크는 이란에서 팔레비왕조가 무너지고 종교지도자 호메이니가 이끄는 민주정이 나타나면서 시작되었는데, 이란이 기존 원유생산량을 대폭 줄이자 최대 원유수출국인 사우디아라비아도 '석유의 무기화' 과정에 끼어들면서 원유가격이 급등하고 전 세계 경제가 혼란에 빠졌다. 현실정치의 문제가 도화선이 되었지만, 경제문제가 세계 안보문제와 직결된다는 것을 국제사회는 뼈저리게 절감하게 되었다. 한편 유엔은 민주 거버넌스, 빈곤감축,

9 United Nations Security Council, "Preventive Diplomacy: Delivering Results: Report of the Secretary–General," August 26, 2011, S/2011/552,http://www.un.org/ga/search/view_doc.asp?symbol=S/2011/552.

10 Boutros–Ghali, Boutros, *An Agenda for Peace*, New York: United Nations, 1992.

질병, 여성문제, 남남협력 등 사회개발 및 인간복지 및 발달수준 등을 비교하여 개발목표를 정립하기 위해 인간발달지표(human development index: HDI)를 만들었다.

또한 개발과 관련하여 환경보전을 강조하는 일도 냉전기에 이미 시작되었다. 대표적인 예로 1962년 레이첼 칼슨(Rachel Carson)이 저술한 『침묵의 봄(Silent Spring)』을 통해 농약, 제초제, 살충제 등 유독성 화학물질을 과다하게 사용한 결과 봄에도 새들의 소리가 들리지 않는다는 사실에 경각심이 높아지면서 미국을 중심으로 한 환경단체들이 활동이 확대된 것을 들 수 있다.[11] 이후 환경문제는 토질오염뿐만 아니라 대기와 해양오염문제도 심각하게 논의되기 시작하였고, 자원부족문제나 기후변화 이슈는 한 국가 뿐 아니라 지구촌 전체의 안보문제가 될 만큼 세계적으로 심각한 상황이다. 이렇듯 환경문제가 안보이슈로 간주된 시기는 탈냉전기에 들어선 이후지만 이미 1960년대부터 환경문제에 대한 지구촌 관심이 높아졌고, 유엔은 1972년 스톡홀름에서 '오직 하나뿐인 지구'라는 슬로건을 내세워 유엔인간환경회의를 개최하였고, 그 결과 유엔체제 내에 지구환경문제를 전담하는 유엔환경계획(UNEP)을 설립하게 되었다. 냉전 종식 후 기존의 국가 간 전쟁이나 미소 강대국의 대리전 양상은 현저하게 감소하였다. 대신 소말리아, 에티오피아, 수단, 르완다, 구 유고연방, 체첸, 그루지야, 동티모르 등 많은 지역에서 국가 내 정치인종 분쟁이나 게릴라 전 등이 발생하게 되었다(〈그림 2-1〉 참조). 2014년 스웨덴 웁살라분쟁 데이터프로그램(Uppsala Conflict Data Program) 및 스톡홀름국제평화연구소(SIPRI) 연례보고서에 의하면, 2014년 한 해 동안

11 Rachel Carson, *Silent Spring*, 40th anniversary edition, New York: Houghton Mifflin Company, 2002.

25명 이상이 숨진 무력분쟁은 총 40건이었는데, 이 중 인도와 파키스탄 간 분쟁 한 건만 국가 간에 일어난 것이고 나머지 39건은 모두 국가 내부에서 발생한 내전이었다. 하지만 주목할 것은 이들 중 13건(33%)은 적어도 하나 이상의 국가가 군대를 지원하여 '국제화(internationalized)'된 사례이다.[12] 이러한 내전들은 다민족국가 내에 여러 민족이나 부족들이 거주하면서 발생되는 사회적, 정치적, 경제적 갈등 등으로 인하여 자신들의 고유한 부족이나 종교와 같은 공동체의식 및 그룹 정체성이 강화되면서 공동체 갈등이 심해져 무력충돌에 이르는 경우가 많은데, 이러한 분쟁은 종종 인접국이나 유관 국가 혹은 강대국들의 이해관계에 따라 국제화 양상을 띠면서 더욱 복잡하고 격렬하게 장기간 전개되기도 한다.[13]

이러한 분쟁의 악화 및 확대를 막기 위해 분쟁 당사국들의 동의나 요청이 있을 경우 파견되어 중립성과 공정성을 견지하는 것을 특징으로 하는 유엔 PKO 활동은 휴전 정전감시나 치안유지임무 수행을 원칙으로 1948년 최초로 시작되었다. 유엔헌장이 만들어진 이후 시작된 PKO 임무는 분쟁의 평화적 해결을 강조한 헌장 6장과 평화에 대한 위협이 있을 경우 (무력을 포함한) 유엔의 집단적 조치를 취할 수 있다는 7장의 중간 정도에 해당한다고 하여 함마르셸드 사무총장은 6과 1/2장(Chapter six and a half)이라고 지칭한

---

12 이들 국제화된 내전사례는 아프가니스탄, 아제르바이잔(나고르노-카라바크), 이라크, 말리, 나이지리아, 소말리아, 남수단, 우간다, 우크라이나(도네츠크), 우크라이나(루간스크), 우크라이나(노보로시야), 미국(알카에다와의 전쟁), 예멘 등이다, Therése Pettersson and Peter Wallensteen, "Armed Conflicts, 1946–2014," *Journal of Peace Research*, Vol. 52, No. 4, July 2015.

13 Ted Robert Gurr, *People Versus States: Minorities at Risk in the New Century*, Washington D. C: United States Institute of Peace Press, 2000.

바 있다. 첫 임무인 UNTSO가 파견된 이래 현재까지 총 71개의 임무가 수행되었는데 그 중 15개 임무만이 냉전기(1948~1988년)에 이루어졌고 나머지 56개는 1989년 이후 행해졌거나 현재 진행 중인 임무이다. 냉전기의 전통적인 PKO 활동이 평화협정이나 정전이행감시, 무기감시와 같은 임무였던 데 반해, 탈냉전기 분쟁양상 변화 및 이에 따른 부정적 여파들로 인해 PKO 임무도 점점 복잡화, 전문화 되고 있다. 2015년 6월 현재 16개의 유엔 PKO 임무에 126,250명 정도의 평화유지군이나 군 옵서버, 경찰인력 등이 파견되었다.[14]

한편 국제사회는 분쟁종식 후 평화정착 혹은 평화구축에 대한 중요성을 점점 더 심각하게 인식하게 되었고, 유엔도 2005년 유엔평화구축위원회(Peacebuilding Commission: PBC)를 설립하는 등 관련 조직들을 만들고 임무를 확대하였다. 이는 탈냉전기 분쟁들이 많은 경우 휴전협정 이후 평화정착 과정에서 재발하고 있기 때문이다. 한 연구에 따르면 1960년부터 2007년 사이에 총 74건의 주요 무력분쟁이 발생했는데, 이 중 44건(약 60%)이 10년 이내에 다시 발생하였다.[15] 1992년 부트로스 사무총장은 『평화를 위한 의제(*An Agenda for Peace*)』라는 보고서에서 유엔 PKO와 전후 평화구축 활동(peacebuilding operation: PBO)은 긴밀하게 연계되어 있음을 강조하였다.[16] 오랜 전투 끝에 정전협상을 맺은 국가에 대한 전후 평화구축은 국가재건, 사회

---

14 United Nations Peacekeeping, "List of Peacekeeping Operations 1948–2014" 〈http://www.un.org/en/peacekeeping/documents/operationslist.pdf〉.

15 Paul Collier, Anke Hoeffler, and Mans Soderbom, "Post–Conflict Risks", *Journal of Peace Research*, Vol 45, No. 4, Special Issue on the Aftermath of Civil War, 2008.

16 Boutros–Ghali, 1992, 상동.

통합, 그리고 지속적인 평화정착을 이루기 위한 유엔을 비롯한 국제사회의 체계적인 관여를 통해 분쟁 재발 방지를 목적으로 한다.[17] 이를 위해 부트로스 갈리 총장이 구분해 놓은 유엔평화활동, 즉 예방외교(preventive diplomacy), 평화조성(peace making), 평화유지(peacekeeping), 평화구축(peacebuilding), 평화강제(peace enforcement)를 일련의 단계별 선형적(linear) 임무로 구분하여 수행하기보다는 이 모든 임무들이 종합적으로 연결되어 분쟁예방, 평화유지, 인도적 지원, 장기적 개발을 모두 포괄할 필요성이 커졌다. 더욱이 유엔 PKO를 위해 승인된 총 예산이 2014년 7월에서 2015년 6월까지 94.7억 달러인데 비해,[18] PBO를 위한 같은 시기 예산은 9.387만 달러로 PKO 임무에 드는 비용의 채 0.1%가 되지 않는다.[19]

2015년 6월말 발표된 평화구축구조 리뷰(Review of the United Nations Peacebuilding Architecture) 보고에 따르면, 탈냉전기에 급증하였다가 1990대 말부터 점차 줄어들던 주요 무력분쟁이 늘기 시작하여 2007년 4건에서 2014년 11건으로 증가추세를 보이고 있다. 또한, 전체 유엔 PKO 병력의 2/3 가량과 유엔특별정치임무(UN Special Political Mission)로 파견된 인력의 약 90%가 고강도 폭력분쟁 지역에서 활동하고 있다. 이 보고서는 오늘날 내전은 취약한 리더십과 취약한 거버넌스 제도, 무능한 행정, 부패 등을 가져오고, 반대세력과 언론을 탄압하고 국가안보기관이 정치화되는 경향을 보이

17 United Nations Peacebuilding Committee (PBC), "Mandate of the Peacebuilding Commission," http://www.un.org/en/peacebuilding/mandate.shtml.

18 유엔 PKO 총예산은 유엔에서 승인된 84.7억 달러와 기타 기여분 10억 달러를 포함한 액수이다.

19 United Nations Peacebuilding Fund(PBF), "Key Figures," Data loaded from the Multi−Partner Trust Fund Office Gateway, 〈http://www.unpbf.org/donors/key−figures〉.

면서 정치나 선거 과정이 논란이 되고 폭력적으로 비화되어 분쟁이 발발하거나 재발하는 경향을 보인다고 지적하고 있다.

이와 같은 국가 내 무력분쟁은 많은 경우 민간인 학살이나 대량난민사태 등 인도적 위기 상황을 초래한다. 더욱이 분쟁의 근본원인이 되는 정부의 독재적 횡포, 무능함, 부패, 취약한 거버넌스 구조 등으로 인해 분쟁발발/재발, 국가실패현상, 자연재해에 대한 부실대응 등으로 민간인 피해가 속출하고 있다. 이렇듯 한 국가 내의 개개인의 안보문제가 심각해지면서 국가안보의 증진으로만 보장될 수 없는 인간안보(human security) 이슈가 국제사회의 화두로 등장하게 되었다. 이에 따라 인도적 지원(humanitarian assistance: HA)과 인도적 개입(humanitarian intervention: HI)과 같은 국제사회의 대응전략이 중요하게 되었는데, 일국이나 단일 국제기구의 역량으로는 사태관리나 해결이 힘들어 범국가적, 범기관적 협조가 중요하다.

유엔인도주의업무조정국(UN Office for the coordination of Humanitarian Affairs: OCHA)의 2014년~2015년 활동보고에 따르면, 인도적 지원에 대한 회원국의 기부가 늘고 있지만, 인도적 지원대상 인구의 증가추세에는 못 미치고 있는 실정이다. 예를 들어 2013년 87억 달러가 인도적 지원기금으로 제공되었지만 여전히 53억 달러가 부족하였다.[20] 이러한 적자현상은 지진, 태풍, 폭우와 같은 자연재해가 기후변화 등으로 인해 규모가 커지고 빈도수가 늘면서 인도적 위기상황이 확대되는 것에 기인한다. 2010년 아이티 지진, 2011년 동일본 대지진, 2012년 대형재난, 2013년 하이얀 태풍, 2015년 네팔

---

20 United Nations Office for the Coordination of Humanitarian Affairs(OCHA), "Growing Needs," *OCHA in 2014 & 2015: Plan and Budget*, http://www.unocha.org/ochain/2014-15/field-activities.

지진 등 '메가톤급 천재지변(mega-disasters)'으로 피해자가 급증하고 있다. 아시아태평양 지역에서만도 2012년 93건의 주요 자연재해로 7천5백만 명이, 2013년에는 137건에 8천2백만 명이, 그리고 2014년에는 126건에 8천5백만 명이 피해를 입었다.[21] 또한 분쟁으로 인한 난민이나 국내유민(internally displaced people: IDP)도 크게 늘어 2013년 1월 기준 1천4십만 명의 난민이 유엔 난민법에 의거한 합법난민으로 기록되었고, 이외에도 국내유민, 무국적자들, 기정사실(prima facie) 난민으로 간주되는 비호신청자들이 점점 늘고 있다. 국내유민의 경우, 1989년 1천6백5십만 명에서 2012년 말 2천8백8십만 명으로 증가하였다.[22] 이러한 한계점에 직면하여 OCHA를 중심으로 인도적 지원기관들 간 상임위원회(Inter-Agency Standing Committee: IASC)를 중심으로 클러스터 접근법을 도입하여 식량안보, 보건, 교육, 피난처, 물/위생 분야에 있어 전문성을 가진 기관들 사이의 원활한 활동을 조정(coordination)하고 우선순위를 결정하는 노력을 하고 있다(〈그림 2-1〉 참조).

이러한 유엔의 인도적 지원의 중요성에도 불구하고, 분쟁지역에서 구호품 배달과 같은 지원이 힘든 경우가 종종 있다. 예를 들어 2012년 미얀마 라킨 주에서 일어난 분파 간 폭력사태로 167명이 사망하고 14만 명의 유민이 발생하여, 이 지역은 유엔의 인도적 지원에 공공서비스를 절대적으로 의존하고 있었다. 하지만 2014년 3월 라킨주의 수도 시테에서 분쟁이 재발하

21 United Nations Office for the Coordination of Humanitarian Affairs(OCHA), "Natural Disaster and Conflicts in Asia-Pacific," *Asia-Pacific Humanitarian Bulletin 2014*, https://docs.unocha.org/sites/dms/ROAP/Mainpage/docs/HB_AP_2014.pdf.

22 UN High Commissioner for Refugees(UNHCR), "Figures at a Glance," http://www.unhcr.org/pages/49c3646c11.html.

〈그림 2-1〉 유엔 인도적 지원 및 재난대응 조정기관들 간 활동의 클러스터 접근법

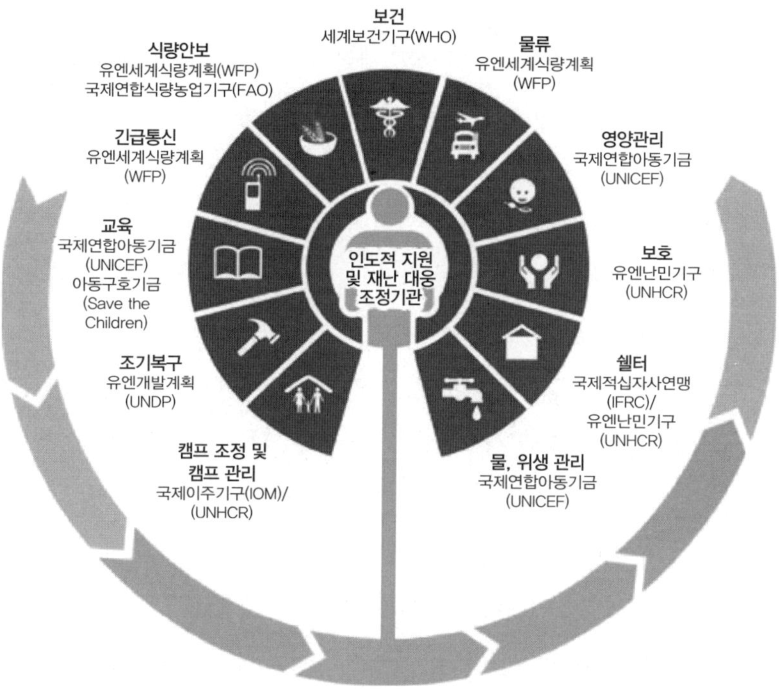

출처 : UN OCHA

여 1,000명이 넘는 인도적 구호요원들이 활동을 중단하게 되었고, 유엔 사무소와 국제구호단체들에 대한 공격으로 인도적 지원을 위한 그 지역 접근도 차단되었다.[23] 그 반면, 분쟁지역 인도적 지원이 내전을 연장시킨다는 주

---

23 United Nations Office for the Coordination of Humanitarian Affairs (OCHA), "Myanmar: Humanitarian lifeline cut following violence against aid agencies in Rakhine," April 16, 2014, http://www.unocha.org/top-stories/all-stories/myanmar-humanitarian-lifeline-cut-following-violence-against-aid-agencies.

장들도 있다. 인도적 구호물자의 배분이 분쟁지역이나 사회질서가 혼란한 곳에서 제대로 이루어지지 않아 원조를 절실히 필요로 하는 취약그룹이 혜택받는 것이 아니라 반군이나 무장단체들이 지원물자를 탈취하거나 정부군이 전용함으로써 오히려 그들의 전투역량을 키워 분쟁이 지속될 가능성이 높아지기 때문이다.[24]

인도적 위기 상황에서 재난구호나 인도적 지원을 어떻게 효과적으로 할 수 있을까도 국제사회의 고민거리이지만, 무력분쟁이나 그릇된 정치의 직접적인 피해자들을 보호하기 위하여 국제사회가 인도주의라는 기치 아래 행하는 개입의 정당성과 범위를 규정하는 것은 매우 어렵고 국가 간에 많은 논란을 가져온다. 코피 아난 제7대 유엔사무총장은 1997년 제시한 유엔 개혁안에서 평화와 안보촉진을 위해 인권존중은 반드시 필요하다고 강조하면서 인권문제와 인도적 재난예방을 유엔의 가장 중요한 의제들 중 하나라고 천명하였다. 이러한 맥락에서 한 국가 내 지도자의 실정(失政)이나 역량부족으로 국민들이 대규모의 고통을 받거나 죽음에 이르는 상황을 막기 위해, 유엔 PKO의 파견과는 달리 해당 정부의 동의 없이 국제사회가 인도주의 원칙에 입각하여 군사적으로 관여하는 인도적 개입에 대한 필요성이 늘었다.[25] 이러한 개입은 1648년 웨스트팔리아조약 이후 근대 국제관계에 있어 핵심요소인 주권불가침의 원칙에 어긋나기 때문에 유엔 회원국 간에 치열한 찬반론이 오갔지만, 민간인 희생과 고통을 최소화하고 효과적인

24 Neil Narang, "Assisting Uncertainty: How Humanitarian Aid can Inadvertently Prolong Civil War," *International Studies Quarterly* (2015) 59, pp.184–195.

25 Adam Roberts, *Humanitarian Action in War : Aid, Protection and Impartiality in a Policy Vacuum*, Oxford: Oxford University Press, 1996, p. 19.

분쟁해결 및 관리의 필요성이 강조되면서 개입불가피론이 유엔 내에서 힘을 얻기 시작하였다.

유엔 최초의 인도적 개입 사례는 1992년 12월 안보리 결의안 제794호에 따라 이루어진 소말리아 사태였다. 소말리아는 부족 간 분규와 군벌 싸움으로 거의 무정부상태로 전락한 상태에서 심각한 가뭄과 전염병까지 발생하여 전체 인구의 절반도 넘는 420만 명이 기아에 시달리고 있었다. 당시 유엔 PKO군인 '유엔소말리아작전(UNOSOM I)'이 1992년 4월부터 이미 활동하고 있었지만, 효과적인 인도적 문제해결을 위해 UNOSOM I과는 별도로 같은 해 12월 미 해병대 중심의 다국적군을 소말리아에 파병하였다. 그러나 유엔과 미군의 개입에 대항하여 군벌세력들이 미군과 파키스탄 PKO군들을 살해하였고 1993년 12월까지 소말리아 문제를 해결하지 못한 채 유엔 PKO군과 다국적군이 철수했으며, 대다수의 구호단체들도 활동을 중단하였다.[26] 이와 같은 소위 '소말리아 그림자(Somalia Shadow)'로 불리는 부정적 여파로 인해, 미국을 비롯한 대다수 유엔 회원국들이 전략적, 물질적 이해관계도 없는 지역에 지원이나 개입을 주저하고 있었다. 그 결과 1994년 4월부터 100여 일 동안 80만-100만 명가량 학살된 르완다 대량살상에 대해 유엔과 미국 등은 '침묵'하였다. 1992년 4월 보스니아 헤르체고비나가 유고슬라비아 연방으로부터 독립을 선언하자 이를 반대하는 세르비아인들이 전쟁을 일으켰다. 당시 그 지역 평화유지를 위해 유엔에서 파견된 PKO군인 '유엔보호군(UNPROFOR)'과 유럽연합(EU)의 합동평화활동이 진행되고

26 Samuel M. Makinda, *Seeking Peace from Chaos: Humanitarian Intervention in Somalia*, International Peace Academy Occasional Paper, Boulder: Lynne Rienner, 1993.

있었음에도, 1995년 7월 유엔 안전지대인 스레브레니차에서 중앙정부 지원을 받는 세르비아계 민병대에 의한 민간인 8,000명 집단학살이 자행되었다. 이 두 사건으로 인해 유엔 PKO 역할에 대한 회의론이 늘어났다. 반면, 1994년 2월 미국 주도하에 러시아, 영국, 프랑스, 독일이 중심이 된 NATO군의 공격이 이 지역에서 개시되었고, 1995년 3월 미국의 데이턴에서 세르비아, 보스니아, 크로아티아 등 분쟁 당사국들은 미국, 러시아, EU의 중재로 평화협상을 시작하였고 1995년 말 내전이 일단 종식되었다.[27]

르완다와 보스니아 사태는 유사한 시기에 일어났음에도 불구하고, 르완다에서의 너무 소극적인 개입과 보스니아에서의 너무 적극적인 개입이 대조되면서 '선별적 (selective)' 인도적 개입에 대한 비판이 일기 시작하였다. 인도주의를 내걸고 행하는 무력개입이 점차 늘면서 유엔이나 다국적군들이 어떠한 잣대를 통해 개입여부를 결정하고 어떤 규모의 임무를 수행하는지에 대한 논란과 이견도 커졌다. 즉 주권이냐 인권이냐 하는 근본적인 문제부터, 인도적 개입의 정치화·국제화 문제가 국제사회의 커다란 논쟁거리로 또 다른 갈등의 불씨가 된 것이다.

이러한 상황 속에서 1999년 아난 사무총장은 보다 효과적이고 정당성 있는 인도적 개입을 위한 공감할 수 있는 기준과 합의 방안 모색을 촉구하게 되었고, 캐나다 정부 후원으로 설립된 '개입과 국가주권에 관한 국제위원회'(ICISS)는 2001년 보호책임(Responsibility to Protect: R2P) 보고서를 냈다. 주권은 특권이 아니라 책임이며 국민보호의 책임은 일차적으로 해당국에

27 Tim Judah, Kosovo: *What Everyone Needs to Know*, Oxford: Oxford University Press, 2008.

있지만, 그 국가가 보호능력이나 의사가 없을 경우 국제사회가 지원이나 압력을 통해 개선하도록 촉구하고, 그래도 불가능할 경우는 국제사회에 직접적인 보호책임이 있다는 것을 골자로 한다.[28] R2P는 2005년 9월 유엔총회에서 회원국 만장일치로 채택되어 국제안보규범으로 자리매김하게 되었다. 하지만 ICISS가 규정한 R2P 적용범위가 내전과 정부박해의 경우만이 아니라 자연재해, 국가실패, 사회 불안정 등으로 인한 인권유린이나 기아사태를 포함시킨데 비해, 유엔은 4대 범죄인 대량학살, 인종청소, 전쟁범죄, 반인도적 범죄에 국한하고 있다.[29] 이렇듯 유엔이 협의의 정의를 내린 이유는 개입 논란의 소지를 최소화하여 민간인 보호를 위한 실질적 가능성을 높이기 위해서였음에도 불구하고, 회원국 간 R2P 적용여부를 둘러싼 상충된 입장과 전략적 이해관계 및 이행방법 등으로 인해 끊임없는 불협화음이 일어나는 실정이다.[30]

중국과 러시아의 기권을 토대로 통과된 2011년 3월 안보리 결의안 1973호에 따라 내전으로 치달은 리비아에서의 민간인 보호를 위해 R2P가 적용되어, 미국, 영국, 프랑스, 이탈리아 등으로 이루어진 유엔 연합군이 군사 개입을 하였다. 국제사회는 R2P가 최초로 적용된 사실에 고무되었고, 반기문 사무총장의 외교력도 부각되었다. 또한 한국 내에서는 북한에 R2P

---

28 International Commission on Intervention and State Sovereignty(ICISS), *The Responsibility to Protect, Report of International Commission on Intervention and State Sovereignty,* Ottawa: International Development Research Centre for ICISS, 2001.

29 United Nations General Assembly, A/RES/60/1, Resolution adopted by the General Assembly, *2005 World Summit Outcome,* 2005년 10월 24일.

30 이신화, "유엔과 보호책임(Responsibility to Protect)" 『국제문제연구』. 제10권 (4)호 통권 40호, 2010.

를 적용해야 한다는 목소리가 대두되었다. 하지만 원래의 의도(즉 민간인 보호)와는 달리 독재자 무아마르 카다피 원수가 죽으면서 리비아에 대한 군사적 개입에 대한 비난이 확대되었다. 즉 국민보호책임은 이론적으로는 유효해도 현실세계에서는 인도적 개입과 마찬가지로 정치적으로 오용될 확률이 높다는 것이다. 리비아의 경우 민간인 보호는 명분이었고 실제로는 석유 확보, 영국 및 프랑스 보수정부의 국내정치적 필요, 중동 독재자와 가까웠던 과거청산, 미국을 비롯한 서구의 군사력 시위가 원인이었다는 비난이 쏟아졌고, 이후 시리아 내전에서는 더 많은 민간인들이 죽었지만 R2P가 적용되지 못하였다.[31] 이렇듯 어떠한 명분에서든 주권국에 대한 국제사회의 개입을 어느 정도까지 허용할 수 있는가는 유엔 내에서 끊임없는 논란과 갈등의 소지가 되고 있지만, 인권보호를 위해 주권이 어느 정도는 제약을 받을 수밖에 없다는 국제적 공감대는 커지고 있다. 이러한 국제안보규범에 관한 국제사회의 관심과 이행 의지를 지속적으로 이어나가기 위해 향후 유엔이 해야 할 과제는 서구와 비서구, 선진국과 개도국, 원조공여국과 수혜국으로 나누어진 틀을 벗어나 이들을 하나로 아우르는 국가 간 이해와 합의를 마련하는 '공정한 중재자(honest broker)'로서의 임무를 수행하기 위한 안보 아이디어와 역할을 발전시켜나가야 할 것이다.

31 "China, Russia Vetoes thwart U.N. Security Council Resolution on Syria," *CNN U.S.* October 4, 2011, http://articles.cnn.com/2011-10-04/middleeast/world_meast_syria-unrest_1_bashar-ja-afari-president-bashar-security-council?_s=PM:MIDDLEEAST.

III. 안보리 결의안과 부결안에 따른 유엔의 안보 역할 고찰

유엔 설립 이래 안보리는 세계평화와 안전 유지를 위한 일차적 기능을 수행하고 실질적으로 무력행사를 승인할 수 있는 유일한 기구로서 막중한 권한과 책임을 갖고 있다. 제2차 세계대전 전승국인 미국, 영국, 프랑스, 러시아(구소련), 중국으로 구성된 상임이사국 5개국(P5)과 2년마다 교체되는 각 지역을 대표하는 비상임이사국 10개국으로 이루어진 안보리에서 거부권을 가진 P5의 존재는 막강하다. 세계안보 및 주요 이슈에 관한 안보리 의사결정은 전체 15개국 중 P5를 포함하여 9개국 이상이 찬성을 해야 하는데, 단 하나의 상임이사국이라도 반대하면 의결을 채택하지 못하게 된다.

유엔 창설 이후 지난 70년 간 지속적으로 논의되어 온 유엔 개혁의 핵심의제가 바로 안보리 개혁 문제였는데, 이는 P5가 주요 글로벌 이슈와 관련하여 종종 자국의 이해관계나 강대국 정치역학에 의해 자의적으로 거부권이라는 특권을 사용함으로써 유엔의 도덕적 권위를 훼손하고 있으며, 현재 안보리 구조 및 운영방식은 점점 늘어나는 유엔회원국들을 대변하는 대표성을 결여하고 있다는 비판과 무관하지 않다. 안보리 의사결정은 결의안 통과와 부결로 나뉘며, 그 과정에 있어 찬성과 반대 및 기권을 할 수 있다. 회의에 불참하거나 표결 절차에서 명시적으로 기권 의사를 나타내는 경우는 기권으로 간주된다. 안보리 의사결정규칙 제27조 3항에 의거하여 회부된 의제의 당사국 혹은 이해관계를 가지는 국가는 의무적으로 기권을 행사해야 한다. 하지만 기권은 안보리 최종의사결정에 '묵인'하는 것으로 부결로 보지 않는 관례에 따라 거부권을 행사한 것과는 달리 결의안 채택에 장애가 되지 않는다. 안보리 이사국들, 특히 P5는 명시적으로 찬성이나 반대를 표명하지 않음으로써 국제사회의 비난을 피하면서도 자신들의 이해관계가 걸린 국가(들)과의 껄끄러운 상황을 회피하기 위해 종종 기권을 택해왔다. 1950년 한국전쟁 당시 유엔군 파견을 결의할 때 기권을 했던 소련은 1940~50년대 안보리 표결 절차 회의에 불참하거나 투표를 하지 않고 기권한 적이 많았다. 탈냉전기 이후 대표적인 기권 사례로는 2011년 리비아 내전에 국민보호책임(R2P)을 적용하여 유엔의 군사적 개입을 승인할 때 러시아와 중국이 기권한 것을 들 수 있다.

안보리에 어떠한 안보이슈나 주요한 세계 현안들이 안건으로 상정되어 왔는지, 그리고 표결을 통해 어떠한 결의안은 승인되고 어떤 안건은 상임이사국들의 반대로 부결되었는지에 대한 추이를 살펴보는 것은 유엔의 안보 역할을 평가하는데 유의미하다. 즉 냉전기를 거쳐 탈냉전기 세계안보의제나 분쟁 양상 등의 변화와 지속성을 파악하고 어떠한 안보문제에 관해 안보리 이사국들, 특히 강대국들 간에 합의를 이루거나 상충되는 입장으로 갈등을 겪어왔는지 살펴봄으로써 유엔의 안보 역할 성과와 한계를 가늠해볼 수 있다.

설립 초부터 2015년 5월까지 총 2,224건의 안보리 결의안이 채택되고 총 191개가 부결되었다.[32] 〈표 2-1〉과 〈그림 2-2〉는 10년 단위로 통과되고 부결된 안보리 의결안 수를, 〈그림 2-3〉은 2년 단위로 그 추이를 보여주고 있는데, 결의안 수는 크게 증가한 반면 부결안 수는 냉전 종식 후 1990년대

32 유엔 안보리 결의안 및 부결안, 기권 등의 집계를 위해 고려대학교 정치외교학과 대학원생 권윤정, 류민종, 조아라, 최유리가 필자의 지도하에 "유엔 안전보장이사회 결의안 및 부결안 분석 및 데이터베이스(database) 구축"이란 그룹보고서를 작성함, 2015년 6월.

를 기점으로 감소하였음을 알 수 있다(〈그림 2-2〉 참조). 냉전기 동안 통과된 결의안 수를 10년 단위로 살펴보면 설립 후 1940년대 첫 5년간 78건인데 비해 미-소 갈등이 본격화되기 시작한 1950년대 10년간은 54건으로 줄어들었고 1960년대 143건으로 늘어난 후, 1970년대 186건, 1980년대 185건이 각각 통과되었다. 〈그림 2-3〉의 1번 블록에서 볼 수 있듯이, 냉전 종식 이후 결의안 수는 큰 폭으로 증가하여 1990년대에는 638건, 2000년대 623건, 그리고 2010년 이후 2015년 5월 기준 317건으로 크게 증가하였다(〈표 2-1〉 및 〈그림 2-2〉 참조).

한편, 거부권의 경우에는 1940년대(유엔 창설 이후 5년간) 41건, 1950년대 27건, 1960년대 15건, 1970년대 33건, 1980년대 46건이었다. 이러한 거부권 행사 여부는 미-소 양국의 화해나 대립상황과 무관하지 않았는데, 냉전체제가 긴장완화 분위기로 데탕트를 맞이했던 1960년대 후반부터 1970년대에 비해 1980년대 심각한 대치국면으로 신 냉전이 한창이었던 시기에 안보리 의결사항에 대한 거부권 행사가 늘었다. 당시 안보리 P5가 가장 많은 거부권을 행사한 사안들은 이스라엘-팔레스타인 분쟁과 이스라엘-레바논 분쟁 등을 포함한 중동문제, 그리고 나미비아 및 남로디지아 지역의 내전 및 분쟁상황을 포함한 남아프리카공화국 문제였다. 이는 미국과 소련이 자국과 우호적인 관계를 유지하고 있는 국가(들)이 분쟁 당사국인 의제는 수용하고 우호국가(들)에게 불리한 것 같은 사안에 대해서는 거부권을 남발하였기 때문이다.

보다 구체적으로 살펴보면, 냉전 초부터 1960년대까지는 소련의 거부권 행사가 두드러졌지만 1970~80년대에는 미국의 거부권 사용이 늘어났다. 냉전기 전체를 통틀어볼 때는 소련의 거부권이 많지만, 1970년대 이후만 살펴보면 미국의 거부권 행사가 더 많았다. 왜냐하면 중동 지역, 특히 팔레스타인과 이스라엘의 문제가 안보리 의제로 등장하면서 미국이 거부권을 행사하는 사안이 급증하였기 때문이다. 아울러 냉전기 동안 남아프리카공화국과 남미 및 중동과 관련된 사안에 대해서도 미국은 꾸준히 거부권을 행사하였다. 이렇듯 1970~80년대 이들 지역에 대한 거부권 행사가 잦았던 것은 당시 안보리 안건을 살펴보면, 유엔에 신규로 가입하는 국가들에 대한 찬반 결정을 제외하고는 대부분이 이들 문제들이었기 때문으로 보인다. 탈 냉전기 동서대립이 사라지면서 해체된 유엔의 소련 자리(Soviet Chair)를 계승한 러시아를 비롯한 P5 사이의 협조 분위기가 고조되었고, 그 결과 1990년대 거부권 행사는 9건으로 급감하였다. 이후 2000년대 14건, 그리고 2010년 이후 2015년 5월까지 총 6건이 기록되고 있다(〈표 2-1〉 참조).

1970~80년대에는 가장 많이 기권이 행사되었지만 거부권 행사에 비해 뚜렷한 경향성을 보이지는 않았다. 거부권과 마찬가지로 소련은 1940~50년대에, 미국은 1970~80년대에 주로 기권표를 던졌음을 확인할 수 있다. 주목할 것은 중국의 경우는 상임이사국으로서 명시적으로 거부권을 행사하는 데 소극적인 태도를 견지하고 기권을 하는 경우가 많았다는 점이다. 돌이켜보면, 유엔 설립 당시 안보리 상임이사국의 중국 자리(Chinese Chair)는 오늘날의 중화민국(대만)이 차지하고 있었다. 당시 대만과 중화인민공화국(중공)은 서로 중국의 대표를 자임하고 있던 상황이었고, 소련을 제외한 P5는 중공을 인정하지 않고 대만하고만 국교를 맺고 있었다. 하지만 소련 견제를 위해 1972년 미국 리처드 닉슨(Richard Nixon) 대통령이 역사적으로 북경을 방문하면서 미국과 중공 간 교류가 시작되었다.[33] 중국 방문을

33 미국은 공식적으로는 1978년 대만과 국교를 단절하고 중국과 1979년 국교를 정식 수

준비 중이던 1971년 10월 제26차 유엔총회에서 대만 대신 중공을 중국의 대표로 인정하는 결의안이 통과되었고 대만을 대신해 중공이 안보리 상임이사국이 되었다. 중국의 거부권 행사보다 기권 사용 빈도가 높은 것은 냉전기뿐만 아니라 탈냉전기에도 유사한 패턴으로 나타나고 있는데, 이는 역사적으로 중국의 전통적인 전략이었던 이이제이(以夷制夷, 오랑캐를 이용하여 다른 오랑캐를 통제하고 부림)를 구사하여 한 나라를 이용하여 다른 나라를 제압하는 외교 전략을 유엔에서도 사용하고 있는 것으로 보인다.[34]

〈표 2-1〉 유엔안보리 10년별 안보리 결의안 및 거부권 수

연대별 결의안 및 거부권 수		
	결의안 수	거부권 수
1940s	78	41
1950s	54	27
1960s	143	15
1970s	186	33
1980s	185	46
1990s	638	9
2000s	623	14
2010s	317	6
총 합계	2224	191

립하였다.

34 이러한 주장은 필자가 여러 중국의 학자들 및 익명을 요구한 중국주재 외교관을 역임한 한국외교관과의 대화를 통해 내린 결론이다.

〈그림 2-2〉 유엔 안보리 10년별 안보리 결의안 및 거부권 추이

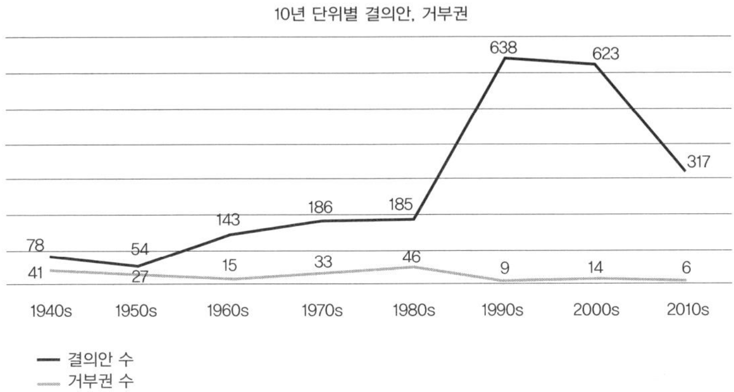

〈그림 2-3〉 유엔 안보리 10년별 안보리 결의안 및 거부권 추이의 변화 특징

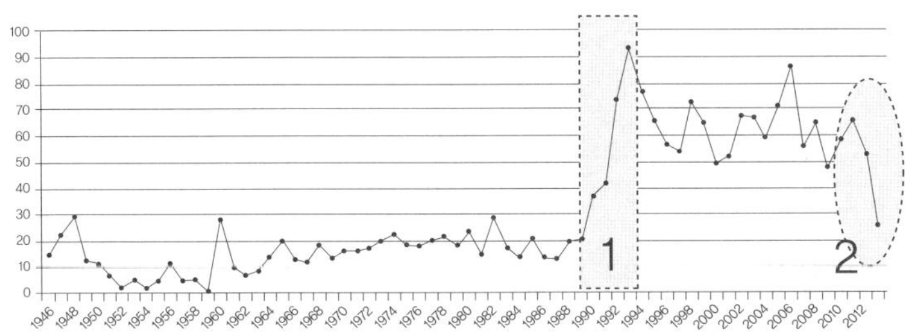

* 유엔 안보리 결의안과 거부권 수를 집계한 후 필자가 그 추이를 분석하여 작성.

요약하면, 냉전기 안보리에서 미소 양 진영 사이의 대결이 상대방에 대한 빈번한 거부권 남발을 가져와 유엔의 안보 역할이 거의 마비되었었다. 반면 탈냉전 이후 결의안 채택 건수가 증가한 이유는 소련연방 해체 이후 내부 문제에 고심하고 외부적으로는 미국을 비롯한 상임이사국들과의 협

조관계를 모색하게 된 러시아의 거부권 파워가 감소한 것이 주요 이유로 꼽힌다. 또한, 정치인종 분쟁이나 여타 내전, 그리고 이에 따른 인도적 위기상황이 심각해지면서 유엔의 평화활동이나 인도적 개입을 포함한 군사적 기능 및 전반적인 안보 역할에 대한 국제사회의 기대감이 커진 것도 결의안 채택이 늘어난 중요한 이유 중 하나이다. 더욱이 안보영역이 복잡해지고 확대되면서 결의안 제출 수 자체가 증가하고 있다는 양적 요인에도 주목할 필요가 있다.

안보리 안건으로 올라오는 이슈들이 종래의 정치군사적 전통안보문제 뿐 아니라 환경, 인권, 식량, 질병과 같은 비전통적 연성안보 이슈로 확대된 것이다. 현재 안보리에 회부중인 안건들을 보면 비확산과 군비감축, 경제적·군사적 제재를 포함한 전통적인 평화와 안보에 관한 이슈 이외에도, 전시 소년병문제, 기근이나 폭력 하에서의 아동문제, 여성안보문제, 분쟁지역에서의 민간인 보호, 평화유지활동(PKO), 전후 평화구축과정이나 취약국가에서의 시민사회 형성 및 유지문제, 테러리즘, 기후변화 이슈, 식량안보, HIV/AIDS나 에볼라를 포함한 전염병 문제, 난민과 인도적 지원, 국제형사재판소 및 임시재판소 설치와 재판문제 등 다양한 영역이 포함되어 있다. 특히 1990년대에 들어서면서 기후변화나 식량문제가 안보 영역으로 포함되었고, 아동 및 여성과 관련된 문제가 안보리 의결사항으로 적극적으로 논의되기 시작하였다.

이렇듯 탈냉전기 안보영역이 넓어지고 안보리 의결안건 수가 많아지면서 결의안 채택 건수가 늘어났지만, 하나 주목할 점은 〈그림 2-3〉의 2번 블록에서 살펴보듯이, 2011년 이후 결의안 채택 건수가 감소하고 있다는 사실이다. 이는 중국의 부상, 즉 중국의 영향력 강화나 국제사회에서 유소작위(有所作爲, 적극적으로 참여해서 하고 싶은 대로 한다)나 대국굴기(大國崛起, 강대국으로 역사의 중심에 우뚝 선다)로 적극적인 역할을 모색하기 시작한 것과 관련이 있다고 볼 수 있다. 그러나 결의안 내용 및 행태를 살펴볼 때, 오히려 미국과의 사이가 껄끄러워진 러시아가 시리아 사태 등에 관해 목소리를 높인 것과 더 많은 연관이 있어 보인다. 이와 같은 현상이 지속적으로 나타날지는 시간을 두고 그 추이를 지켜봐야겠지만, 향후 중국의 국제 영향력이 커지고 러시아 역시 반미정책을 구사할 경우, 안보리에서의 강대국 대립은 다시 거부권 남발이라는 표 대결로 나타날 확률이 높아 보인다. 결국 오늘날 안보리에서의 최종적인 표결 행태 역시 냉전기와 마찬가지로 현실주의적 권력정치의 직간접적인 영향을 받을 수밖에 없어 보이는데, 이는 세계평화와 안보에 있어서의 유엔의 역할에 대한 한계나 적실성 논란이 탈냉전기에도 끊이지 않는 이유를 대변한다.

IV. 중견국 한국의 유엔 안보외교 과제 및 중장기 전략

탈냉전기 국제질서는 세계화, 정보화, 다양화, 네트워크화 등으로 인해 냉전기와는 달리 강대국 중심의 외교만으로 다룰 수 없는 이슈들이 많이 등장하게 되었다. 국제관계를 좌우하는 행위자들도 강대국 뿐 아니라 중견국 및 약소국으로 확대되었고, 힘의 정의와 특성도 군사력이나 경제력과 같은 하드파워에 더하여 문화나 매력 중심의 소프트파워의 중요성이 높아지고 있다. 그러므로 한국외교도 기존의 틀에서 벗어나 동북아를 뛰어넘고 미국 등 일부 국가들만을 주요 대상으로 하지 않는 중견국으로서의 외교 역량과 지평을 확대할 필요성이 커졌다.

제2차 세계대전 이후 세계 경제 강국으로 부상한 독일과 일본을 중견국으로 분류하기도 하고, 비서구국가들 중 멕시코, 아르헨티나, 터키, 태국, 말레이시아 등을 중견국에 포함시키기도 한다.[35] 이러한 중견국들은 흔히 몇 가지 특징적인 외교행태를 보이거나 추구하는데, 그 외교 전략은 무엇보다 틈새외교(niche diplomacy)라 할 수 있다. 틈새외교란 호주 외무장관을 역임한 가렛 에번스가 처음 사용한 개념으로 국제사회의 신뢰와 지지를 얻고 국가이미지를 제고하려는 신흥 개발국들이 기존 강대국들이 독점할 수 없는 분야들에서 틈새를 파고들어 자신만의 비교우위 분야에 특화하여 외교정책을 펴는 경향을 말한다.[36] 이 경우 중견국은 상대적으로 한정된 자원이나 기술을 보유한 현실을 직시하고 특정 영역에서 선도적 위치를 차지하는데 오랜 시간이 걸릴 수 있다는 점을 감안하여 단기적인 이해관계에 일희일비하지 않고 거시적인 시각에서 지속적으로 정책을 추진할 필요가 있다.

둘째, 중견국들은 외국 국민과 직·간접적인 소통을 통해 한 국가의 여가, 문화, 예술, 가치, 정책 등에 대한 공감대와 신뢰를 넓혀가는 소위 '공공외교(public diplomacy)'를 펼침으로써 자신들의 입지를 넓혀가는 외교정책을 구사하고자 한다. 많은 경우 공공외교가 미국의 외교정책과의 맥락 속에서 논의되어 왔지만, 사실 공공외교란 강대국의 패권관리를 목적으로 하기보

---

35 Edard Jordaan, "The Concept of a Middle Power in International Relations: Distinguishing between Emerging and Traditional Middle Powers," *Politikon: South African Journal of Political Science*, Vol 30. issue 1, 2013.

36 Gareth Evans, "No Power? No Influence? Australia's Middle Power Diplomacy in the Asian Century," 2012 Charteris Lecture by Professor the Hon Gareth Evans AO QC, to the Australian Institute of International Affairs(AIIA), New South Wales Branch, Sydney, 6 June 2012, http://www.gevans.org/speeches/speech472.html.

다는 상대적으로 국가적 역량이나 외교관계에 있어 약세에 있는 나라들이 비공식적 차원에서 타국의 국민들을 상대로 외교적 목표를 추구하는 수단이라 보는 시각이 많다.[37] 하나의 중국을 추구하는 중국에 정면으로 대응할 수 없는 대만이 동유럽국가나 아시아 국가들의 시민사회를 대상으로 벌이는 다양한 활동들은 왜 대만과 같은 국가에 공공외교가 절실하게 필요한지를 설명한다.[38]

셋째, 중견국 외교는 "또래 국가들"과의 상호연대와 협력관계를 통해 자국의 외교목표를 보다 효과적이고 영향력 있게 국제무대에 전달하고 국제적 위상을 높이려는 외교적 행태를 보인다. 이는 다자외교나 국제기구 외교라는 수단을 통해 달성할 수 있는데 국제주의를 지향하거나 다른 구체적인 목표를 두고 협력을 도모하는 경향을 보인다. 예를 들어, 안보리의 상임이사국을 확대하여 G4(독일, 인도, 브라질, 일본)가 진출하는 것을 반대하는 국가들의 모임인 "합의를 위한 단결(Uniting for Consensus: UfC)", 소위 "커피클럽"으로 불리는 이 모임의 주도국은 한국을 포함해 이탈리아, 캐나다, 스페인, 멕시코, 터키, 아르헨티나, 파키스탄, 몰타, 코스타리카 등으로 대부분 중견국으로 불리는 나라들이다.[39] 2013년 9월 한국 주도로 출범한 중견국 협

37 Shin-wha Lee, "The Theory and Reality of Soft Power: Practical Approaches in East Asia," Jan Melissen, Sook Jong Lee eds, *Public Diplomacy and Soft Power in East Asia*, New York: Palgrave Macmillan, 2011; 김태환, "21세기 '신공공외교(New Public Diplomacy)의 성격과 방향," 『21세기 신공공외교와 한러관계』, 2011년도 APRC 신공공외교 세미나, 아태지역연구센터, 2011.

38 유현석, "소프트파워를 통한 외교적 강화전략," 제10차 한국학술연구원 코리아 포럼, 한국의 공공외교 활성화 방안, 2009년 4월 29일.

39 United Nations Meetings Coverage and Press Releases, "Uniting for Consensus" Group of States Introduces Text on Security Council Reform to General Assembly,

의체 믹타(MIKTA)도 그 대표적인 예인데, 멕시코, 인도네시아, 터키, 한국, 호주의 영문 이니셜로 만들어진 믹타는 2015년 회의에서 협의체의 정체성과 미래 비전을 담은 문서가 채택되었고, 기후변화, 테러, 핵비확산, 사이버 안보, 개발협력과 같은 이슈를 논의하고 협력방안을 논의하였다.[40] 이렇듯 중견국의 경우, 강대국이 필요에 따라 협력을 강요하는 상황을 줄일 수 있다는 점에서 양자틀 속에서의 일대일 대면외교보다는 다자적 대화나 협상을 선호하는 경향을 보이고 있다.

넷째, 중견국 사이에는 자국의 역량에 걸맞은 세계 공헌을 통해 자국의 위상을 제고할 뿐 아니라 "책임 있는 이해당사국(responsible stakeholder)"으로서의 책무를 수행해야 한다는 인식이 늘고 있다. 정부 차원뿐만 아니라 전 사회적 차원에서 인도주의적 지원, 국제개발협력, 기후변화협약 준수 등에 대한 관심이 확대되고, 공적개발원조(ODA)의 양적, 질적 수준제고 등도 외교 의제에 포함시키는 국가들이 늘고 있다. 이러한 노력은 중견국가들로 하여금 "규범선도자(norm entrepreneur)"로서의 정당성과 타당성을 갖게 해준다. 즉 규범선도자의 역할을 수행하게 된 국가는 어떤 규범을 옹호하고 국제사회에 보편타당한 것으로 확산시켜 다른 국가들에게 이를 수용하고 협력하여 그 규범이 국제관계에 확고히 정립되게 하는 데 기여할 수 있다. 이러한 역할을 수행하는 것은 강대국보다는 중견국이 상대적으로 비교우위에 있는데, 특히 인도적 위기를 초래하는 무력분쟁이나 자연재해에 대응하여 펼치는 평화활동이나 인도적 지원 및 재난구호와 같은 인도주의 외교활동은

2005년 7월 26일, http://www.un.org/press/en/2005/ga10371.doc.htm.

40 외교부, "한국의 중견국 외교: MIKA 출범과 개발협력," 정책브리핑, 동향연구보고서 2013년.

효과적으로 중견국의 역량을 발휘할 수 있는 영역이다.

이렇듯 중견국이 지닌 국제사회에서의 고유한 특성 및 장점에도 불구하고 중견국가로서 국제적 리더십을 증진하는 데에는 한계가 있다. 우선, 중견국의 개념적 정의와 범주를 정하는 것은 여전히 힘든 일이며 앞으로도 계속 논란의 여지가 있다. 특히 어떤 나라가 중견국에 포함될 것인가와 관련해서는 MIKTA 출범 시 캐나다의 멤버십 여부를 둘러싸고 논란이 있었듯이 그 명단 작성이 쉽지 않다.[41] 설사 국가능력, 정체성, 행태 등을 종합하여 지구촌 국가들 가운데 총체적 역량이 중간 정도에 해당하는 특징적인 외교행위나 역량을 발휘하는 나라를 중견국으로 하자는 합의가 이루어졌다 해도, 실제 상황에서 누가 이를 판단하고 가늠하느냐는 문제가 있을 것이다.

둘째, 중견국의 규범외교나 정체성, 제도와 규범 수립, 중재자로서의 거중조정(居中調整, good office) 역할과 관련하여 중견국들이 공유하는 윤리적 가치나 정당성이 강대국이 추구하는 것보다 "좋다"는 것을 증명할 근거가 분명하지 않다. 왜냐하면 국가 역량이나 특성의 "중견성" 혹은 "중간성"이 윤리성의 잣대가 될 수 없기 때문이다.

셋째, 중견국 외교가 어떤 특정 분야에서 얼마나 적극적으로 수행되느냐, 얼마나 효과적이냐 여부는 같은 이슈라 할지라도 시간이나 장소에 따라 크게 변동하는 편인데, 이는 양극, 다극체제와 같은 국제정치적 혹은 지역적 상황, 국제규범이나 특정 현안에 대한 중견국가들 간의 공감대 및 단

41 강선주, "한국의 중견국 외교: MIKTA 출범과 개발협력." 『주요국제문제분석』, No.2013-31, 국립외교원 외교안보연구소, 2013년 10월 24일.

합의 정도, 중견국 국내 정치구조나 역학, 경제상황, 국내 여론의 외교이슈에 대한 관심도 등이 외교정책을 펼치는 데 중요한 전제조건이 되기 때문이다.[42] 예를 들어 서구 몇몇 중견국들을 중심으로 인도주의 외교에 대한 관심과 노력이 커지고 있는데, 사회적으로 안정적이거나 공평한 분배의 구조를 지닌 국가일수록, 그리고 국제사회에 기여하는 전통을 가진 성숙한 외교행태를 견지할수록 규범적 정체성이나 정당성이 강한 경향을 보인다. 하지만 다른 지역의 신흥중견국의 경우 이러한 전제조건을 바탕으로 외교력을 발휘하기에는 아직까지 역부족인 경우가 많다.

넷째, 중견국 외교의 특징적 행태인 다자외교는 강대국의 경우도 점점 그 관심을 확대하고 있다는 점이다. 강대국들은 보다 많은 국가들이 참여하는 협력체에 참여함으로써 '정당성'을 확보한다는 측면 뿐 아니라, 복잡하고 불확실한 국제관계와 초국가적 안보위협에 좀 더 융통성 있게 대응하고 "부담 공유"를 할 수 있다는 유용성을 인식하고 다자외교를 적극 활용하기 시작했기 때문이다. 그러나 다자외교나 다자적 협력체가 다자주의(multilateralism)를 구현하고 있는가에 대해서는 논란이 크다. 왜냐하면 다수의 국가원수들이 만나는 다자회의에서도 특정 국가들 간의 양자회동이 종종 더 큰 비중을 차지하고, 국제기구도 강대국의 이해관계나 선호도에 따라 자의적으로 의사결정이 이루어지는 경우가 많기 때문이다. 결국 다자외교도 각국의 이해관계나 정치적 목적에 따라 이루어질 수밖에 없는 한계가 있기 때문에 긴 안목으로 지속성 있는 다자주의를 주창하기 위해 자국의 단기

42 전재성, "외교정책 결정체계와 이론," 김계동 외 저 『현대외교정책론』(서울: 명인문화사, 2012).

적 이익을 희생하는 것은 현실적으로 매우 어려운 일이다. 다자주의 외교의 장인 유엔에서 전통적 군사안보문제 뿐 아니라 인도적 문제나 환경위기와 같이 다자적 협력이 필요한 비전통안보 이슈를 다루는데도 국가 간 조율이 힘든 것이 바로 이러한 현실을 대변해준다.

따라서 중견국 연구나 정책은 모든 중견국을 아우르는 개념 정의나 속성 연구에 매몰될 것이 아니라 특정 이슈 영역에 비교우위를 가진 중견국(들)을 규명하고 이들 국가들이 가치를 공유하고 역량이 비슷한 "친구국가들"과 협력네트워크를 구축하는 방안을 모색하는 것이 중요하다.[43] 이를 통해 점점 증가하고 있는 중견국들이 각자 혹은 함께 추구하는 국가이익, 국제적 공헌 및 리더십, 중견국 외교의 변동성, 효과성, 그리고 윤리적 정당성에 대하여 다각도로 연구하고 한국에 대한 함의를 찾아볼 필요가 있다.

한국의 중견국 외교란 강대국과 약소국 혹은 개도국의 중간에서 한국이 가장 잘할 수 있는 의제를 발굴하고 다른 또래 국가들과의 협력공조를 통해 한국만의 독특한 역할을 부각시키는 외교를 추진할 필요가 있다. 현재 한국은 선도적 중견국가로의 역할을 모색하기 위해 다른 중견국들과 함께 글로벌 무대에서 목소리를 제고하는 방안을 적극 추진하고 있다. 그 일환으로 박근혜 정부는 2013년 9월 MIKTA(Mexico, Indonesia, Korea, Turkey, Australia 등 5개 참가국의 영문 이니셜)라는 중견국 협의체를 출범시키고 정례적인 외교장관 회담을 개최하여 주요 글로벌 이슈에 대해 이견을 교환해왔고, 2015년 공동선언문을 채택하였으며 웹페이지를 만들어 MIKTA 정상회담 추진

43 김상배, "네트워크로 보는 중견국 외교전략: 구조적 공백과 위치권력 이론의 원용," 『국제정치논총』, 제 51집 3호, 2011.

을 준비하고 있다.[44]

이러한 중견국 외교의 틀에서 안보협력, 개발협력, 규범협력을 모색하는 비전과 전략을 발전시키는 것이 바람직한데, 한국의 유엔외교도 이러한 맥락에서 추진되어야 할 필요가 있다. 특히 안보협력의 경우 중국의 부상, 미국의 귀환, 미국과 러시아의 갈등을 포함한 강대국들의 역학관계와 세력전이 가능성 등으로 동북아 관계 뿐 아니라 글로벌 지정학도 불확실성과 복잡성이 가중되었다. 따라서 한국은 동북아 및 동아시아에서의 지역안보를 증진시키고 역내 국가들 간 협력을 제도화하는 다자협력기구의 수립과 발전을 모색해야 하고 이러한 다자협력의 제도화 노력이 기존의 양자동맹을 보완하는 이른바 '양다자협력(bi-multilateral cooperation)'을 강조해야 한다. 이와 더불어 이슈나 상황에 따른 소규모 다자협력, 즉 소다자주의적 협력(minilateral cooperation)을 활성화해야 한다. 대표적인 소다자주의로 한-미-일, 한-중-일, 한-미-중 협력을 들 수 있는데, 우선 한반도 평화와 북한문제 전반을 위한 전통적인 안보협력체제로 한-미-일 3각 공조를 유지 발전시킴으로써 북한의 위협에 대응하고 여타 한국의 안보에 유익한 방향으로 일본과의 협력방안을 모색해야 한다. 둘째, 동북아 지역협력과 공동번영을 위한 한-중-일 협력의 경우 한반도 통일 지지기반으로 활용해야 하며, 이를 위해 현재 중-일, 한-일 양자 갈등으로 소강상태인 3국 정상회담을 하루 속히 개최해야 한다. 셋째, 북핵문제를 다룰 때는 한-미-중 전략적 협력관계를 활용할 필요가 있는데, 한반도의 미래나 북한 급변 사태와 관련하여 미국과 중국이 한국을 배제한 채 논의할 가능성에 대비할 필요가 있

44 MIKTA, "About Mikta," http://www.mikta.org/about/members.php.

다. 이와 같은 소다자주의적 모임을 동시다발적으로 네트워크화하여 가동하는 것이 중요하다.[45]

이와 같은 네트워크적 협력틀은 유엔의 안보외교에 있어서의 한국의 입지나 역량 제고에도 도움이 될 것이다. 특히 동북아 및 세계 평화와 안정을 위한 예방외교나 분쟁 예방 차원에서의 보편적이고 보편화 될 수 있는 한국의 아이디어와 가치를 적극 표명하고 이를 토대로 적극적이고 촉진적인 선도적 중견국가로서의 한국의 역할을 규정하고 그 추진 방안을 모색할 필요가 있다. 이는 다른 국가들에 대한 영향력 제고 뿐 아니라 가치와 윤리 및 소프트파워 측면에서 타국가 시민들에게 존경과 관심을 받을 수 있는 '매력외교'를 구사하는 목표와 전략과 연계되어야 한다. 이러한 모든 외교적 노력은 한반도의 평화와 안정을 전제로 동북아 및 국제사회의 공동 규범이 될 수 있도록 해야 할 것이다. 전통적 외교안보 현안문제는 강대국들만이 주도권을 쥐고 해결할 수 있는 이슈로 인식되어 온 경향이 있다. 이는 양자관계나 지역 차원의 다자관계에서 뿐 아니라 유엔외교에서도 흔히 관찰되는 현상이었다. 하지만 21세기 국가 행위자는 국가 뿐 아니라 비국가 행위자의 역할이나 위상증대로 다층(多層)적 다극(多極)체제로 전환되고 있다. 그러므로 기후변화, 에너지, 식량, 전염병과 같은 신흥안보이슈들 뿐 아니라 소수 강대국이 독점해서는 해결할 수 없는 전통적 외교안보문제들이 늘고 있다. 그러므로 중견국들의 역할과 여러 행위자들의 협력을 유도할 수 있는 상호의존성과 연계성이 강조되는 새로운 글로벌 거버넌스적 접근이 시급하

45 김성한, "소(小)다자주의를 활용하는 한국외교를 기대한다," 서희외교포럼, 2015년 7월 28일, http://cafe.daum.net/shforum.

게 필요한 상황이다.

전통적 외교안보 현안들(예를 들어 WMD와 재래식무기규제, 해양안보)은 국가이익이 상호 배타적으로 첨예하게 대립하는 경우가 많기 때문에 주로 군사자원에 의존한 일방적 접근방식이 선호되어 왔고, 전통적 안보문제를 위한 다자주의 기구나 협의체는 협력하여 문제를 해결하는 장이라기보다는 강대국들의 일방주의를 위한 립서비스의 장으로 치부되는 경향이 많았다. 하지만 작금의 국제 관계에서는 다수의 전통적 외교안보 현안들이 비전통적 외교안보문제들과 수렴(converge) 혹은 통합(integrate) 하는 경향이 뚜렷해져서 포괄안보적 개념과 접근방식이 필요하게 되었다. 더욱이 개발협력 분야에서 선진국과 개도국의 가교역할을 하고, 새로운 규범 제정 및 확산에 있어서도 서구–비서구, 선진국–개도국 간의 징검다리 역할을 남당할 수 있듯이 핵을 포함한 WMD 보유국과 비보유국 사이에서도 중재자 역할을 할 수 있다는 전통안보 이슈에서도 주도적 역할을 할 명분과 역량이 있음을 강조해야 한다. 더욱이 강대국들은 역사적으로 군사주의, 패권추구, 이중잣대를 통한 선별적 개입 등으로 인한 비판을 면하기 힘들기 때문에 강대국 주도로 전통 외교안보 이슈에 관한 국제적 합의 도출이 어렵다는 점에 착안하여 한국의 선도적 역할을 규정할 필요가 있다.

이러한 맥락에서 기존의 국제조약체제나 국제외교안보 거버넌스 모델은 분명한 한계를 노정시켰고, 안보리도 탈냉전 이후 국제 정세변화를 제대로 처리하지 못하고 있는 실정이다. 전후 국제질서와 냉전초기 세계 권력분포를 반영하고 있는 유엔 안보리는 21세기 외교안보현안을 다루기에는 적절하지 않다는 비판이 높아지고 있고, G7 혹은 G8(G7와 러시아)도 소수 선진국들만의 논의의 장으로 급변하는 전 세계 외교안보 거버넌스 기제로 한계가 있다는 인식이 확산되고 있다. 따라서 현 상임이사국 5개국들에 의해 좌지우지되는 "그들만의 리그"에 반대하여 오랫동안 안보리 개혁에 대한 목소리가 높아져 왔는데, 독일, 일본, 인도, 브라질 4개 그룹, 소위 G4는 안보리 상임이사국 진출을 도모하며 안보리 권력의 분산을 추구하고 있다. 미국은 중국의 부상을 견제하기 위해 일본과 인도의 진출을 지지하고 있지만, 한국, 이탈리아, 멕시코와 같은 중견국 12개국, 소위 Ufc(United for consensus)는 상임이사국 확대는 반대하고 선거를 통해 선출되는 비상임이사국 증설을 통한 안보리의 민주화를 요구하고 있어 안보리 개혁의 미래는 그리 순탄치 않다. 한국의 경우, 연임이 가능한 비상임이사국의 증설을 통해 안보리에서의 중견국 입지를 보다 강화하는 방안이 관철될 수 있도록 중견국을 대상으로 하는, 그리고 중견국과 더불어 하는 유엔안보외교를 적극 추진해야 할 것이다.

따라서 한국은 MIKTA 국가 등과의 상호공조 하에 국제협력을 도모하면서 외교안보 현안문제를 규명하고 해결방법을 모색해야 하는데, 다음과 같은 사항을 고려할 필요가 있다. 우선, 되도록 많은 국가들이 공감할 수 있는 보편화될 수 있는 안보이슈를 선정해야 한다. 이를 위해 한반도와 동북아를 뛰어넘는 이슈들에 대한 한국이 솔선수범하는 국제 기여 정신과 행동을 보이되, 국가들 간 첨예한 갈등의 중심에 있거나 그럴 가능성이 있는 이슈들은 가능한 한 우선의제로 추진하지 않는 것이 현실적이다. 왜냐하면 외교안보 현안문제는 개별국가들이 배타적 이익의 관점에서 접근하는 경향이 강하기 때문에 지구촌 생존과 공동번영을 위해 필요하다는 국제적 합의가 어느 정도 이루어져 있는 문제해결을 위한 외교적 총력을 기울이는 것이 바람직하다. 예를 들어 지구촌 도처에서 발생하고 있는 무력분쟁과 인도주의적 위기가 특정 국가의 국내문제일 수만은 없다는 점을 강조하고 국제규범을 확산하고 국제기여를 직접 행동으로 옮겨야 할 것이다.

둘째, 강대국 주도로 해결이 힘든 의제를 규명하고 선점하는 것이 중요하지만, 강대국들이 반대하지 않을 이슈들, 혹은 적어도 강대국들이 묵인할 수 있는 의제를 선정하는 것이 현명하다. 예를 들면 핵군축문제는 강대국간 이해관계가 첨예한 이슈이기 때문에 군축보다는 핵비핵확산 혹은 핵안보라는 국제규범에 초점을 두어 유엔안보외교를 펴가는 것이 중요할 것이다. 이렇듯 새로운 이슈와 전략을 통한 중견국 외교 구상 주도권과 오너십을 발휘할 수 있는 틈새이슈 발굴과 틈새전략 개발을 통해 국제사회에서의 입지를 강화하는 노력이 필요한데, 이러한 노력은 개발협력 등에만 국한할 것이 아니라 전통적 외교안보 현안에 있어서도 한국의 역할을 찾아야 한다.

셋째, 다른 중견국가들과 연성안보(soft security) 문제해결을 위해 보다 광범위한 협력을 추진하면서 이와 동시에 그 역량과 경험을 토대로 전통외교안보 현안문제해결을 위한 역할을 찾아나가는 것이 바람직하다. 즉 유엔 내의 다른 중견국가들과 우선적으로 협력 노력을 펼 수 있는 전통안보 현안으로 핵안보, 핵과 WMD의 비확산과 통제, 해양안보, 국제테러리즘 등을 고려해볼 수 있다. 이러한 이슈들은 상호연계성이나 전염 확산효과가 크기 때문에 비전통안보분야로 확장되거나 수렴되는 경향을 보이고 있다. 따라서 아무리 강대국이라고 해도 자국 혼자 해결할 수 없다는 것을 인식하고 있기 때문에 국제공조를 위한 한국의 촉진적 역할을 기대할 수 있다.

넷째, 전통안보에 관한 국제협력/공조체제가 효과적으로 이루어지기 위해서는 강제성(enforcement) 확보가 중요하다. 이러한 맥락에서 한국은 정보공유와 감시의 강제성을 강화하기 위한 중견국간 협력안 마련과 동시에 국제기준과 규범을 강화하기 위한 방안을 강구할 필요가 있다. 이러한 유엔안보외교 과정 속에서 북핵과 북한문제해결의 연장선상에서 이루어질 수도 있고, 국제문제의 해결의 연장선상에서 북핵과 북한문제해결을 도모할 수도 있는 쌍방적 노력을 기울여야 할 것이다.

V. 결론

냉전기 유엔은 미-소로 양분된 '편 가르기 식' 강대국 정치의 역학 속에서 그 기능이 마비되었다는 비판을 받았다. 냉전 종식과 안보리 결의안에 따라 이루어진 1991년 걸프전을 계기로 유엔의 위상과 역할이 재조명 받았고, 변화하는 분쟁과 급증하는 인도적 위기 상황 속에서 유엔의 안보 역할이 확대되었다. 하지만, 탈냉전기 유엔도 지정학적 측면과 강대국들의 전략적 이해관계 및 회원들 간의 자국 이익 챙기기를 극복하지 못한 채 여전히 그 효과성과 적실성에 대한 비판에서 자유롭지 못한 실정이다. 특히 세계평화와 안전을 위협하는 국가나 단체들에 대한 경제제재와 무력사용 승인은 안보리의 고유권한임에도 불구하고, 유일 초강대국 미국이 자신들의 정치외교적 필요나 전략적 판단에 의거하여 군사 개입 여부 등을 결정하는 일방주의적 외교로 인해 유엔과 '불편한' 관계가 되거나 유엔이 '불필요한' 상황이 벌어지는 경우가 종종 있어 회원국들의 반발을 사곤 하였다.[46] 다시 말해 유엔은 안보리를 통해 승인받은 무력사용의 권한을 효과적

46 Boutros Boutros-Ghali, *Unvanquished: A U.S.-U.N. Saga*, New York: Random House, 1999.

으로 이행하지 못해서만이 아니라, 자의적으로 무력사용을 일삼는 국가들, 주로 강대국들을 막지 못하는 무기력 때문에 비판받아왔다.[47]

현재 유엔이 직면한 세계안보와 관련된 중요한 도전은 어떻게 분쟁 예방과 평화유지 및 평화구축에 대한 회원국들의 합의를 이끌어내고, 이를 정치적, 재정적 문제에 방해받지 않고 성공적으로 관련 임무를 수행해나갈 것인가에 있다. 냉전기 뿐 아니라 탈냉전기에 들어와서도 회원국들, 특히 강대국들의 상충된 입장이나 전략적 계산으로 인해 가시적인 성과를 내기 힘들었는데, 많은 경우, 강대국들은 지정학적이나 전략적으로 가치가 높거나 자원 효용성이 큰 곳의 분쟁예방 및 조정에는 종종 지나치다 싶을 정도로 적극적인 개입을 하는 반면, 그런 가치나 효용성이 적거나 없는 지역에 대해서는 매우 소극적이고 무관심하고 무책임한 입장을 견지해왔기 때문이다. 이러한 대조되는 현상 속에서 유엔의 안보 역할을 폄하하거나 유엔의 존재 자체를 아예 부정하려는 입장도 생기게 되었다.

하지만 많은 한계와 비판에도 불구하고 앞서 논의한 바와 같이 세계평화와 안보를 위한 유엔의 아이디어와 역할은 꾸준히 발전해온 점을 상기할 필요가 있다. 글로벌 거버넌스와 다자외교 및 법치와 제도적 협력을 추구하는 유엔이 존재하지 않았다면 지구촌 도처의 분쟁과 인도적 위기 상황은 강대국 정치역학과 국가이기주의로 인해 더욱 더 폭력적이고 불안한 혼돈 상태에 빠졌을 것이다. 2015년 창립 70주년을 기념하며 유엔은 "강력한 유엔, 보다 나은 세상(Strong UN, Better World)"을 슬로건으로 다양한 영역에서

---

47 Richard Falk, "*War Prevention and the UN: After Iraq Is There a Future for the Charter System?*"

그 역할을 강화하고자 노력하고 있다. 유엔 내 정당성과 상호성 및 다양성을 존중하는 분위기를 진작시키고, 보다 타당하고, 응집력 있고 강력한 기구로 거듭나기 위해 회원국들의 힘의 정치, 국가주의, 이해관계에 따른 이합집산 등을 뛰어넘는 발상의 전환이 필요하다. 이와 동시에 국경을 초월한 민-관 협력 노력과 전문가 네트워크인 인식공동체(epistemic community)가 활성화되어 유엔의 미래를 위한 비전과 정책방향을 제시할 필요가 있다. 이러한 과정 속에서 한국과 같은 중견국이 스스로의 기여 영역과 역할을 규정하고 또래 국가들과의 협력을 통해 유엔외교를 구사해가는 것도 매우 중요할 것이다.

결론적으로 외교안보 현안을 다루는 국제협력체제에서 중견국들이 협력하여 의제를 선점하고 공동대응능력 및 아웃리치(outreach) 전략을 축적하여 가시적 성과를 만들어내는 것이 중요하다. 하지만 이 과정에서 한국과 유엔의 특별한 역사적 관계를 지나치게 강조한다거나, 국가능력을 냉철하게 고려하지 않고 인적, 재정적 자원을 투자하여 대다수 국제활동에 참여한다거나 새로운 프로그램들을 주도적으로 이끌어나가는 것에는 신중할 필요가 있다. 따라서 유엔과 국제기구에서 한국의 역할과 역량에 대한 정확한 인식제고를 통해 변화하는 국제정세를 정확하게 파악하고 한국의 역할을 찾아야 할 것이다. 예를 들어 세계안보문제에 있어 중견국의 역할은 지구촌 제반 분쟁문제에 대하여 중재자(good office)의 역할, 규범과 윤리와 관련된 이슈들을 다루는데 있어 모범적 행위자로서의 역량을 발휘할 수 있을 것이다. 상대적으로 길지 않은 기간에 경제개발과 민주화라는 두 마리 토끼를 성공적으로 잡은 한국은 지정학적 요소, 개발역사 과정, 중견국으로서의 새로운 어젠다 개발이라는 관점에서 많은 개도국의 벤치마킹이 되고 중견국 외교를 리드해 갈 수 있는 나라로 인식되고 있다. 동북아 4강에 둘러싸인 '안보결핍국'이라는 한계점을 어떻게 기회로 만들고, 또 유엔이나 국제사회의 평화활동에 기여하고 서구와 비서구를 잇는 국제규범을 추구할 수 있을지가 성공적인 중견국 외교를 이끌어나갈 수 있을지의 관건이 될 것으로 보인다. 그러므로 한국의 중견국 외교는 특정 지역이나 이슈에 얽매이지 말고, 양자적, 다자적 협력을 포괄하는 광범위한 중견국 외교의 모델을 창출하는 방향으로 이루어져야 할 필요가 있다. 한국의 유엔 안보외교도 같은 맥락에서 추진되어야 할 것이다.

참고문헌

강선주. 2013. "한국의 중견국 외교: MIKTA 출범과 개발협력." 『주요국제문제분석』, No. 2013-31, 국립외교원 외교안보연구소, 2013년 10월 24일.

김상배. 2011. "네트워크로 보는 중견국 외교전략: 구조적 공백과 위치권력 이론의 원용," 『국제정치논총』, 제51집 3호.

김성한. 2015. "소(小)다자주의를 활용하는 한국외교를 기대한다," 서희외교포럼, 2015년 7월 28일, http://cafe.daum.net/shforum.

김태환. 2011. "21세기 '신공공외교(New Public Diplomacy)의 성격과 방향," 『21세기 신공공외교와 한러관계』, 2011년도 APRC 신공공외교 세미나, 아태지역연구센터.

박재영. 2007. 『유엔과 국제기구』. 서울: 법문사.

외교부. 2013. "한국의 중견국 외교: MIKA 출범과 개발협력," 정책브리핑, 동향연구보고서.

유현석. 2009. "소프트파워를 통한 외교적 강화전략," 제10차 한국학술연구원 코리아 포럼, 한국의 공공외교 활성화 방안, 2009년 4월 29일.

이신화. 2010. "유엔과 보호책임(Responsibility to Protect)" 『국제문제연구』. 제10권 (4)호 통권 40호.

전재성. 2012. "외교정책 결정체계와 이론," 김계동 외 저 『현대외교정책론』. 서울: 명인문화사.

Boutros-Ghali, Boutros. 1992. *An Agenda for Peace*. New York: United Nations.

__________. 1999. *Unvanquished: A U.S.-U.N. Saga*, New York: Random House.

Bloomberg, December 1, 2005, "Bolton Says Palestinian Resolutions Demonstrate UN Irrelevance," http://www.bloomberg.com/apps/news?pid=newsarchive&sid=aMtyi.vxeA5Q.

Carson, Rachel. 2002. *Silent Spring, 40th anniversary edition*, New York: Houghton Mifflin Company.

CNN U.S. October 4, 2011,"China, Russia Vetoes thwart U.N. Security Council Resolution on Syria," http://articles.cnn.com/2011-10-04/middleeast/world_meast_syria-unrest_1_bashar-ja-afari-president-bashar-security-councils=PM:MIDDLEEAST.

Collier, Paul, Anke Hoeffler and Mans Soderbom. 2008. "Post-Conflict Risks", *Journal of Peace Research*, Vol 45, No. 4, Special Issue on the Aftermath of Civil War.

《Daily NK》, 2014년 9월 17일, http://www.dailynk.com/korean/read.phpcataId=nk00900&num=104669.

Evans, Gareth. "No Power? No Influence? Australia's Middle Power Diplomacy in the Asian Century," 2012 Charteris Lecture by Professor the Hon Gareth Evans AO QC, to the Australian Institute of International Affairs(AIIA), New South Wales Branch, Sydney, 6 June 2012, http://www.gevans.org/speeches/speech472.html.

Falk, Richard. "War Prevention and the UN: After Iraq Is There a Future for the Charter System."

Gurr, Ted Robert. 2000. *People Versus States: Minorities at Risk in the New Century*, Washington D. C: United States Institute of Peace Press.

International Commission on Intervention and State Sovereignty(ICISS), *The Responsibility to Protect, Report of International Commission on Intervention and State Sovereignty*, Ottawa: International Development Research

Centre for ICISS, 2001.

Jordaan, Edard. 2013. "The Concept of a Middle Power in International Relations: Distinguishing between Emerging and Traditional Middle Powers," *Politikon: South African Journal of Political Science*, Vol 30. issue 1.

Judah, Tim. 2008. *Kosovo: What Everyone Needs to Know*. Oxford: Oxford University Press.

Kegley Jr, Charles W. and Blanton, Shannon L. 2013. *World Politics: Trend and Transformation, 2012–2013 14th edition*, Chapter 4, "Great Power Rivalries and Relations." South Melbourne, Victoria: Cengage Learning.

Lee, Shin–wha. 2011. "The Theory and Reality of Soft Power: Practical Approaches in East Asia," Jan Melissen, Sook Jong Lee eds, *Public Diplomacy and Soft Power in East Asia*. New York: Palgrave Macmillan.

Makinda, Samuel M. 1993. *Seeking Peace from Chaos: Humanitarian Intervention in Somalia*. International Peace Academy Occasional Paper. Boulder: Lynne Rienner.

MIKTA, "About Mikta," http://www.mikta.org/about/members.php.

Narang, Neil. 2015. "Assisting Uncertainty: How Humanitarian Aid can Inadvertently Prolong Civil War," *International Studies Quarterly* (2015) 59.

Pettersson, Therese and Wallensteen, Peter. "Armed Conflicts, 1946–2014," *Journal of Peace Research*, Vol. 52, No. 4, July 2015.

Roberts, Adam. 1996. *Humanitarian Action in War : Aid, Protection and Impartiality in a Policy Vacuum*. Oxford: Oxford University Press.

UN High Commissioner for Refugees(UNHCR), "Figures at a Glance," http://www.unhcr.org/pages/49c3646c11.html.

United Nations Department of Safety and Security(UNDSS), "What We

Do," http://www.un.org/undss/?q=whatwedo.

United Nations General Assembly, A/RES/60/1, Resolution adopted by the General Assembly, 2005 *World Summit Outcome*, 2005년 10월 24일.

United Nations Meetings Coverage and Press Releases, "Uniting for Consensus" Group of States Introduces Text on Security Council Reform to General Assembly, 2005년 7월 26일, http://www.un.org/press/en/2005/ga10371.doc.htm.

United Nations Office for the Coordination of Humanitarian Affairs (OCHA), "Myanmar: Humanitarian lifeline cut following violence against aid agencies in Rakhine,"April 16, 2014, http://www.unocha.org/top-stories/all-stories/myanmarhumanitarian-lifeline-cut-following-violence-against-aid-agencies.

________, "Growing Needs," OCHA in 2014 & 2015: Plan and Budget, http://www.unocha.org/ochain/2014-15/field-activities.

________, "Natural Disaster and Conflicts in Asia-Pacific," Asia-Pacific Humanitarian Bulletin 2014, https://docs.unocha.org/sites/dms/ROAP/Mainpage/docs/HB_AP_2014.pdf.

United Nations Peacebuilding Committee (PBC), "List of Peacekeeping Operations 1948-2014" 〈http://www.un.org/en/peacekeeping/documents/operationslist.pdf〉. "Mandate of the Peacebuilding Commission," http://www.un.org/en/peacebuilding/mandate.shtml.

United Nations Peacebuilding Fund(PBF), "Key Figures," Data loaded from the Multi-Partner Trust Fund Office Gateway, 〈http://www.unpbf.org/donors/key-figures〉.

United Nations Security Council, "Preventive Diplomacy: Delivering Results: Report of the Secretary-General," August 26, 2011, S/2011/552, http://www.un.org/ga/search/view_doc.aspsymbol=S/2011/552.

제2부
군사·경제안보의 변환과 복합

국방안보의 미래 : 초고령·저출산 인구문제를 중심으로[1]

제3장

신성호

I. 서론

21세기 한국은 국내외로 극복하기 쉽지 않은 안보적 도전에 직면해 있다. 먼저 외적인 면에서 북한의 지속되는 재래식 핵·미사일 위협에 더불어 체제 불안이라는 또 다른 위협요인을 첨가하게 되었다. 여기에 중국의 부상으로 인한 동북아 혹은 아시아 지역 전체의 세력 전이는 한반도를 중심으

1 본 연구는 2014년 한국보건사회연구원 지원으로 수행되었으며, 『국방연구』(제58권 3호, 2015년 9월)에 수록된 "저출산/초고령 사회와 국방" 연구 논문을 토대로 작성되었음.

로 일–중 그리고 미–중의 대립을 점진적으로 가시화시키면서 긴장국면을 조성할 것으로 예상되고 있다(Mearsheimer, 2014; Goldstein, 2013; Friedberg, 2011). 이러한 가운데 한–미양국은 동맹간 안보비용분담(security burden sharing) 재조정과 전시작전권 전환이라는 양자동맹의 변환(transformation)을 추진하고 있다. 세계정세 및 미국의 국내 상황과 한국군의 성장에 따라 추진되는 전시작전권 환수는 한국 방위의 한국화라는 필연적 과정이다. 동시에 이는 한국이 이제 한국의 안보와 국방에서 주도적인 임무를 맡는 막중한 새로운 책임을 의미한다. 한반도와 동북아 안보환경의 악화 속에 추진되는 한–미동맹 변환은 우리의 국방에 심각한 도전과 새로운 부담을 지운다.

문제는 이러한 외적 도전에 처한 우리의 안보환경이 내적으로는 인구고령화와 저출산으로 인한 경제 및 인적 자원의 축소라는 또 다른 도전에 직면하고 있다는 점이다. 지난 20년간 연 10%에 육박하는 경제성장을 거듭해온 중국의 국방비는 매년 두 자리에 육박하는 가파른 상승세를 보인다. 그 결과 2000년대 초 약 400억 달러의 국방비는 2011년 10년 만에 3배가 넘는 1,300억 달러의 성장을 보였다(SIPRI 2013). 이에 비해 1990년대 이후 둔화되기 시작한 한국의 경제성장은 1997년 아시아 금융위기와 2008년 미국발 금융위기를 거치면서 연 1~3% 수준의 극심한 저성장에 시달리고 있고 국방비 증가도 매년 목표치를 밑돌고 있다.

더욱 큰 문제는 한국의 국방예산이 장기적으로는 폭증하는 사회복지비용의 추이에 따라 더 이상 증가하지 못하거나 오히려 축소되는 압박을 더욱 받을 것이라는 현실이다. 이러한 국방재원의 경제적 압박은 초저출산/초고령화에 따른 국방인력의 절대 감소라는 인적 압박에 의해 더욱 심화될 것으로 예상된다. 북한의 대규모 병력 위주의 재래식 군사력에 맞서기 위해 징병제로 운영되어온 우리의 국방기조가 흔들리는 것이다. 이를 타개하기 위한 장기 부사관이나 장교 인력의 양성 혹은 모병제로의 전환은 더욱 큰 국방비의 증액을 전제로 하고 있으나, 이마저도 앞서 지적한 장기적 경제전망과 정부예산 여건을 고려할 때 여의치 못한 것이 우리의 현실이다. 이번 장에서는 초고령화/저출산이 제기하는 한국 국방의 장기적 도전을 인구구조의 변화와 국방인력 수급이라는 측면에서 구체적으로 살펴보고 이에 대한 대안으로 제시되는 질적 군대로의 현 국방개혁안이 가지는 한계를 지적한다. 이를 위해 먼저 한국이 처한 안보환경의 변화와 도전을 살펴볼 것이다.

II. 한반도 안보환경과 도전

오늘날 한국의 국방은 외부로부터 세 가지 도전에 직면하고 있다. 첫째는 지속적인 북한의 재래식 군사위협에 가중된 대량살상무기 및 체제불안 위협이다. 북한은 열악한 경제상황에도 불구하고 국내 총생산의 20%가 넘는 재원을 군사력 증강에 쏟아 붓고 있으며 김정은 집권 이후에는 특히 핵, 미사일 등의 비대칭 전력 개발에 주력하고 있다. 군사적 위협을 차체 하더라도 북한의 잦아지는 무력 도발과 증가하는 불안정성은 북한 급변 사태의 발생 가능성을 가중시키고 있다. 2013년 12월 장성택 숙청 이후 더욱 가중된 북한 통치체제의 불안정성은 급변 사태 발발 가능성을 실재화하는 계기가 되고 있으며, 이는 우리에게 또 다른 차원의 위협으로 다가오고 있다. 어떠한 계기로든 북한의 급변 사태가 발생한다면 사태 수습을 위해 상당한 규모의 인력과 자원이 투입되어야 할 것이다. 이와 관련하여 랜드(RAND)

연구소의 부르스 베넷 박사와 다트머스대의 제니퍼 린드 교수는 북한 급변 사태 발생 시 안정화작전, WMD 확보, 국경관리 등 주요 군사적 임무 수행을 위해 최소 26만−40만 명의 병력이 필요하다는 주장을 한 바 있다(Bennett and Lind, 2011).[2] 베넷 박사는 북한 급변 사태 발생 시 현재 북한군 수준의 10−20% 정도만 투항한다고 해도 미국이 이라크에서 겪었던 것 이상의 안보적 혼란을 초래할 것으로 예상했다(Bennett, 2013).

둘째, 안보딜레마와 군비 경쟁의 유인이 될 수 있는 역내 세력전이 현상이다. 중국의 급격한 성장과 일본의 상대적 침체로 특징지을 수 있는 역내 세력전이 현상은 중국, 일본 뿐 아니라 대만, 남중국해 연안의 동남아 국가들과 러시아까지 연루되어 해양, 영토 분쟁으로 점철되고 있다. 중국은 지난 20여 년간 지속적인 두 자릿 수 경제 성장률에 힘입어 2004년부터 2013년 사이에 평균 9.4%씩 국방비를 증가해 왔다(SIPRI, 2014). 중국은 2010년 일본을 제치고 세계 2위의 경제대국이 되기 이전인 2005년에 이미 미국의 뒤를 이어 세계 2위의 국방비 대국이 되었다. 중국은 통합 방공체제, 신속결전 능력, 원거리 작전능력, 그리고 비대칭 전력 구비를 목표로 하는 '적극방어' 전략을 내세우고, 이를 구현하기 위해 군사력의 현대화를 꾸준히 추구하고 있다.[3] 중국 해군은 구축함 대부분을 항속거리와 대공, 대함 및 대잠 능력이

2 또한 베넷 박사는 '북한정권 붕괴 가능성에 대한 대비'라는 보고서에서 현재 한국 국방부에서 추진하고 있는 군 인력 감축 계획은 다가올 북한의 급변 사태 진압 시 한국군의 주도적 역할행사에 타격을 줄 수 있다고 주장했다. 베넷 박사는 급격하게 진행되는 남한의 인구변화를 고려할 때 북한 급변 사태에 수반되는 군사적, 경제적 여파에 대비하기 위해서는 남한의 군력을 더 효과적으로 활용할 수 있는 방안이 절실히 필요함을 역설하였다(Bennett, 2013).

3 중국의 군현대화와 군사력 개발에 대해서는 Cordesman and Hess(2013) 참조.

보강된 최신형 함정으로 교체하였으며, 핵잠수함, 미사일 구축함 등 신형 함들의 건조를 통해 전투력 투사 능력 증대를 꾀하고 있다. 앞으로 중국의 급속한 성장이 계속될 뿐 아니라 2020~30년경에는 경제규모에 있어서는 중국이 미국을 추월할 것이라는 예측과 최근 일본의 적극적인 집단적 자위권 추진 및 헌법 재해석 움직임 등을 고려할 때 세력전이로 인한 동북아 안보의 불안정성이 더욱 가중될 것으로 예상된다.

셋째, 한반도 주변 정세의 변화와 더불어 한-미동맹 역시 근본적인 전환의 기로에 서있다. 한국전쟁 이후 한-미동맹의 근간이 된 한-미연합방위체제의 변환을 가져올 전시작전권 환수가 양국정부에 의해 논의되고 있다. 미국은 그동안 미군 주도로 한국방위 임무가 수행되어온 구조를 개혁하길 원했다. 특히 탈냉전 이후 공산권 위협의 소멸과 세계정세의 안정은 한반도에 과도하게 집중된 미국의 군 자산을 축소할 필요성을 제기하였다. 미국 행정부는 동북아 안보전략을 추구함에 있어 지속적으로 주한미군의 감축과 역할 축소를 추진했으며, 경제발전을 통해 비약적으로 성장한 한국군이 한반도 방위의 주도적 역할을 맡을 것을 종용해 왔다.[4] 2000년대 이후 한·미 양국은 한국의 국력상승, 한국군의 역량, 그리고 변화된 안보환경에 부합하는 동맹관계 발전의 필요성을 인식하면서 전시작전통제권 전환에 대한 논의를 본격적으로 전개하기 시작하였다.

4 1991년에 발행된 미국 국가안보전략(Bush, 1991) 문서에서 처음으로 한국의 주도적 역할에 대해 언급되었으며, 미국의 아시아 개입을 강조한 1995년 아태지역 안보전략 문서(일명 Nye Report)에서도 한국이 "지원"에서 "주도"의 역할로 전환해야 한다고 강조했다(Perry, 1995).

〈표 3-1〉 한-미 간 전시 작전통제권 논의 경과

일자	주요 내용
1994. 12. 1	한국 합참의장에게 평시작전통제권 전환
2006. 9. 16	한-미정상 전시작전통제권 전환하기로 합의
2007. 2. 23	전시작전통제권 전환 시기(2012. 4. 17.) 합의
2007. 6. 28	'전략적 전환계획' 합의
2010. 6. 26	한-미 정상회담, 전환 시기 2015년 12월 1일로 조정 합의
2010. 10. 8	'전략동맹 2015' 합의
2013. 10. 2	한-미 SCM에서 전작권 전환 조건·시기 재검토에 합의
2014. 10. 24	조건에 기초한 전환에 합의, 시기는 2020년 이후로 연기

지금까지 양국 간에 합의된 내용은 〈표 3-1〉에서 보는 바와 같다. 2006년 양국이 전환에 합의하였으나, 동북아 정세와 북한의 안보위협을 고려하여 실질적인 전환은 연기되어 왔다. 2014년 10월에 열린 제46차 안보협의회에서는 양국이 '조건'에 기초한 전환에 합의하고 전환 시기를 2020년 중반으로 다시 연기했다. 정부는 북한의 핵·미사일 위협에 대한 한국군의 대응능력 구비가 핵심조건이며, 킬 체인(Kill Chain) 및 한국형 미사일방어체계(KAMD) 구축 시기를 2020년대 중반으로 예상하고 있다고 밝혔다(김호준, 2014). 앞으로도 구체적 시기와 조건의 조정이 예상되지만, 전시작전권 전환의 필요와 당위에 대해서는 양국 간 이론의 여지가 없다.

미국의 안보전략 전환과 경제 침체, 그리고 한국의 위상변화에 따라 추진되고 있는 전시작전권 환수는 그 자체만으로도 한국의 국방에 근본적인 사고의 전환을 요구하는 중요한 도전이다. 작전권 전환을 통한 자주국방의 실현은 군 구조나 제도, 작전계획, 한-미연합군사체제, 병력과 무기체계 개발의 우선순위 등 국방의 거의 모든 영역에 있어 근본적인 개혁이 필요한 거대한 변환이다. 전작전 전환이 지속적으로 재연기된 연유도 바로 그 때문이다. 재연기가 우리의 안보부담 경감을 의미하지는 않는다. 문제는 증가하는 안보환경의 위협요소와 함께 우리의 국방 책임은 더욱 무거워진다는 현실이다. 요컨대 킬체인 도입은 단순한 요격미사일 도입에 그치는 것이 아니라 효과적인 운용에 필수적인 최첨단 감시·통제·지휘·타격 시스템 구축을 요구하며, 이는 필요한 국방재원이 지속적으로 보장되어야만 가능하다.

이와 같은 현실은 우리 군에게 더욱 많은 개혁 노력과 철저한 대비태세를 요구한다. 이는 앞으로 다가올 다양한 안보적 상황에 대응할 수 있는 군 인력 확보 뿐 아니라 군 체제, 기술, 구조 등의 개선을 포함한다. 그러나 한국이 겪고 있는 또 하나의 현상인 초저출산/초고령화는 이와 상반되는 축소형 군 개편을 요구하고 있어 앞으로 이 두 가지 요구의 충돌이 예상된다.

III. 인구변화와 미래 국방력 소요

1. 국방개혁과 병력구조

우리 사회의 급격한 초저출산과 초고령화에 따른 인구변화가 안보에 미치는 영향은 다양하게 나타날 수 있다. 그중에서도 안보에 관한 가장 직접적인 영향은 경제성장의 둔화로 인한 가용 국방예산의 감소와 실질적인 군 인력 조달 부족이라는 형태로 나타난다. 특히 인구변화에 따른 병력구조의 문제는 한국이 중장기적으로 추구하는 국방개혁에 가장 심각한 도전으로 다가온다.

한 국가의 군 구조는 크게 지휘구조, 병력구조, 부대구조, 전력구조 등

4가지로 구분된다. 먼저 지휘구조는 군정 및 군령에 따른 지휘관계 측면에서 구조를 의미한다. 병력구조는 병종별(육, 해, 공군) 혹은 신분별(장교, 부사관, 병) 인력 구성을 의미한다. 부대구조는 전투력을 효율적으로 발휘할 수 있도록 단위제대를 체계적으로 편성하는 구조를 말한다. 끝으로 전력구조는 실질적인 군사력의 핵심이 되는 제대별 또는 유형별 무기체계의 구성을 반영한다. 2000년 이후 군사기술의 발전과 한반도를 둘러싼 국내외 상황 변화는 한국군의 구조적 개혁에 대한 요구를 증가시켰다. 2005년 노무현 정부는 공식적으로 "국방개혁" 논의를 시작했다. 노무현 정부는 '병력 위주의 양적이고 재래적인 군 구조'에서 '정보·지식·기술이 집약된 질적인 군사력 구조'로 전환하는 목표로 기본계획인 『국방개혁 기본계획 2006~2020 (국방개혁 2020)』을 공표하였다. 또한, 정부는 국방개혁을 법적·제도적으로 뒷받침하기 위하여 기술집약적 미래 군 구조 개편을 통해 국방인력을 효율적으로 운용하는 것을 골자로 하는 『국방개혁기본법』을 의결하였다.[5] 『국방개혁기본법』은 국방개혁 기본계획 수립 이후 매 5년의 중간 및 기간만료 시점(2.5년 단위)에 기존계획을 보완하도록 규정하였다. 이에 따라 국내외 안보정세 및 국방개혁 추진 실적에 대한 분석 및 평가를 반영하여, 국방개혁 기본계획은 지금까지 3차례(2009년 6월, 2012년 8월, 2014년 3월)에 걸쳐 발전적으로 보완되어왔다.[6] 국방개혁을 통한 병력 감소는 국방개혁의 골자를 이루어 왔으

5 국방개혁기본법의 정식명칭은 '국방개혁에 관한 법률(법률 제8097호)'이다. 이 법안은 국방개혁위원회의 구성 및 기능, 문민기반의 확대와 국방인력운용구조 발전, 군 구조 개편과 전력체계의 균형발전, 병영문화 개선 및 발전에 대한 내용들을 담고 있다. 한편 국방개혁 추진에 대한 규정은 국방부 훈령 제853호(2008년 1월 10일 제정)로 제정되었다.

6 '국방개혁에 관한 법률' 제5조 3항은 국방부장관으로 하여금 매 5년의 중간 및 기간

며 그동안 국방개혁에서 다루어진 병력 감소 계획을 요약하면 〈표 3-2〉와 같다.

〈표 3-2〉 국방개혁 요약(병력 분야)

계획	병력구조 개혁 내용
1차 국방개혁 2006~2020	목표 병력 50만 명 - 2005년 기준: 68만1천여 명
2차 국방개혁 2009~2020	목표 병력 51만7천 명
3차 국방개혁 2012~2030	목표 총병력 52만2천 명 - 육군 38만7천, 해군 4만천, 해병대 2만9천, 공군 6만5천
4차 국방개혁 2014~2030	목표 병력 52만2천 명 - 간부비율 29.5% → 42.5% (장교 7만1천 → 7만, 부사관 11만6천 → 15만2천)

현재 적용 중인 계획은 2014년 3월 6일에 확정된 4차 『국방개혁 기본계획(2014~2030)』이다. 기본계획의 핵심이라고 할 수 있는 병력구조는 『기본계획 2012~2030』과 유사하게 2022년까지 현재 63만3천여 명 수준에서 52만2천 명 수준으로 줄이기로 결정하였다. 해군과 공군, 그리고 해병대는 현재의 수준을 유지하면서 육군만 현재의 49만8천여 명에서 38만7천여 명으로 줄어들게 된다. 이러한 병력 감축은 일시에 진행되는 것이 아니라 현실성 있게 단계적으로 이루어진다. 연도별로 1만5천여 명씩 감축을 예상했던 기존 계획과는 달리 이번 국방개혁은 부대 개편과 전력화 시기를 고려하여

만료시점에 한-미동맹의 발전, 남북 군사관계 변화 추이 등 국내외 안보정세 및 국방개혁 추진실적을 분석·평가하여 '국방개혁 기본계획'에 반영토록 명시하고 있다.

연도별로 단계적인 감축 계획을 구상하고 있다. 국방부는 2014년부터 2018년까지 4만여 명을 감축하고 이어 2019년부터 2022까지 7만여 명을 단계적으로 감축할 것이라고 발표했다. 병력 감축 계획은 안보상황 등을 고려해 융통성 있게 조정되면서 감축될 예정이다.

병력 감축으로 인한 전력공백은 첨단장비 도입과 간부 비율 확대를 통해 보완될 계획이다. 특히 병 위주의 병력 감축으로 인해 제한되는 전투력 발휘의 문제를 해소하기 위해 간부의 비율을 대폭 늘려 병력 구조를 정예화 할 계획이다. 국방부는 기술집약형 군 구조 개편과 연계하여 부사관 수를 늘려, 군사 기술 및 장비에 대한 숙련도와 전문성이 요구되는 직위는 부사관으로 전환할 방침을 가지고 있다. 이와 같은 병력 구조 정예화 방침에 따라 현재 전체 군 병력의 29%를 차지하고 있는 18만7천여 명의 간부가 2025년에는 22만2천여 명으로 증가하여 전체 병력의 42.5%를 차지할 전망이다. 계급별로 구분하여 볼 때, 병사는 44만6천여 명에서 30만 명으로 대폭 감축되고, 장교는 7만1천여 명에서 7만 명으로 소폭 감소하는 반면 부사관은 11만6천여 명에서 15만2천여 명으로 대폭 증가하게 된다. 부사관 증원으로 인해 전력 운용의 효율성과 전문성은 크게 증가될 전망이지만 간부 증원으로 인한 소요예산 증가가 발생할 것으로 예상된다(국방홍보원, 2014).

2. 미래 인력 소요 판단

문제는 국방개혁의 핵심사안인 인력 구조 개편이 초저출산/초고령화에 의해 큰 한계에 부닥칠 수 있다는 것이다.

가. 신규인력 소요 판단

병역법에 의거 만18세가 되는 남성은 제1국민역에 편입되어 징병검사 대상자로 분류된다. 따라서 연간 신규 병력 소요는 다음과 같이 계산될 수 있다. 예를 들어 전체 군 병력 소요가 30만이고 복무기간이 21개월(1.75년)인 경우 연간 신규 병력 소요는 17만1천여 명이다. 하지만 병무청 통계에 따르면 신체검사 시 현역복무적합으로 판정되는 비율이 평균적으로 제1국민역 대상자의 90% 수준에 달하기 때문에, 실제로 소요되는 신규 입영대상자(18세에 제1국민역에 편입되어 19세가 된 남성)는 18만8천여 명이다.[7] 한편 『국방개혁 2020』에서 제기된 바와 같이 복무기간이 장기적으로 18개월(1.5년)로 단축될 경우 연간 입영소요는 20만 명으로, 신체검사 합격률을 고려할 때 필요한 19세 남성의 수는 22만 명이다.[8] 현역복무 적합 판정 비율을 고려한 19세 남성 연앙인구 소요는 다음과 수식으로 유추해 볼 수 있다.

$$\text{연앙인구 소요 (19세 남성)} = \text{목표 병력 수준} \times \frac{1}{\text{복무기간비율}} \times 1.1$$

7 병무청의 '2013 병무통계연보'에 따르면, 2013년 징병 수검인원 364,148명 중 합격자는 총 351.291명으로 96.5%에 달했다. 이중 현역 판정자는 333,227명으로 전체 수검인원의 91.5%에 달했으며, 나머지 5%에 달하는 18,064명은 보충역으로 분류되었다(병무청, 2013, p. 74).

8 연간 병력 소요 계산 시 고려할 사항은 병력 수급에 직접적인 영향을 미치는 19세 남자의 인구와 신체검사 합격률 이외에도 20세에 병역을 시작하는 남자 인구, 연간 증가하는 초급간부(초급장교, 부사관 소요)의 교체소요, 병 복무기간, 입영 연기자의 비율 등이 있다.

나. 기본계획에 따른 인구 소요 분석

앞서 언급한 바와 같이 기본계획(2014~2030)은 군 상비 병력을 현재 63만3천 명에서 2022년까지 52만2천 명으로 11만1천 명을 줄이는 방침을 취하고 있다. 군 당국은 병력 감축에 따른 부작용을 방지하기 위해 2013년부터 2017년까지 5년간 1만5천 명의 부사관을 추가 선발하겠다는 방침을 세웠다. 기본계획에 따른 병력 감축 계획은 〈표 3-3〉에 정리된 바와 같다.

〈표 3-3〉『국방개혁(2014~2030)』에 따른 병력 감축 계획

(단위: 명)

	2014	2018	2022	2023 ~
병	44만6천	37만3천	30만	30만
장교	7만1천	7만1천	7만	7만
부사관	11만6천	13만4천	15만2천	15만2천
계	63만3천	57만8천	52만2천	52만2천

출처: 국방부.『국방개혁 기본계획(2014~2030)』

위의 수식을 사용하여 기본계획에 따라 인력을 감축했을 경우 연간 필요한 19세 남성 인구소요는 두 가지 경우로 구분하여 계산해 볼 수 있다.

① 현행 유지 (21개월 복무)

2025년까지 현행 복무 기간을 21개월로 유지한다고 가정했을 때, 국방개혁 기본계획에 따라 총 44만6천 명의 병사를 2025년까지 30만으로 감축하기 위해서는 매년 요구되는 인구소요(현역 신체검사 대상이 되는 제1국민역 19세 인원)는 다음과 같이 추정할 수 있다. 먼저 앞서 서술한 대로, 국방부는 단계적·차별적 감축을 시행하여 동일한 비율의 감축이 아닌, 2014년부터 2018

년까지 4만여 명을 감축하고 이어 2019년부터 2022년까지 7만여 명을 감축하겠다는 계획을 발표한 바 있다. 〈그림 3-1〉에서 반영한 수치는 2022년까지는 국방부의 단계적 감축계획을 따르되 2022년까지 11만여 명을 감축하고 남은 3만6천여 명을 2025년까지 단계적으로 감축하는 것을 토대로 하였다. 즉, 각 시기별 감축 인원은 1차시기(2014~2018)에 연간 1만 명, 2차시기(2019~2022)에 연간 1만7500명, 3차시기(2023~2025)에 연간 1만2천 명으로 정해진다. 〈그림 3-1〉은 이러한 감축 계획을 따르고 21개월 복무 제도를 유지할 때, 매년 필요한 19세 남성 인원을 반영한다.

〈그림 3-1〉 국방개혁(2014~2030)에 따른 19세 남성 연앙인구 소요

(단위: 명)

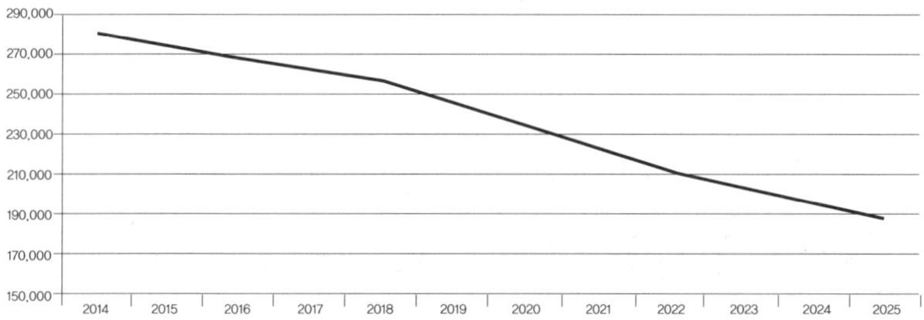

② 18개월로 복무 기간 단축

현역 복무기간을 18개월로 단축하면서 국방개혁 기본계획에 제안된 인력 감축 계획을 유지하기 위해서는 21개월 복무 시보다 매년 더 많은 신규 입영 소요가 예상된다. 18개월로 복무 기간을 단축할 경우 현역병의 제대시기가 앞당겨지기 때문에 특정 수준의 인력 유지를 위해 매년 보충해야 하는 소요는 증가하기 마련이다. 기본계획에 따른 동일한 수준의 인원 감축을 유지하면서 18개월로 복무기간을 단축할 때 매년 필요한 19세 남성 인원은

〈그림 3－2〉와 같다.

〈그림 3－2〉 복무기한별 19세 남성 연앙인구 소요 비교

(단위: 명)

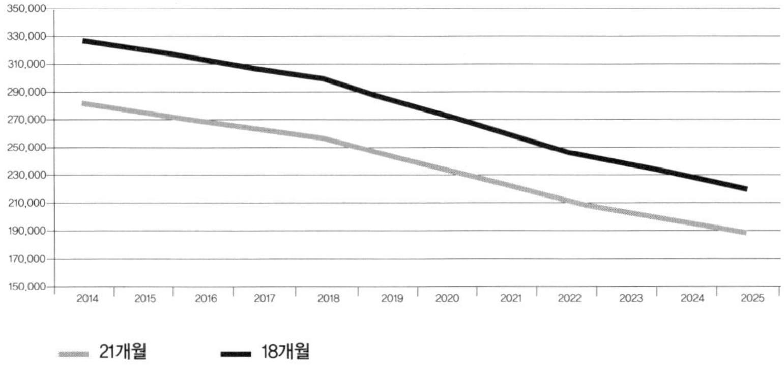

다. 인구 추계 시나리오와 비교

미래 국방인력 소요를 판단함에 있어 이 글은 2014년 〈한국보건사회연구원〉에서 제시한 3가지 인구추계 시나리오를 바탕으로 하였다. 기본적인 시나리오는 통계청에서 2011년에 실시한 인구추계 중 중위가정을 2100년까지 연장한 것이다.[9] 나머지 2가지 시나리오는 출산력에 대해 상이한 변동 추이를 가정하여 유추한 것이다. 예컨대 "시나리오 3"은 2019년 한국 출산율이 홍콩과 대만의 최저수준인 0.9에 도달하여 유지된다고 가정하였다.

9 통계청의 장래인구추계 자료는 통계청(2011) 참조.

〈표 3-4〉 인구추계 시나리오

<table>
<tr><th></th><th>출산율</th><th>사망력</th><th>국제이동</th></tr>
<tr><td>시나리오1</td><td>합계출산율 2045년까지 1.4로 증가 후 유지</td><td rowspan="3">평균수명: 남/여(세)

2010년: 77.2 / 84.1
2060년: 86.6 / 90.3
2100년: 89.3 / 93.2

※ 통계청 중위가정 연장</td><td rowspan="3">국제 순이동률
(인구 1천명당)
2010년 1.67
2020년 0.71
2030년 0.57
2040년 0.63
2050년 0.64
2060년 0.53

※ 통계청 중위가정 연장</td></tr>
<tr><td>시나리오2</td><td>2013년 1.19 →
2014년 1.20 도달 후 유지
(2001년 이래 평균수준)</td></tr>
<tr><td>시나리오3</td><td>2013년 1.19 →
2015년 1.08
(2005년 당시 한국 최저수준)
→ 2019년 0.9 도달 후 유지
(홍콩, 대만 최저수준)</td></tr>
</table>

국방개혁 기본계획에서 제시된 병력 수준을 유지하기 위해서 필요한 인구와 보건복지부의 인구 추계 시나리오에서 제시된 "시나리오 1"이 추정한 2025년까지의 실제 19세 남성 인구를 비교하면 〈그림 3-3〉과 같다.

〈그림 3-3〉 국방개혁 기본계획에 따른 소요 인원과 인구 시나리오 비교

(단위: 명)

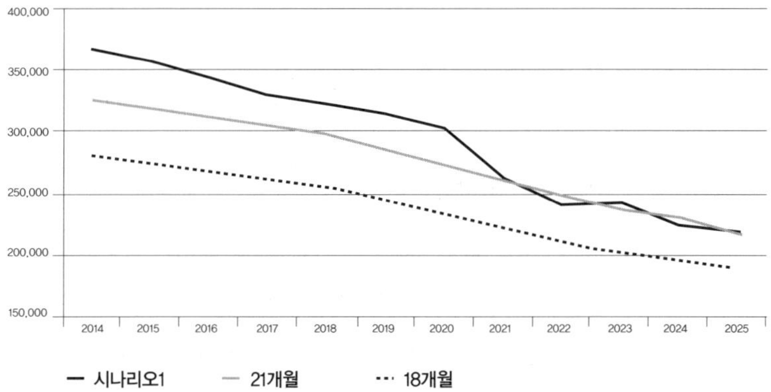

1) 인력 유지가 어려워지는 시기

21개월 복무 제도를 유지했을 경우, 18개월로 복무기간을 단축할 경우 연간 소요되는 신규입영 인력과 "시나리오 1"에서 추산된 19세 남성 인구를 표로 비교하면 〈표 3-5〉와 같다.

〈표 3-5〉 2020년 이후 기본계획에 따른 소요인원과 인구 시나리오 인원 비교

(단위: 명)

	2020	2021	2022	2023	2024	2025
시나리오1	301,997	260,289	242,054	241,983	223,781	219,502
21개월 복무	233,200	222,000	211,200	203,657	196,114	188,571
18개월 복무	272,067	259,233	246,400	237,600	228,800	220,000

위의 표와 같이 2022년이 되면 "시나리오 1"의 19세 남성 인구는 242,054명인데 반해 18개월 복무 제도를 시행할 경우 필요한 인구(신규 입영 소요 인원)는 246,400명으로 인원 부족현상이 발생한다. 이는 19세 남성 중 제1국민역에 해당되어 신체검사를 받은 후 현역으로 판정된 인원(현역 판정률이 90%로 유지된다고 가정했을 때) 전원이 그해에 입영한다 해도 계획된 인원을 충당할 수 없음을 의미한다.

2) 실제 입영 비율을 고려한 인력 소요

여기서 하나 주목할 점은 실질적인 19세 남성 인구 소요 판단을 위해서는 현역판정률은 물론 입영 대상자의 실제 입영비율도 고려해야 한다는 사실이다. 실제 제1국민역에 편입되어 신체검사 후 현역 판정을 받은 후에도 유학, 학업 등의 사유로 입영을 연기하는 사례가 적지 않으며, 이를 감안하면 국방계획에 제시된 병력수준을 유지하기 위해서 매년 필요한 19

세 남성 인구는 더욱 늘어난다. 〈표 3-6〉에서 제시된 바와 같이 실제로 현역 판정을 받은 19세 남성이 1년 이내에 입영하는 비율은 지난 10년간 (2003~2012) 평균 83%에 그쳤다. 이러한 비율을 감안하면 인력 부족현상은 더 악화된다.

〈표 3-6〉 실제 입영비율 (2003~2012)

구분	현역자원 (전년도 현역 판정 인원)	입영 인원	입영비율(%)
2003	311,543	238,322	76
2004	279,693	245,184	88
2005	290,734	234,067	81
2006	282,951	217,165	77
2007	273,055	222,646	82
2008	282,260	222,429	79
2009	277,485	257,900	93
2010	316,210	268,764	85
2011	333,847	281,969	84
2012	329,751	274,324	83

출처: 병무청 (2014).

〈그림 3-4〉 실질입영비율(0.83)을 반영한 인구소요와 인구추계 시나리오 비교

(단위: 명)

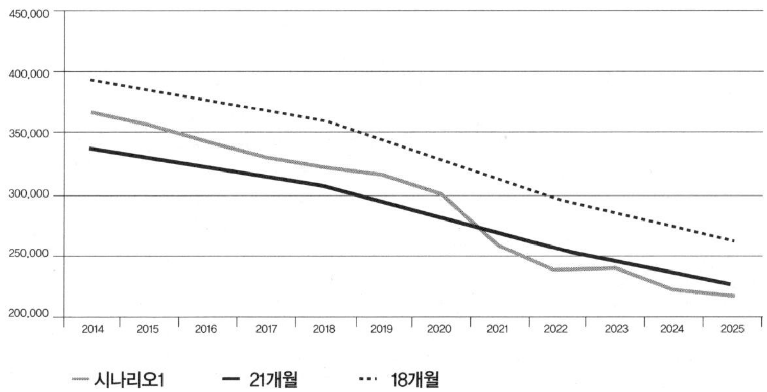

이 경우 21개월 복무 제도를 계속 유지한다고 해도 2021년이 되면 19세 남성 인구는 260,289명인데 반해 소요인원은 267,751명으로 인력 부족 현상이 발생한다.

3) 인구 시나리오 1, 2, 3과의 장기적 비교

지금까지의 분석은 가장 높은 출산율로 책정한 '최상'의 시나리오인 "시나리오 1"을 대상으로 추산한 것이며, 더 낮은 출산율을 기본으로 책정한 "시나리오 2"와 "시나리오 3"을 기준으로 인력소요를 비교할 경우 병력 부족 현상은 더욱 심각해진다. 기본계획(2014~2030)에서 목표로 잡고 있는 2025년까지만 보았을 경우 "시나리오 1, 2, 3"이 예측하고 있는 19세 남성 인구는 동일하거나 비슷한 수준으로 감소하지만, 2030년 이후부터는 감소의 폭이 급격한 차이를 보인다. "시나리오 1, 2, 3"에서 추산된 2050년까지의 19세 남성 인구 추이를 비교하면 〈그림 3-5〉와 같다.

〈그림 3-5〉 시나리오별 19세 남성 인구 비교(2014~2050)

(단위: 명)

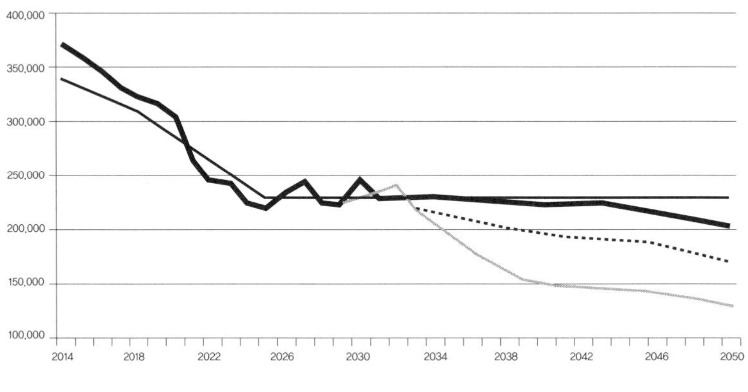

19세 남성 인구 감소율은 2030년부터 크게 달라지기 시작해서 2050년이 되면 "시나리오 3(최악의 시나리오)"에서 추산된 19세 남성 인구가 "시나리오 1"(최상의 시나리오)보다 7만 명 가까이 적은 것으로 나타난다. 이는 저출산·고령화로 인한 국방 인력 부족 문제가 장기로 갈수록 더욱 악화될 수 있음을 의미한다.

〈표 3-7〉 인구 시나리오별 인원 과부족 예상(2020~2100)

(단위: 명)

비고			2020	2021	2022	2023	2024	2025	2050	2075	2100
인구추계	시나리오1		301,997	260,289	242,054	241,983	223,781	219,502	200,755	146,381	103,110
	시나리오2		302,113	260,320	241,767	241,362	223,158	218,896	168,403	106,739	66,880
	시나리오3		302,113	260,320	241,767	241,362	223,158	218,896	128,280	63,518	34,701
(1) 현역 판정율 반영											
소요	21개월		233,200	222,000	211,200	203,657	196,114	188,571	188,571	188,571	188,571
	18개월		272,067	259,233	246,400	237,600	228,800	220,000	220,000	220,000	220,000
과부족	시나리오 1	21	68,797	38,089	30,854	38,326	27,667	30,931	12,184	*−42,190*	*−85,461*
		18	29,930	1,056	*−4,346*	4,383	*−5,019*	*−498*	*−19,245*	*−73,619*	*−116,890*
	시나리오 2	21	68,913	38,120	30,567	37,705	27,044	30,324	*−20,168*	*−81,832*	*−121,691*
		18	30,046	1,086	*−4,633*	3,762	*−5,642*	*−1,104*	*−51,597*	*−81,832*	*−153,120*
	시나리오 3	21	68,913	38,120	30,567	37,705	27,044	30,324	*−60,291*	*−125,053*	*−153,870*
		18	30,046	1,086	*−4,633*	3,762	*−5,642*	*−1,104*	*−91,720*	*−125,053*	*−185,299*
(2) 한역 판정율과 실제 입영비율 반영											
소요	21개월		281,006	267,751	254,496	245,407	236,318	227,229	227,229	227,229	227,229
	18개월		327,840	312,376	296,912	286,308	275,704	265,100	265,100	265,100	265,100
과부족	시나리오 1	21	20,991	*−7,462*	*−12,442*	*−3,424*	*−12,537*	*−7,727*	*−26,474*	*−80,848*	*−124,119*
		18	*−25,843*	*−52,087*	*−54,858*	*−44,325*	*−51,923*	*−45,598*	*−64,345*	*−118,719*	*−161,990*
	시나리오 2	21	21,107	*−7,431*	*−12,729*	*−4,045*	*−13,159*	*−8,333*	*−58,826*	*−120,490*	*−160,349*
		18	*−25,728*	*−52,056*	*−55,145*	*−44,946*	*−52,546*	*−46,204*	*−96,697*	*−158,361*	*−198,220*
	시나리오 3	21	21,107	*−7,431*	*−12,729*	*−4,045*	*−13,159*	*−8,333*	*−98,949*	*−163,711*	*−192,528*
		18	*−25,728*	*−52,056*	*−55,145*	*−44,946*	*−52,546*	*−46,204*	*−136,820*	*−201,582*	*−230,399*

인구 시나리오 별 인력 과부족 예상은 〈표 3-7〉과 같이 정리될 수 있다. 21개월 복무 제도를 유지하고 기본계획에 따라 병력구조를 전환할 경우 계획이 마무리되는 2025년까지 인력의 부족 현상은 발생하지 않는다. 그러나 이후에도 30만 명 수준의 병력을 유지하고자 할 경우 저출산으로 인해 "시나리오 1"의 경우에도 2050년 이후("시나리오 3"의 경우 2030년 중반 이후)에는 인력이 절대적으로 부족하게 되고 그 정도는 장기적으로 추산할수록 커진다.

일각에서 요구하는 바와 같이 만약 복무기간을 18개월로 단축할 경우 가용 인력이 부족해지는 첫 시기는 2022년으로 앞당겨진다. 하지만 과부족 현상은 간헐적으로 나타나며(2022년 약 4천 명 부족, 2024년 약 5천 명 부족) 2026년 이후에는 초과 추세로 돌아선다. 그러나 역시 2030년 이후 급격한 19세 남성 인구 감소로 인해 2030년 중반 이후 가용인구 부족현상이 지속화되고 그 격차도 심화된다. 〈그림 3-5〉에서 표현된 바와 같이 2030년 이후 19세 남성인구가 급격하게 감소하기 때문에, 30만 병력 수준을 유지하기가 사실상 불가능해지는 셈이다. 2050년에 이르면 "시나리오 1"의 경우 2만여 명, "시나리오 3"의 경우에는 9만여 명의 인력이 부족하게 된다.

지금까지의 분석에 실제입영 비율(평균 83%)을 반영할 경우, 인력 부족 현상이 발생하는 시기는 더욱 앞당겨지고 부족 정도는 더욱 심화된다. 21개월 복무 제도를 유지한다고 하더라도 2021년이 되면 시나리오별로 평균 7천여 명의 인력이 부족하게 된다. 이러한 부족현상은 2025년까지는 세 가지 시나리오 모두 비슷한 수준으로 유지되고 2050년 이후부터는 인력부족의 정도에 있어 시나리오별로 급격한 차이를 보인다. 가장 높은 출산율로 책정한 '최상'의 시나리오인 "시나리오 1(21개월 복무)"에서조차 2030년 이후 인력 부족 정도가 급격하게 증가한다. 이러한 현상을 막기 위해서는 국방개혁이 종료되는 2030년 시점 이후에도 국방인력 감축을 지속해야 하지만, 안보에 대한 요구가 지속되는 한 실현되기 어려울 것으로 판단된다.

라. 소결

앞에서 살펴본 바와 같이 출산율 저하에 따른 징집대상 인구의 감소는 국방개혁 기본계획을 실현하는데 있어 병력수급의 문제를 초래할 수 있다. 장기적으로는 인구감소의 문제가 어느 시점에 완화되기보다는 갈수록 심화되리라 예측할 때 현재와 같은 징병제도를 유지하는 데에 심각한 문제에 봉착하게 될 것으로 예상된다. 또한 설령 인구 감소 추세에 맞추어 현행 국방개혁과 같은 과격한 감군 정책을 계속적으로 시행한다고 하더라도 날로 경화되는 동북아와 한반도의 안보환경을 고려할 때 병력 감축이 군의 작전수행 능력에 미칠 부정적인 영향 또한 고려하지 않을 수 없다.

3. 미래 국방예산 소요 판단

가. 국방예산 추이

동북아시아 주요 이해당사국들의 국방비는 지속적으로 증가 추세에 있다. 2013년 기준으로 미국은 6,450억 달러, 중국은 1,020억 달러, 일본은 590억 달러를 사용하였으며, GDP 대비 미국 5.18%, 중국 1.36%, 일본 0.93% 수준이었다(IISS, 2014). 한국의 경우 평균 2.5%로 GDP 대비 비율만을 놓고 볼 때 중국이나 일본에 비해 크게 밀도는 수준은 아니다. 하지만 이는 세계의 주요 분쟁국들과 비교해 보면 상황은 달라진다. 2104년 한국의 GDP 대비 국방비는 2.42%로 이스라엘이나 이란과 같은 국가들에 비해 낮은 수준에 머물러 있음을 알 수 있다.

〈표 3-8〉 주요 분쟁들의 GDP 대비 국방비 비율

(단위: %, 2014년 기준)

이스라엘	요르단	미국	레바논	그루지아	파키스탄	러시아	이란	한국	세계평균
5.98	3.57	3.7	4.15	2.29	2.47	3.08	4.13	2.42	2.11

출처: 국방부(2014a), p. 159.

나. 국방개혁 기본계획과 국방예산

기본계획의 골자는 불안한 동북아 안보환경에 대처하기 위해 병력구조를 양적 구조에서 질적 구조로 전환하면서 첨단무기 체제를 도입해 군사력을 증강시키겠다는 것이다. 그렇지만 부사관, 장교와 같은 간부는 일반병에 비해서 많은 인건비를 요구하기 때문에 간부를 증가시키려는 계획은 필수적으로 국방예산의 증가를 수반할 것으로 예상된다.

〈표 3-9〉에서 보듯이 국방비는 크게 전력 운영비와 방위력 개선비로 구분된다. 방위력 개선비는 주로 무기획득 및 연구개발을 위해 사용된다. 전력운영비는 크게 병력운영비와 전력유지비로 나뉘는데, 병력운영비는 인건비와 급식 및 피복에 사용되는 비용이고 전력유지비는 부대 운영, 장비·시설 정비 및 유지, 교육훈련, 보건복지에 드는 비용이다. 2015년도 국방예산의 경우, 국방비 총액은 37조4천5백억에 달하는데, 그 중 전력운영비에는 총 26조4천억 정도가 할당되어 전체 예산의 70%를 차지했다. 이 중 군 장

병의 인건비와 급식에 주로 사용되는 병력운영비는 15조5천억으로 전력운영비의 60%, 전체 국방비의 40%를 차지하고 있다.

〈표 3-9〉 2015년도 일반회계 국방예산 규모 및 배분 현황

(단위: 억원)

구분		'14년 예산	'15년 예산	증감	증감(%)
국방비 계		35조 7,056	37조 4,560	1조 7,504	4.9
전력운영비	소계	25조 1,960	26조 4,420	1조 2,460	4.9
	병력운영비	14조 8,409	15조 5,811	7,402	5.0
	전력유지비	10조 3,551	10조 8,609	5,059	4.9
방위력 개선비		10조 5,096	11조 140	5,044	4.8

출처: 국방부 (2014c).

인건비 항목을 보다 구체적으로 살펴보면, 2014년 예산에서 법정부담금을 제외한 군의 인건비는 총 8조6천억 원으로 전체 국방예산의 24%, 전력운영비의 35.8%를 차지했다. 이 중 장교인건비는 3조7천억 원으로 전체 국방예산의 10%, 전체 인건비의 43.2%를 차지하고 부사관 인건비는 4조2천억 원으로 전체 국방예산의 11%, 전체 인건비의 48.4%를 차지했다. 병은 2014년 기준 43만8천여 명으로 전체 병력의 69%를 차지하지만, 인건비는 7천억 원으로 전체 인건비의 3.4%를 차지하는 데 불과했다(국회, 2013).

국방중기계획(2014~2018)에 따른 국방비 소요를 보면 전체 국방비가 7%의 증가를 유지하는 가운데 전력운영비 역시 현재와 유사한 수준으로 전체 예산의 65~70%의 수준으로 상정하고 있다. 따라서 인건비 지급에 있어 인력구조나 인건비 지급 기준에 큰 변화가 없는 한 전력운영비 내에서 장병 인건비 지급 비율을 현재와 유사한 수준(전체 예산의 24%)으로 유지할 것으로 유추해 볼 수 있다.

〈표 3-10〉 2014~2018 국방중기계획에 따른 국방비 소요

(단위: 조원)

구분	'13년	대 상 기 간					
		'14년	'15년	'16년	'17년	'18년	계
국방비	34.5	37.0	39.9	42.9	45.9	48.8	214.5
(증가율)	(4.7)	(7.3)	(7.7)	(7.5)	(7.1)	(6.2)	*(7.2)*
전력운영비	24.3	25.9	27.3	28.8	30.5	31.9	144.3
(증가율)	(5.5)	(6.3)	(5.5)	(5.6)	(5.8)	(4.7)	*(5.6)*
(점유율)	(70.5)	(69.8)	(68.4)	(67.2)	(66.4)	(65.4)	
방위력개선비	10.2	11.2	12.6	14.1	15.4	16.9	70.2
(증가율)	(2.8)	(9.8)	(12.8)	(11.7)	(9.7)	(9.2)	*(10.6)*
(점유율)	(29.5)	(30.2)	(31.6)	(32.8)	(33.6)	(34.6)	

출처: 국방부 (2013a).

따라서 만약 기본계획 2014에서 제시된 바와 같이 2025년까지 부사관의 증가로 전체 간부의 비율을 29.5%에서 42.5% 수준으로 증가시키기 위해서는 그에 따른 인건비의 증가를 고려하지 않을 수 없다. 특히 부사관 수를 증가시키기 위해서는 2014년 기준 전체 국방예산의 11%, 전체 인건비의 48.4%를 차지하는 부사관 인건비가 장기적인 관점에서 더욱 증대되어야 한다는 것을 의미한다.

'2014~2018 국방중기계획'에 따르면, 향후 5년간 214조5천억 원의 국방예산이 소요되고, 매년 국방비는 연평균 7.2% 증가해야 한다. 그러나 실제 2014년과 2015년 국방비는 각각 4%, 4.8% 증가에 그쳤다. 따라서 부사관의 인건비 증대 가능성을 고려할 때, 적정 수준의 국방비 증가가 뒷받침되지 않을 경우 기본계획에서 제시된 간부비율 증대 계획은 소요 예산확보에 있어 상당한 어려움에 봉착할 것으로 예상된다.

일각에서는 이러한 어려움을 극복하기 위한 방안으로 과도한 인력을 필요로 하는 징집제도를 모병제로 전환하는 방안이 제기되고 있다. 국방부

또한 국방개혁의 일환으로 2020년까지 병력 규모를 50만 명으로 감축하면서 '유급형 모병제' 도입을 검토하고 있다. 모병제는 병역부담의 형평성 문제를 해소하면서 군이 인력을 효율적으로 활용할 수 있게 한다는 주장이 제기된다. 한국도 미국과 같이 전면 모병제로 전환하면 불필요한 병력을 감축할 수 있고 그로 인해 발생하는 이득을 국방예산으로 전환가능하다는 전망까지 나오고 있다(《한국경제》, 2014). 반면 모병제로 전환할 경우 인건비의 폭발적 증가를 가져올 것이라는 주장도 제기되고 있다.[10] 현재 병사들의 평균 인건비가 약 7천억 원임을 감안할 때, 모병제로 전환할 경우 6조3천억 원 가량이 추가적으로 든다는 것을 의미한다. 또한 병력이 줄어들 경우 무기와 장비의 질을 보강하는 데에 드는 추가비용까지 고려하면 모병제 전환에 드는 비용은 매년 10조원 이상이 될 수 있다.

현재 군 구조의 전환 또는 군내 인권침해 문제 해소를 위한 대안으로 제기되고 있는 한국군 모병제 전환 논의에 있어 대만의 모병제 전환 시도는 많은 시사점을 제공한다. 2008년, 대만 정부는 '작지만 강한 군대'를 슬로건으로 내걸고 이전부터 시범적으로 실시해오던 모병제를 지속적으로 확대하여 2014년까지 의무병제를 폐지하고 2015년부터 완전 모병제로 전환하겠다는 계획을 발표하였다. 이를 위해 2008년 당시 27만5천 명 규모에 달하는 대만군의 병력을 국방비로 부담할 수 있는 20−25만 명 선으로 감축하는 방안을 제시하였다(한겨레, 2008). 당시, 대만의 국방부는 징병제에서 모병제로 전환할 경우 비용 상승이 야기되지만 우려할 수준은 아니라고 전망

10 예컨대 한국국방연구원(KIDA)의 정주성 책임연구원은 국회에서 열린 토론회에서 현 하사 수준을 기준으로 모병제를 도입하면 연 5−6조 원의 인건비가 추가된다고 예상했다(유성운, 2014).

하였으며, 비용 상승이 발생하더라고 국회 입법원의 비준을 통해 해결할 수 있을 것으로 보았다.[11]

하지만 2015년부터 모병제로 전환할 예정이던 대만의 계획은 모집인원 미달, 예산의 부족 등으로 인해 큰 차질을 빚고 있다. 2011년부터 기존 징병제와 함께 부분적으로 모병제를 실시하였는데, 2013년 상반기 신규 직업군인 모집에서 연간 목표치인 2만8천 명에 절대적으로 못 미치는 462명(전체 소요인원의 1.65%)을 모집하는 데 그쳤다. 이에 대만 국방부는 유인책 차원에서 지원병 임금을 인상하는 방안을 추진할 계획이라고 밝혔으나, 대만 언론은 국방예산 부족이 모병제 전환과 직업군인 모집 유인책에 있어 커다란 걸림돌이 될 것이라고 지적했다.[12] 결국 2013년 말 대만 정부는 직업군 모집에 있어서 부진한 성과와 추가 예산 확보 문제로 인해 모병제의 전면전환 시기를 2015년에서 2017년으로 2년 연기한다고 발표했다. 이와 더불어 대만 정부는 모병제 전환 과정에서 부족한 국방예산을 마련하기 위해 '국방세'를 도입하는 방안까지 검토하고 있는 것으로 알려졌다(류성무, 2014). 대만의 일부 정치권에서는 국민투표를 통한 모병제 전환 전면 재검토 주장까지 제기되고 있는 실정이다.

11 대만 국방부는 국방예산이 GDP의 3%를 초과하지 못하도록 하는 것이 이상적이기 때문에, 비용 상승이 야기될 경우 국방 예산 중 병력 개인당 지출 비율을 40%에서 45%로 인상하여 문제를 해결하고자 하였다(주 한국 대만대표부, 2009).

12 대만 정부는 의무병 1만 명을 직업군인으로 대체할 경우 약 1천870억 원에 달하는 50억 대만 달러의 추가 예산이 소요된다고 판단했다(류성무, 2013).

다. 복지비와 국방예산

앞서 서술한 바와 같이 병사 인원 감축에 따른 전력 감소를 최소화하기 위한 간부 비율 확대 및 첨단 무기를 도입 과정에서 국방예산 증가는 불가피하다. 실제로 〈그림 3-6〉에서와 같이 보건사회연구원에서 인구추계와 함께 제시한 경제지표에 따르면 기본계획(2014~2030)에 따라 군 인력이 집중적으로 감축되는 시기인 2011년부터 2020년까지의 연평균 국방지출 증가율은 6.0%로 추산되었고, 2020년부터 2030년까지의 연평균 국방지출 증가율도 5.1%로 추산되고 있다. 이는 향후 약 15년 동안 현재 시행되고 있는 제도를 유지하려면 국방비의 연평균 5% 이상 증가 추세가 지속되어야 한다는 사실을 의미한다.

〈그림 3-6〉 시나리오별 연평균 국방지출 증가율 추이

(단위: %)

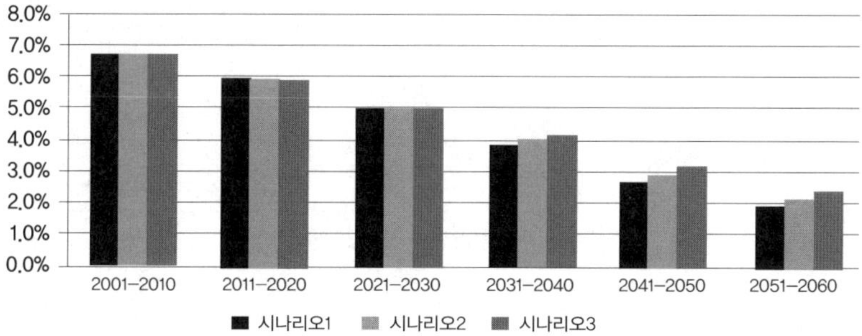

하지만 이와 같은 수준의 국방비 증가의 부담을 감당하기에 정부재정은 또 하나의 과제를 안고 있는데 그것은 바로 사회보장비용, 즉 복지비의 증가이다. 보건사회연구원에서 발표한 보고서에 따르면 OECD 국가들

이 평균 사회복지지출은 23.7%인데 반해 한국은 10.95%에 그치고 있으며, 이는 멕시코를 제외하고 OECD 중 가장 낮은 수준이다(한국보건사회연구원, 2011).

최근 5년 간 한국 사회복지지출 증가율은 10.8%로 OECD 국가 평균 증가율의 두 배에 해당되는 수치이지만 아직까지 OECD 국가 가운데 최하위권을 벗어나지 못하고 있다. 이러한 국제적인 실정과 나날이 증가하는 한국의 초저출산·초고령화 추세를 우려하여 사회보장지출의 대대적인 확대를 요구하는 목소리가 커지고 있으며, 이를 반영해 정부는 '중장기 사회보장 재정추계'를 산출해 앞으로 급격히 증가하게 될 복지 요구에 대비하고 있다. 2014년 1월 제6차 사회보장위원회에서 실시한 '2013~2060 사회보장 재정추계'에 따르면 향후 급속한 고령화로 인해 현행 제도만 유지하더라도 2060년이 되면 공공사회복지지출이 GDP 대비 29%에 달할 것으로 전망하고 있다(보건복지부, 2014). 결국, 중장기적인 관점에서 사회 보장 비용의 증가는 생산가능인구의 감소로 인해 이미 둔화되고 있는 경제성장에 악영향을 초래할 것으로 예상된다.

〈표 3-11〉 2060년까지 총사회보장비용 지출의 추산

(단위: GDP 대비 %, 구성비)

구분	2013년	2020년	2030년	2040년	2050년	2060년
GDP 대비 공공사회복지 지출	9.8	12.9	17.9	22.6	26.6	28.9
일반재정분야	3.5 (35.4)	3.8 (29.6)	4.6 (25.6)	5.1 (22.5)	5.4 (20.5)	5.7 (19.8)
사회보험분야	6.3 (64.6)	9.1 (70.4)	13.3 (74.4)	17.5 (77.5)	21.2 (79.5)	23.2 (80.2)

출처: 보건복지부 (2014).

국방개혁 기본계획이 적용되는 기간인 2030년까지 GDP대비 공공사회복지지출 비율을 현재 9.8%에서 17.9%로 늘리기 위해서는 사회보장지출을 두 배 이상 증가시켜야 한다. 게다가 장기적으로 2060년까지 총 국내생산에서 사회보장비용이 차지하는 비율을 30% 가까이(28.9%) 끌어올리기 위해서는 향후 50여 년간 국가재정은 복지 관련 예산의 확보 및 증대라는 막중한 과제에 직면하게 된다. 또한 고령화로 인해 65세 이상 노인인구가 증가하면서 복지제도 개선 및 범위 확대 등의 요구가 거세질 경우, 그에 발맞추기 위해서는 〈표 3-11〉의 추정치보다 더 많은 예산 소요 발생을 예측할 수 있다. 이렇듯 초저출산·초고령화 사회로 접어드는 한국 사회의 인구학적 변화와 이로 인한 사회보장비용 증대의 현실을 고려할 때, 국방개혁을 추진하기 위한 국방재원이 안정적으로 확보될 수 있을지 의문이다.

라. 소결

서술한 바와 같이 저출산·고령화 추세에 대비하기 위한 군 인력 감축계획은 국방예산의 증가로 이어지며 이는 급증하는 사회보장비용을 감당해야 하는 국가 재정에의 부담을 가중시킨다. 남북한의 대치상황과 경색되는 동북아의 안보 환경으로 인해 전력 수준의 유지가 불가피한 점을 고려할 때, 한국이 다가오는 초저출산·초고령화 사회에 대처하기 위해서는 인력 확충, 예산 확보 등을 종합적으로 고려한 정책적 대안이 필요하다.

IV. 결론

〈그림 3-7〉 초저출산·초고령화와 국가안보

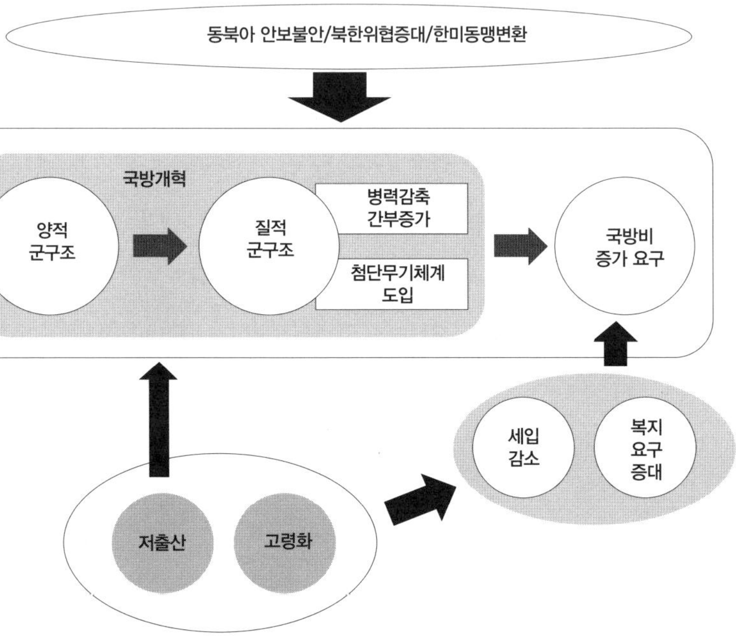

초저출산·초고령화는 일견 단순한 인구학적 변화에 불과할지 몰라도 실상 그것이 국가와 사회에 미치는 파급효과는 깊고도 넓다. 역내 경쟁적 안보 구도, 북한의 위협, 그리고 전작권 전환을 통한 한-미동맹 변화의 지속되는 가운데, 초저출산·초고령화는 안보의 영역에도 극복하기 쉽지 않은 여러 가지 도전을 제기한다. 〈그림 3-7〉은 그러한 문제점들이 이중적이고 복합적으로 작용하는 방식을 도식화한 것이다.

우선 저출산은 국방에 필요한 병력 수급에 직접적인 영향을 미친다. 출산율의 급격한 저하는 제1국민역의 대상이 되는 19세 남성인구의 감소를 초래한다. 현재 군이 추진하고 있는 국방개혁은 그와 같은 저출산 추세를 고려하여 군사력 구조를 인력 중심의 양적 구조에서 첨단무기체계 중심의 질적 구조로의 전환을 꾀하는 것을 골자로 하고 있다. 하지만 본 연구가 살펴본 바와 같이, 신체검사 합격률과 입영연기율을 고려한 실질입영율을 고려해 볼 때 최상의 인구추계 시나리오에 비추어 보더라도 2022년에 이르면 입영인구 부족이라는 문제에 직면할 수 있다. "시나리오 2, 3"처럼 출산율이 예측 최고치를 밑돌 경우 그 시기는 앞당겨지고, 문제의 심각성은 더욱 증대될 것으로 예상된다. 이와 더불어 복무기간 단축(21개월 → 18개월)에 대한 사회적 요구의 증대는 입영인구 부족의 어려움을 더욱 가중시킬 것으로 예상된다.

둘째, 군 간부 증가와 첨단 무기 체제 도입을 수반하는 질적 군 구조로의 개혁은 국방비 증가를 필수적으로 수반하며, 초저출산·초고령화는 국방비 증대 요구를 압박하는 요소로 작용하게 된다. 초저출산·초고령화가 필요 국방예산 확보에 미치는 영향은 복합적이다. 먼저 저출산은 산업인구의 감소를 의미하는데, 조세정책의 근본적인 변화가 없을 경우 이는 세수의 감소를 가져와 궁극적으로 정부재정 확보에 있어 어려움을 초래한다. 또한 산업인구 감소는 경제성장률에도 부정적인 영향을 미칠 수밖에 없다. 저성장과 조세수입 감소에 따른 정부재정 감소는 국방비 감소로 이어진다. 이와 같이 양상이 지속될 경우, 지속적인 국방비 증가를 염두에 두고 구상된 국방개혁이 지속적인 동력을 유지할 수 있을지 의문이다.

한편, 고령화 현상은 복지에 대한 소요 증대로 이어져 정부재정 지출에 있어 복지가 점차 큰 비중을 차지하게 될 것으로 예상된다. 진보, 보수 정당 모두가 복지를 외치고 있는 것이 한국의 정치적 현실이다. 결국 거시경제학에서 일컫는 "총과 버터 모델(Guns versus butter model)"처럼, 국방에 대한 요구와 복지에 대한 요구가 앞으로 더욱 더 서로 상충하게 될 것으로 예상된다.

일각에서는 그와 같은 재정 및 병력 확보 문제의 해결책으로 모병제로의 전환을 주장하고 있다. 국방재정 감소 효과, 병영인권 개선, 여성인력 활용 기회 증대 등과 같은 긍정적인 논의가 활발하게 진행되고 있는 가운데, 우리는 모병제 전환의 부작용과 비용에 대해서도 동시에 주목할 필요가 있다. 대만의 사례가 우리에게 주는 교훈은 직업군인에 대한 인센티브 제도가 없을 경우 소요 인원 확보에 있어 어려움이 발생하며, 이를 해소하기 위해 모병 유인책을 제공할 경우 국방비를 다시 늘려야 하는 문제에 봉착할 수 있다는 것이다. 결국 해결책이 다시 문제를 제기하는 셈이 된다. 이와 같이 초저출산·초고령화는 안보에 있어 말 그대로 그 어느 쪽을 선택하게 되더라도 문제점이 발생하는 커다란 딜레마로 빠져들고 만다. 현재 진행되고 있는 국방개혁은 변화하는 군사기술과 전쟁의 양상, 전략, 전술 차원에서 매우 필요하다. 그러나 이것이 단지 군 구조의 개편이나 군사전략 차원에서 추진된다면 보다 근본적인 문제에 봉착하게 될 것이다. 6.25 전쟁 이래 우리 군의 근간을 이루어온 대규모 지상군 단기병력 위주의 징집제는 우리 사회의 급속한 저출산과 고령화에 의해 더 이상 지속이 가능하지 않는 모델이다. 더욱이 저하되는 경제성장 속에 급증하는 복지비의 증가는 국방개혁에 필요한 국방비 증가를 더욱 어렵게 만들고 있다. 우리의 안보와 국방에 대한 다각적이고 입체적인 접근이 절실하게 필요하다.

참고문헌

김세진. "'북핵 5년대 100개' 주장 전문가들 '근거충분'." 《연합뉴스》 2015. 3. 20.

김호준. "전작권 전환 사실상 무기연기…'2020년대 중반' 목표." 《연합뉴스》 2014. 10. 24.

국방홍보원. 2014. "2030 미래 국군, 혁신·창조형의 정예화 선진 강군으로 우뚝 선다." 《국방저널》 2014년 6월호. pp. 6-17.

국회. 2013. 『2014년 예산안』.

대한민국 국방부. 2014a. 『국방백서 2014』.

_____. 2014b. 『국방개혁 기본계획(2014~2030)』.

_____. 2014c. "2015년도 국방부 소관 예산 및 기금운용계획 개요."

_____. 2013a. "2014~2018 국방중기계획 개요."

_____. 2013b. 『국방통계연보 2013』.

_____. 2012a. 『국방개혁 기본계획(2012~2030)』.

_____. 2012b. 『국방백서 2012』.

_____. 2009. 『국방개혁(2009~2020)』.

_____. 2006. 『국방개혁 기본계획 2006~2020(국방개혁 2020)』.

대한민국 병무청. "병역이행안내." http://www.mma.go.kr/kor/s_navigation/profile/index.html.

_____. 2014. "2013 병무통계연보." 병무행정통계정보. 2014. 5. 19.

대한민국 통일부. 2013. 『북한 이해 2013』. 통일교육원 교육개발과. 2013. 2. 1.

류성무. "대만은, 모병제 도입 뒤 사병 구인난." 《연합뉴스》 2013. 7. 22.

_____. "대만, 국방세 도입 검토...모병제 예산확보용." 《연합뉴스》 2014. 3. 7.

박휘락. 2014. "한국 방위비분담 현황과 과제 분석: 이론과 사례 비교를 중심으로." 『국방정책연구』 103권. pp. 153-188.

보건복지부. 2014. "중장기 사회보장 재정추계."

신대원. "헤이니 美 전략사령관, "北 핵 일부 소형화"." 《헤럴드경제》 2015. 3. 20.

신성호. 2012. "인구노령화와 동북아 안보." 『EAI 국가안보패널 보고서: 2010년대 한국외교 10대 과제』. 동아시아연구원.

유성운. "전문가 "모병제 30만 명 적정" 육군은 병력 감축 반발." 《중앙일보》 2014. 8. 13.

윤규식. 2013. "대내외적 혼란과 격변시기 보낸 북한군." 『북한』 제504호. pp. 36−47.

조관호. 2010. "군구조 개편과 국방인적자원관리 개혁 방향." 『국방정책연구』 제26권 제4호. 2010년 겨울.

주 한국 대만대표부. "2015년 대만은 징병제에서 모병제로." 2009. 7. 17. http://www.roc−taiwan.org/KR/ct.asp?xItem=99817&ctNode=1524&mp=207.

최종건·박창원. 2010. "방패와 창의 안보딜레마: 일본의 TMD 구축과 중국의 대응 역학관계를 중심으로." 『한국과 국제정치』 제36집 제3호. pp. 35−65.

통계청. 2011. "장래인구추계 2010−2060." 2011. 12. 7. http://kostat.go.kr/portal/korea/kor_nw/2/1/index.board?bmode=read&aSeq=252623

한국군사문제연구원. 2007. "2020과 연계한 예비전력 정예화 방안: 사회복무역 운용 전망 분석을 중심으로."

한국경제. "모병제 전환 가능한가." 2014. 8. 22.

한국보건사회연구원. 2011. "OECD 국가의 복지지표 비교 연구." 『정책연구자료 2011−01』. 2011년 4월.

한겨레. "대만 6년 내 완전 모병제 전환...대규모 감군." 2008. 7. 2.

홍길선. 2009. "국방개혁 2020과 연계한 군 인력충원과 국가 인적자원관리 발전에 관한 연구." 『産業과 經營』.

Bennet, Bruce W. 2013. "Preparing for the Possibility of a North Korean Collapse." Santa Monica. CA: RAND Corporation.

_____. 2006. "A Brief Analysis of the Republic of Korea's Defense Reform Plan." National Defense Research Institute. Santa Monica. CA: RAND Corporation.

Bennet, Bruce W. and Jennifer Lind. 2011. "The Collapse of North Korea: Military Missions and Requirements." *International Security.* Vol. 2, Issue 36. pp. 84–119.

Bush, George. 1991. *National Security Strategy of the United States 1991.* Washington D.C.: Brassey's.

Cordesman, Anthony H. and Ashley Hess. 2013. "The Evolving Military Balance in the Korean Peninsula and Northeast Asia." *A Report of the CSIS Burke Chair in Strategy.* June 2013.

Cordesman, Anthony H., and Martin Kleiber. 2013. "Chinese Military Modernization and Force Development." Washington, DC: Center for Strategic and International Studies.

Feith, Douglas J. 2004. "Strengthening US Global Defense Posture: Report to Congress." Department of Defense. September 17, 2004.

_____. 2003. "Transforming the US Global Defense Posture." Center for Strategic and International Studies.

Friedberg, Aaron L. 2011. "Hegemony with Chinese Characteristics." *The National Interest.* pp. 18–27.

Goldstein, Avery. 2013. "First things first: the pressing danger of crisis instability in US–China relations." *International Security.* Vol. 4, Issue 37.

IISS. 2014. "The Military Balance 2013."

Mearsheimer, John J. 2014. "China's unpeaceful rise." In Elman, Colin and Michael Jensen (Eds.). *Realism Reader.* New York: Routledge.

_____. 2001. *The Tragedy of Great Power Politics.* New York: Norton.

Ministry of Defense of Japan. 2014a. *Defense of Japan 2014.*

_____. 2013a. "Defense Programs and Budget of Japan."

_____. 2013b. "Medium Term Defense Program for FY 2014–2018."

_____. 2010. "National Defense Program Guidelines for FY 2011 and beyond."

_____. 2008. "Successful PAC–3 Flight Text." *Japan Defense Focus,* No.11 (October 2008).

Office of the Secretary of Defense. 2014. "Military and Security Developments Involving the People's Republic of China 2014." *Annual Report to Congress.* Washington D.C: U.S. Department of Defense.

Perry, J. William. 1995. *United States Security Strategy for the East–Asia Pacific.* Washington, DC: Department of Defense.

SIPRI. 2014. "SIPRI Yearbook 2014."

_____. 2013. "SIPRI Military Expenditure Database 2013."

경제–안보 연계전략 : 자유무역협정을 중심으로[1]

제4장

이승주

I. 서론

경제–안보의 연계라는 관점에서 볼 때, 동아시아 지역질서의 구성 원리는 다른 지역, 특히 유럽에 비해 독특하다. 유럽의 지역 아키텍처가 NATO라는 지역 안보 체제를 바탕으로 EU라는 지역 경제 체제가 안착되어 있는 반면, 아시아의 지역 아키텍처는 안보 체제와 경제 체제가 지역 차

1 이 논문은 다음에 게재된 것을 수정한 것임. 이승주. 2015. "경제·안보 연계와 동아시아 지역질서의 변화."『한국동북아논총』 제20집 4호.

원에서 형성되지 못하였다. 물론 냉전기 동아시아에 미국을 중심으로 한 '허브-앤-스포크' 안보 체제가 형성되었고, 이 체제의 영향력이 아직 유효하다는 점에서 지역 안보 체제가 부재했다고 말하기는 어렵다. 그러나 동아시아의 지역 아키텍처가 미국을 중심으로 한 양자 동맹의 네트워크적 성격이 강했고, 경제적 상호의존 역시 동맹국에 대한 시혜적 성격이 있었다는 점에서 지역 차원의 다자체제를 형성하였던 유럽과 차별적이었음을 부인하기는 어렵다.[2]

1990년대 냉전의 종식, 세계화의 진전, 중국의 부상 등 동아시아 지역 질서의 변화를 촉진하는 요인들이 속속 등장하면서 미국 중심의 경제-안보 연계체제에도 변화의 압력이 증가하기 시작하였다. 그 변화는 지역 경제 질서의 변화에서부터 시작되었다. WTO 체제의 충실한 지지자였던 동아시아 국가들이 1990년대 후반 일제히 양자 FTA 정책을 적극적으로 추진한 결과 동아시아에서 FTA가 급속하게 확산되었다. 동아시아 국가들이 FTA를 수용하고 추진한 것은 경제적 이해관계 뿐 아니라, 전략적 또는 외교안보적 요인이 함께 작용한 결과이다(Ravenhill 2010). 즉 동아시아 국가들이 FTA를 매개로 경제와 안보를 연계하는 현상이 나타나게 되었다.

이 글에서는 동아시아 국가들이 대외경제정책을 수립·실행하는 데 전략적 또는 안보적 요인을 통합시키는 방식을 검토하고자 한다(Mochizuki 2007). 기존 연구들은 동아시아에서 경제와 안보가 연계됨에 따라 지역 차

2 켄트 콜더(Kent Calder)는 동아시아 지역질서가 안보와 경제가 상호 분리된 '이원 체제'(two-track system)였다고 주장한다(Calder 2004). 이러한 지적은 역내 국가들 사이의 경제 관계와 안보 관계의 괴리가 1990년대 이후 점차 증대되었다는 점에서 일정한 설명력이 있으나, 동아시아 지역 아키텍처가 애초부터 경제와 안보를 분리하는 방식으로 형성되었다고 보기는 어렵다는 점에서 전면적으로 수긍하기는 어렵다.

원에서는 나타나는 변화를 설명하는 데 초점을 맞춘 반면, 이 연구는 동아시아 지역 질서의 형성과 관련하여 개별 국가들이 경제와 안보를 연계하는 방식을 설명하고자 한다. 이 글은 다음과 같이 구성된다. II에서는 동아시아 주요국들이 경제와 안보를 연계하는 동기와 유형을 설명하기 위한 이론적 관점들을 검토한다. III에서는 동아시아 지역 아키텍처를 설계 또는 재설계하는 데 커다란 영향을 미친 미국의 경제-안보 연계 전략을 고찰한다. IV에서는 FTA 경쟁과 중국의 부상에 직면하여 일본이 양자 및 거대 FTA를 통해 경제와 안보를 연계하는 방식을 분석한다. V에서는 한-미 FTA 사례를 중심으로 한국 정부가 경제와 안보를 연계하게 된 대내외적 요인을 검토한다. 마지막으로 결론에서는 동아시아 국가들의 경제-안보 연계 전략에 나타난 특징들을 바탕으로 이론적·현실적 시사점을 논의한다.

II. 이론적 논의: 경제-안보 연계의 동기와 유형

1. 경제-안보 연계의 이론적 배경

경제-안보 연계는 어떤 이론적 입장을 취하느냐에 따라 상당한 차이가 나타난다. 현실주의의 관점에서 보면 경제적 상호의존의 증가가 안보에 미칠 부정적 영향을 고려하여 경제-안보 연계에 대해 매우 신중한 입장을 취한다. 현실주의자들은 경제적 상호의존의 증대로 인해 발생하는 경제적 이득 자체는 인정하더라도, 그 장기적 효과에 주목한다. 즉 경제적 상호의존의 누적적 결과는 비대칭적 상호의존으로 나타날 가능성이 높으며, 궁극적으로 군사안보 위협과 전쟁의 가능성 증가로 귀결될 가능성이 높다는 것이다(Hirschmann 1945). 이러한 가능성을 감안할 때, 국가들은 경제적 상호의존의 증대에 신중해야 한다고 경고한다. 주로 동맹국들과 경제적 교환을 하는 것도 이러한 우려를 완화할 수 있는 하나의 방법이 된다(Gowa 1995). 더 나아가 국가는 필요할 경우 경제 영역에서도 균형을 추구하는 중상주의적 정책을 펼쳐야 한다고 주장한다.

반면, 자유주의자들은 경제적 상호의존의 증대가 안정과 평화를 촉진한다고 주장한다. 경제적 상호의존의 증대는 국가 간 민감성과 취약성의 증대를 초래하고, 이 때문에 국가들은 갈등이 있더라도 비군사적 해결을 우선 추구하게 된다는 것이다(Keohane and Nye 1973). 자유주의 계열의 연구들은 유럽이 이러한 자유주의적 전망을 실현한 대표적 사례라고 주장한다.

경제-안보 연계에 대해 이처럼 상반된 주장이 제기되듯이, 양자 사이의 관계에 대해 수많은 계량적 분석이 이루어졌으나 합의된 결론에 이르지 못하고 있다. 경제와 안보 사이에 명확한 인과 관계가 존재하는 것으로 보는 자유주의 계열의 연구들(Oneal and Russett 1999; Hegre 2004)이 있는가 하면, 양자의 상관관계가 취약하다는 점을 입증하는 연구들도 다수 있다. 최근에는 경제와 안보의 관계가 매우 복합적이어서 확정적 결론을 내리기가 용이하지 않다고 주장하는 연구들도 많다(Dorussen 1999; Polachek, Robst and Chang 1999; Mansfield 2003; Mansfield and Pevehouse 2000).

2. FTA와 경제-안보 연계

경제-안보의 연계는 탈냉전 시대의 도래와 함께 본격화되기 시작했다.

미국은 자국을 허브로, 동아시아 국가들을 스포크로 하는 전후 안보 체제는 신흥 강대국의 부상, 안보 기구의 지속적 위기, 비국가행위자의 부상 등으로 인해 유용성이 감소하게 되었다. 주요국들은 탈냉전 시대에 부합하는 전략적 협상의 새로운 유형을 모색하는 과정에서 경제-안보 연계 현상이 강화되기 시작했다(Wesley 2008).

경제-안보 연계는 일반적으로 경제 쟁점의 안보화 형태로 나타난다. 두 영역이 서로 분리된 채 별개로 존재하는 것이 아니라, 경제 쟁점이 광범위한 맥락의 안보문제로 포괄되면서 경제와 안보의 연계가 발생하는 것이다(Higgott 2004: 3). 이런 관점에서 볼 때, 1990년대 후반 이후 동아시아 국가들이 경쟁적으로 추진한 FTA는 경제와 안보의 연계가 시도된 대표적 사례이다. 아시아의 주요국들은 경쟁국이 FTA를 체결하는 데서 발생하는 부정적 영향을 상쇄하기 위해 FTA를 경쟁적으로 체결하는 한편(Baldwin 1993), 정치·외교·안보적 요인들을 FTA 정책에 반영하고 있다(Ravenhill 2008).[3] 일반적으로 FTA를 통한 경제-안보 연계는 안보 증진 또는 협력에 대한 보상처럼 동맹 강화, 세력균형의 수단, 지역질서 설계, 개도국의 경제개혁 지원 등을 들 수 있다(Aggarwal 2013; Katada, Solis, and Stallings 2009). 이처럼 동아시아 국가들이 FTA를 추진하는 과정에서 경제적 이해관계와 안보적 고려가 통합되는 FTA의 안보화(securitization) 현상이 대두되고 있다.

동아시아 국가들은 전략적, 안보적 요인을 FTA 정책에 통합하는 데 상당한 차별성이 발견된다. 경제-안보 연계의 관점에서 볼 때, 강대국들은

3 FTA 정책결정에 영향을 미치는 다양한 요인에 대해서는 Aggarwal 2006; Katada and Solis 2007 참조.

FTA를 경쟁국에 대한 균형정책을 펼치는 데 활용하는 경향이 있다. 미국이 잠재적으로 경쟁 관계를 형성할 가능성이 있는 중국과 FTA를 추진하지 않는 데도 외교안보적 요인이 반영되어 있다. 또한 중국과 일본이 양국 간 경제 관계가 지속적으로 심화, 확대되고 있음에도 불구하고 현재까지 중일 양자 FTA를 체결하지 않는 데는 안보에 미칠 영향을 우려한 것도 하나의 원인이 된다. 더 나아가 중국과 일본은 역내 국가들을 끌어들여 새로운 지역 아키텍처를 설계하고 상대국을 배제하려는 노력을 해왔다. 중국과 일본이 ASEAN과 FTA를 경쟁적으로 체결한 것이 이러한 움직임을 보여주는 대표적 사례이다.

또한 강대국들은 경제-안보 연계를 통해 제도적 네트워크를 구성하는 데 주력한다. 미국이 일찍이 1980년대부터 FTA를 활용하여 이스라엘 및 요르단 같은 핵심 동맹국과의 관계를 강화한 것이 이에 해당한다(Menon 2007). 미국이 이러한 경제-안보 연계를 시도한 데는 FTA가 동맹국의 경제 발전을 지원하는 효과가 있어 공산주의의 확장을 저지하고, 미국 경제와의 상호의존이 동맹국들로 하여금 전략적 재조정을 하는 비용을 증가시켜 동맹을 안정적으로 지속시키는 효과가 있다고 생각했기 때문이다.

반면, 약소국들은 배제의 공포와 안보 취약성 때문에 강대국과 FTA를 체결하는 데 적극성을 보이는 경향이 있다(Gruber 2000). 이 경우 지역 강대국에 포위된 약소국들은 역외 강대국과 FTA를 우선 추진한다. 지역 질서가 한 강대국에 의해 압도되는 상황을 원하지 않기 때문에 약소국들은 역외 FTA를 통해 강대국을 역내로 끌어들이려고 노력하는 것이다. 이를 통해 약소국들이 역내 강대국을 일정 부분 견제하는 간접적 효과를 기대할 수 있기 때문이다(Grieco 1997). 역내 강대국의 안보 위협이 고조될 경우, 약소국들은 심지어 더 많은 양보를 하더라도 역외 강대국과의 FTA를 신속하게 추진하게 된다.

동아시아 국가들이 FTA 추진 과정에서 경제-안보 연계를 추구하는 것은 중국의 부상으로 대변되는 지역 차원의 세력 전이에 대한 제도적 대응이라고 볼 수 있다. 중국이 군사력을 증강하고 공세적 외교 정책을 실행함에 따라 역내 긴장과 갈등의 수준이 높아지고, 주요 국가 간 분쟁 역시 증가하고 있는 것은 사실이다. 그러나 세력 분포의 변화가 지역 질서의 변화를 촉진하는 근본 원인이기는 하지만, 동아시아 주요국들이 이른바 하드파워 중심의 경쟁에만 의존하지는 않는다. 중국의 부상으로 촉발된 세력 분포의 급격한 변화에 직면한 동아시아 국가들은 중국에 대항하는 세력균형정책에 의존하기보다는 다양한 쟁점 분야와 수준의 제도적 틀 속에 중국을 끌어들여 제어하려는 시도를 하는 양상을 보이고 있다.

한편, 2010년 이후 동아시아 국가들이 TPP 및 RCEP과 같은 거대 FTA(mega FTA)로 정책의 중심을 빠르게 이동시키고 있는데 이는 경제안보 연계 현상이 더욱 강화되고 있음을 의미한다(Ravenhill 2009; Pempel 2010). 거대 FTA 협상의 진행은 경제적 효과의 창출은 물론 지역질서의 새판 짜기라는 의미를 갖기 때문이다. 거대 FTA에 나타난 경제-안보 연계가 동아시아 지역 협력의 제도화에 미치는 영향은 양면적이다. FTA를 통한 제도화된 협력은 안보에 대한 우려를 상당 부분 감소시키는 결과를 초래할 수 있다. 그러나 경제안보 연계현상의 근저에는 미국과 중국의 권력 변화와 그에 따른 지구적·지역적 차원의 새로운 아키텍처 수립을 위한 경쟁이 작용하고 있다(Tow 2009). 거대 FTA 협상의 대두 과정에서 발견되는 경제-안보 연계가 지역 제도의 동학에도 커다란 영향을 미치고 있는 것이다.

III. 미국의 경제-안보 연계 전략

아시아에서 경제-안보 연계를 주도한 국가는 미국이다. 전후 아시아 지역질서를 형성하는 데 미국의 영향력이 지대했다는 점은 부인할 수 없다. 미국은 전후 동아시아에 양자 동맹에 기반한 허브-앤-스포크(hub-and-spoke) 체제를 주도적으로 형성하였는데, 이는 자국 중심으로 경제와 안보를 연계하는 지역 질서를 수립하는 데 목적이 있었다. 이 체제는 자본주의 진영 대 사회주의진영의 대립과 경쟁이라는 국제정치적 맥락 속에서 아시아에서 자국 중심의 안보 체제를 유지해야 할 필요 때문에 만들어진 것이었다. 이때 미국의 경제-안보 연계 방식은 안보 체제의 유지를 위한 수단으로서 동맹국들과 어느 정도 우호적인 경제적 교환을 활용하는 것이었다. 즉 경제 이익이 안보 이익의 보조적 수단이었다는 점에서 이 시기 미국의 경제-안보 연계 전략은 '경제의 안보화'라는 성격을 보였다고 할 수 있다.

미국은 2000년대 초까지 이러한 체제를 근본적으로 변화시킬 필요성을 느끼지 못하였기 때문에 기존 체제를 유지하는 데 주력하였다. 그러나 냉전의 종식과 중국의 부상 등 미국의 경제-안보 연계 전략에 변화를 초래하는 요인들이 등장하였다. 냉전구조의 붕괴로 이념과 체제 경쟁을 전제로 형성되었던 허브-앤-스포크 체제는 탈냉전과 세계화의 가속화로 인해 진영을 넘어선 경제적 상호의존이 증가하면서 유용성이 감소하기 시작하였고, 미국으로서는 새로운 경제-안보 연계 전략이 필요하게 되었다. 탈냉전 시대에 경제와 안보를 유기적으로 연계하여 전통적인 동맹과의 관계를 효과적으로 관리함으로써 자국의 국익을 증진시킬 필요성이 증가한 것이다 (Mastanduno 1998).

중국의 부상은 미국이 아시아 지역 질서를 새롭게 설계해야 할 결정적 계기로 작용하였다. 탈냉전 및 세계화와 같은 시기에 중국의 부상이 본격화되면서 대다수 동아시아 국가들의 대 중국 경제 의존도는 빠른 속도로 증가하게 되었다. 그 결과 전통적인 미국의 동맹국들이 전통적인 우방인 미국과의 동맹 관계를 유지하는 가운데 중국과의 경제적 상호의존을 증대시키는 이원적 형태를 갖게 되었다. 또한 중국이 WTO 가입 이후 지역 질서의 재편에 관심을 갖고 다자주의적 전략을 구사함에 따라, 미국이 이에 대한 지역 차원의 대응을 실행해야 할 필요성이 증대되고 있었다.

미국의 새로운 경제-안보 연계 전략은 1990년대 후반 FTA를 통해 드러나기 시작했다. 미국은 NSC(국가안전보장회의) 주도하에 관계부처 간 협의를 거쳐 FTA 상대국을 선정하는 6가지 기준을 공표한 바 있다. 그 기준은 (1) 교역능력, 정치체제 및 법체계의 성숙도를 포함한 FTA 준비 정도 및 개혁 실행의 의지, (2) 경제적 효과, (3) 미국의 통상목표인 무역자유화에 대한 지지 정도, (4) 미국 외교정책 및 대외경제정책과의 보완성, (5) 의회 및 민간 부문의 지지도, (6) (FTA 협상을 하는데 있어서 제기되는 시간과 인력 등) 자원의 제약이다. 이처럼 미국은 FTA를 추진하는 데 있어 (상대국이) '미국의 대외 및 경제 정책 상의 이해에 부합'되어야 함을 분명히 하고 있다(U.S. General Accounting Office 2004).

미국이 동맹국에 경제적 또는 외교적 보상을 제공하는 수단으로서 FTA를 활용한다는 것은 익히 알려져 있다. 미국이 전략적으로 중요한 국가들인 이스라엘 및 요르단과 1980년대 FTA를 체결한 것이 대표적 사례이다. 미국 FTA 정책의 안보화는 9/11 사태 이후 아시아에서도 강화되기 시작하였다. 싱가포르 정부가 군사 시설 활용을 허용한 데 대한 보상이라는 점에서 미국-싱가포르 FTA는 동아시아에서 안보화된 FTA의 전형적인 사례이다(Pang 2007). 미국은 아시아의 주요 동맹국들과 FTA를 체결함으로써 기존 '안보 동맹'을 '포괄 동맹'으로 확대, 심화하는 한편, 아시아 지역에 관여할 수 있는 제도적 통로를 확보하려 했던 것이다.

2000년대 후반부터 미국은 TPP와 같은 거대 FTA 추진 과정에서 경제와 안보를 더욱 적극적으로 연계하는 경향을 보이고 있다. 여기에는 중국의 부상에 대한 전략적 대응이라는 의미가 있다. 2000년대부터 가속화되고 있던 중국의 부상은 2008년 글로벌 금융위기를 계기로 가시화되었다. 하드파워 측면에서 중국은 경제력이 미국과 일본의 경제력을 빠르게 따라잡으면서 이를 경계하는 목소리가 고조되었다. 우선 GDP를 기준으로 한 중국과 일본의 경제력이 2010년 역전되면서 일본 내에서 대 중국 견제의 필요성을 역설하는 견해가 강화되었다(*Bloomberg* 2010/8/16). 더욱이 2014년 GDP PPP를 기준으로 한 미국과 중국의 경제력 역전이 발생하면서 중국의 부상과 미국의 상대적 퇴조는 더 이상 가능성이 아니라 현실이 되었다(International Monetary Fund 2014). 2000년대 후반 글로벌한 차원에서는 미국과 중국, 동아시아 차원에서는 중국과 일본의 세력전이가 지속적으로 전개되었다. 글로벌 금융위기는 이러한 저변의 변화를 표면화시키는 중요한 계기가 되었다.

중국의 부상이 미국에게 더욱 심각하게 다가왔던 것은 자국 하드파워의 상대적 퇴조가 표면화되었다는 것보다, 제2차 세계대전 이후 세계경제질서를 지탱했던 제도적 배열과 이념적 기반에 대한 정당성이 상당히 훼손되었기 때문이다. 중국이 글로벌한 차원에서 BRICS 중심의 New Development Bank(NDB)와 아시아 지역 차원에서 역내외 47개국이 참여하는 Asia Infrastructure Investment Bank(AIIB) 창설을 주도하는 등 중국은 기존 세계경제질서를 유지하고 있는 주요 제도들에 대한 대안을 적극 모색하고 있다("AIIB launch signals China's new ambition," *Financial Times*, 2015/6/29).

이와 함께 중국은 미국의 소프트파워에 대한 도전도 함께 전개하고 있다. 미국이 1980년대 이후 개도국들에 이식하고자 다각적으로 노력했던 워싱턴 컨센서스(Washington consensus)가 글로벌 금융위기를 계기로 정당성의 위기를 겪으면서 중국은 베이징 컨센서스를 적극 추진하였다. 중국이 2000년대 들어 사회주의체제와 자본주의적 경제발전의 공존 가능성을 내용으로 한 이른바 베이징 컨센서스(Beijing consensus)를 제시하면서 미국과 중국의 소프트파워 경쟁은 글로벌 차원과 지역 차원에서 본격화되기 시작했다(Kurlantzick 2007; Lampton 2005). 2000년대 들어서면서 동아시아 지역질서의 안정에 대한 관심이 고조되면서, 중국은 지역 차원의 다자주의가 중국의 국익에 부합한다는 점을 인식하기 시작했다(Wu 2009). 이 과정에서 중국은 ASEAN 국가들에 대해 매력공세를 펼쳐 FTA를 적극적으로 체결하고, ASEAN+3를 기반으로 한 지역통합에 대한 선호를 반복적으로 밝힌 바 있다.

중국의 부상에 대한 미국의 아시아 전략은 하드파워와 소프트파원 차원의 대응을 병행하는 형태로 나타나게 되었다. 즉 미국은 한국, 일본, 호주 등 아시아 국가의 기존 동맹 관계를 강화하는 한편, 보편적 가치에 입각한 이념과 정책을 아시아 지역에 확산시키고 아시아 국가들과의 제도적 연계를 통해 중국을 견제하는 노력을 병행하였다. 바로 이 지점이 미국의 새로운 경제-안보 전략이 형성되는 지점이다. 미국이 아시아 국가들과 제도적 연계를 통해 경제 관계를 강화하는 동시에 군사적 재배치를 통해 동맹관계도 강화함으로써 중국에 대한 견제를 효과적으로 실행하고자 하였던 것이다.[4]

오바마 행정부의 이러한 접근은 아태 지역 정책의 핵심축인 재균형정책으로 압축되었다. 재균형정책은 미국이 더 이상 역외 이해관계자(offshore stakeholder)나 역외 리더십(offshore leadership)을 행사하기 위해(Mearsheimer 2014), 아시아 지역에 대한 제도적 관여의 직접적인 통로를 확보한다는 의미가 있다(Sahashi 2012). 이런 면에서 한-미 FTA와 TPP는 미국 재균형정책에서 핵심적 위치를 차지하였다.

오바마 정부의 재균형정책은 미국의 새로운 경제-안보 연계 전략을 상징한다. 국무장관 힐러리 클린턴(Hillary Clinton)이 아시아의 개방된 시장을 유지하는 것은 미국에게 투자, 무역, 기술면에서 유례없는 기회를 제공할 것이며 미국의 경제 회복이 중국을 포함한 아시아에 대한 수출에 달려 있다고 설파한 것도 재균형정책의 경제적 측면을 강조한 것이다(Clinton 2010). 한편 미국은 재균형정책을 통해 아시아태평양 지역의 새로운 아키텍처를 설계함으로써 중국의 부상을 간접적으로 견제하는 역할을 기대하고 있다. 즉 재균형정책을 통해 미국은 아시아 지역 질서를 재설계함으로써 중국과의 경쟁과 협력이라는 양면 전략을 펼치려고 시도하였다. 그 결과 재균형정책에서는 군사적 측면 못지않게 제도적, 경제적 요소가 강조되고 있다. 재균형정책의 6가지 행동 수단(lines of action) 가운데 세 가지—중국을 포함한 부상하는 국가들과의 관계 심화, 지역 다자제도에의 참여, 무역과 투자 확대—가 경제적 또는 제도적 차원의 대응인 것도 이 때문이다. 그만큼 재균형정책은 일차원적 정책이 아니라 다양한 정책 요소들을 체계적으로 연계함으로써 아시아태평양 지역 질서를 재설계하는 데 목적이 있다고 할 수 있다(Miller and Nadau 2014).

4 중국의 부상에 따른 동아시아 국가들의 연성균형 전략에 대해서는 Pempel 2010 참조.

이러한 관점에서 볼 때, 미국은 재균형정책의 핵심 수단 가운데 하나인 TPP의 전략적 측면을 강조하는 것은 새로운 경제-안보 연계 전략이라고 할 수 있다(US State Department 2013). 즉 미국은 TPP를 순수하게 경제적 이익을 넘어 미국의 군사안보적 고려와 긴밀하게 연계한 것으로 보인다(Frenzel 2013). 2014년 4월 애쉬턴 카터(Ashton Carter) 미 국방장관이 'TPP의 타결은 미국이 또 하나의 항공모함을 갖는 것과 같다'고 언명한 바 있듯이(*New York Times* 2015/04/06), TPP에 나타난 경제-안보 연계는 최근 더욱 강화되고 있는 것으로 보인다.[5]

IV. 일본의 경제-안보 연계 전략

일본은 전후 상당 기간 동안 주변국들의 의구심 때문에 경제력 영향력에 걸맞은 전략적 역할을 수행하는 데 한계를 드러내고 있었다. 일본은 1960년대 이후 무역의 확대는 물론, 원조 및 기타 다양한 방식으로 동아시아 국가들과의 경제 관계를 지속적으로 확대, 심화시켰다. 더욱이 플라자 합의(Plaza Accord)가 체결된 1986년 이후 일본은 동남아시아 지역을 중심으로 생산 네트워크를 형성함으로써 일본과 아시아 국가들 사이의 경제적 유대는 더욱 강화되었다. 그럼에도 불구하고 일본은 주변국의 불신을 근본적

5 TPP와 같은 미국의 거대 FTA 정책은 지역 또는 지구적 차원의 새로운 질서와 거버넌스를 형성하는 데서 유리한 위치를 점하려는 전략적 고려가 반영되어 있다(USTR 2014).

으로 해소하는 데 성공하지 못하였을 뿐 아니라, 아시아 국가 중심의 지역주의의 형성에 우려를 표명하던 미국과의 관계 때문에 동아시아 지역 질서를 주도적으로 형성하는 데 한계를 드러냈다. 일본이 1990년대 초까지 동아시아 지역질서의 형성과 관련 이면의 리더십(leadership from behind)을 행사하는 데 만족했던 것은 이러한 사정 때문이었다(Doner 1997).

이 시기 일본의 지역주의전략은 때로는 경제적 이익을 안보 이익에 우선시키는 독특한 경제-안보 연계 전략을 실행하는 경향을 보였다. 전후 일본이 군사 안보를 넘어선 기술경제적(technoeconomic) 안보 이익을 외교정책의 근간으로 삼아왔다는 지적이 이루어지는 것은 이 때문이다. 즉 에릭 헤긴보섬과 리처드 사뮤엘스(Eric Heginbotham and Richard Samuels)에 따르면, 전후 일본은 안보적 차원의 균형정책보다는 경제적 차원의 균형정책을 더욱 충실하게 이행했다(Heginbotham and Richard Samuels 1998: 171).

그러나 1990년대 후반 이후 중국의 부상이 가시화되면서 일본이 처한 전략적 환경은 빠르게 변화하고 있었다. 중국이 동아시아 국가들과의 관계를 개선하는 데 적극성을 보이고, 추진 방법 면에서도 유화적인 방법과 다자주의적 접근을 수용하는 경향을 보이면서 지역질서를 형성하는 데 주도권을 행사하려는 의도를 본격적으로 드러내기 시작한 것이다.

이러한 상황에서 일본은 FTA를 통해 경제와 안보를 연계하는 전략을 구사하였다. 일본 FTA 정책에 나타난 경제-안보 연계의 요체는 자국 기업에 경쟁 우위를 확보할 수 있는 기회를 제공하고 새로운 무역 규칙을 제정하는 한편, 일본의 역내 영향력을 증대하는 것과 같은 정치외교적 목표를 동시에 달성하는 것이다(Pekkanen, Solis and Katada 2007). 1990년 후반 이래 일본의 경제-안보 연계의 핵심은 동아시아 지역질서를 형성하는 데 주도적 영향력을 행사함으로써 중국과의 경쟁에서 우위를 점하려는 데 있다. 이러한 차원에서 일본은 싱가포르와 최초의 FTA를 체결한 이래 동아시아 국가들과 FTA를 적극 추진했다. 일본이 FTA를 처음 추진하던 시점에서 일본 정부 내에는 두 가지 견해가 대립하고 있었다. 경제적 이익 뿐 아니라 전략적 의미를 내포한 동아시아 국가들과의 FTA를 우선 추진하자는 그룹과 NAFTA 체결 이후 미국 시장에서 악화되고 있는 일본 기업의 수출 경쟁력을 조속히 회복하기 위해 멕시코와 FTA를 서둘러야 한다는 그룹 사이의 대립이 그것이다. 일본은 멕시코와의 FTA 체결에서 나타나듯이 FTA 초기 단계부터 횡지역주의적 FTA를 적극 추진하였지만, 이는 아시아 지역주의로 복귀하기 위한 수단적 성격이 강한 것이었다(Solis 2007). 일본이 역외 국가들과의 FTA를 체결하였더라도 그것은 어디까지나 역내 동아시아 국가들과의 FTA를 체결하기 위한 전초전의 성격이 강했던 것이다.

이러한 배경에서 일본은 싱가포르와의 FTA 체결 이후 동아시아 지역주의 형성 과정에서 주도권을 행사하기 위한 전략적 필요성으로 인해 말레이시아(2005년), 필리핀(2006년), 브루나이(2007년), 인도네시아(2007년) 등 동남아시아 국가들과의 FTA를 연쇄적으로 체결했다. 다만 일본이 동아시아 개별 국가들과의 FTA를 추진하는 것은 농업 등 정치적 영향력이 강한 분야의 반발을 최소화하기 위한 것이었다. 이는 중국과의 경쟁에서 우위를 점한다는 외교안보적 고려를 FTA에 연계하되, 국내 반발을 최소화하기 위한 방안을 찾기 위해 고심한 결과이다(이승주 2009).

그러나 중국이 ASEAN과의 FTA를 먼저 체결한 것은 일본 FTA 전략에 커다란 변화를 초래하였다. 일본은 동남아시아 국가들과 FTA를 체결하는 데 있어서 개별 국가와의 FTA를 추진하던 기존 전략을 수정하여, ASEAN과 FTA를 체결하는 전략으로 선회하였다. 물론 2008년 12월 베트남과 양자 FTA를 체결하였듯이, 일본이 동남아 국가들과의 양자 FTA 전략을 포기한 것은 아니다. 다만, 정책적 우선순위에서 일본이 ASEAN과의 FTA를 서두르게 된 것은 동아시아에서 향후 전개될 중국과의 주도권 경쟁을 고려하였기 때문이다.

FTA를 통한 일본의 경제-안보 연계 전략은 2010년 이후 새로운 변화를 나타낸다. FTA를 적극 추진했음에도 불구하고, 일본은 FTA의 수준과 FTA 교역 비중 등의 면에서 한국 및 싱가포르와 같은 역내 경쟁국에 뒤처지는 상황에 직면하게 되었다. 일본이 TPP 및 RCEP과 같은 거대 FTA에 적극적인 관심을 표명하게 것은 양자 FTA 경쟁에서 뒤처진 상황을 일거에 만회하기 위함이다. 일본 정부는 양자 FTA로는 미국, EU, 중국 등 주요국과 FTA를 체결한 한국, 싱가포르와의 경쟁에서 이기기 어렵다는 판단 하에, 거대 FTA에 참여함으로써 동아시아에서 FTA 경쟁의 구도를 근본적으로 변화시키려고 하였다. 그런 점에서 일본의 TPP 협상 참가는 동아시아의 FTA '게임 체인저(game changer)'라고 할 수 있다(Sohn 2015).

물론 일본이 거대 FTA를 추진한 데는 양자 FTA로 인한 '누들볼(noodle bowl)' 효과를 개선하고, 동남아 지역에 형성된 생산 네트워크를 효과적으로 활용하려는 경제적 동기가 작용하였다(Baldwin 2008). 2000년 이후 동아시아 국가들이 다수의 FTA를 중복적으로 체결함으로써 원산지 규정을 비롯하여 상호 정합성을 결여한 FTA가 양산되었다. 특히 동남아 국가들과 개별 FTA를 다수 체결한 일본은 누들볼 효과로 인한 문제가 더 심각할 수밖에 없었다.[6] 이러한 관점에서 볼 때, 양자 FTA를 다자화하는 거대 FTA를

6 이에 반해 미국의 경우 동아시아 국가들과 체결한 개별 FTA의 수가 상대적으로 적기 때문에 누들볼 효과가 TPP를 촉진한 직접적인 요인이라고 보기 어렵다는 견해도 있다. 이에 대해서는 한인택(2013) 참조.

추진할 동기는 분명하다(Ravenhill 2009).

일본이 TPP 협상에 참여한 것은 경제적 동기 못지않게 전략적 동기가 작용한 결과이다. TPP의 추진은 역내에서 점증하는 중국의 경제적, 외교적 영향력을 제도적으로 견제하려는 일본 정부의 의도가 반영된 것이었다(Auslin 2012). 즉 일본은 TPP 협상 참가를 통해 미국의 재균형정책에 적극적으로 반응하는 한편, 중국과 동아시아 지역질서의 형성을 둘러싼 경쟁과 협력의 이중 동학 과정에 돌입하게 되었다. 일본의 TPP 협상 참가 선언이 미국으로부터 '미-일동맹이 일본 외교정책의 핵심으로 복귀하였다'는 긍정적인 평가를 이끌어낸 것은 전자의 사례이다.

한편, 일본은 TPP 협상 참가를 계기로 중국과 경쟁과 협력의 양면적 관계를 형성하게 되었다. 우선, 일본의 TPP 협상 참가는 중국이 전통적으로 선호하는 지역 아키텍처의 근간인 'ASEAN+3'에 기반하지 않기 때문에 중국과 갈등이 고조되는 것은 불가피했다. 중국 상무부 장관 첸드밍(陳德銘)이 일본의 TPP 참여가 동아시아의 다른 형태의 협력의 진전에 영향을 준다면 허용되어서는 안 될 것"이라고 강력 주장한 것은 TPP가 미칠 동아시아 지역질성에 대한 부정적 효과에 대한 우려 때문이다. 더 나아가 중국은 미국과 일본이 주도하는 TPP에 대응하여 '지역경제일체화'의 필요성을 역설했다. 아시아태평양지역을 지리적 범주로 한 TPP가 아니라, 역내 국가간 경제적 관계를 더욱 긴밀하게 반영하는 자유무역지대를 우선 추진해야 한다는 것이다. 그리고 RCEP이 역내 무역 자유화는 물론 지역경제일체화에 더 중요한 단계라는 것이 중국 정부의 입장이다. 더욱이 2012년 11월 원자바오(溫家宝) 총리가 '개별 국가의 발전수준에 적합한 경로를 선택해야 한다'고 역설한 것은 미국을 배제한 RCEP에 대한 중국의 선호를 분명히 한 것이었다.

일본이 참가 결정을 한 TPP가 중국의 지역 구상인 ASEAN+3을 벗어난 것이라는 점에서 중국과 일본의 갈등의 가능성이 고조되었다. 'ASEAN+1' 형태의 FTA를 기초로 일본과 한국을 끌어들여 자국 중심의 지역 아키텍처를 형성하려던 중국의 구상은 상당한 차질을 빚게 된 것이다. 반면, 중국이 TPP에 대한 반대를 강화하는 과정에서 RCEP을 수용하였다는 것은 중국과 일본 사이에 동아시아 지역 협력과 관련한 협력적 측면이라고 할 수 있다. 중국이 과거 자신이 가장 선호하던 ASEAN+3에 대한 견고한 입장을 완화하여 인도, 오스트레일리아, 뉴질랜드를 포함하는 ASEAN+6에 기반을 둔 RCEP를 수용한 것이다. ASEAN+6가 일본이 전통적으로 선호했던 지역 구상이었다는 점을 감안하면 중국은 일본과 지역 질서의 지리적 범위에 대해 타협하는 한편, 미국을 배제하는 구상에 대한 선호를 더욱 분명해 했다고 할 수 있다(이승주 2012).

V. 한국의 경제-안보 연계 전략

FTA를 매개로 한 한국의 경제-안보 연계 전략은 노무현 정부와 이명박 정부의 FTA 정책에서 뚜렷하게 드러난다. FTA에 안보 논리가 부가되는 경제-안보 연계 현상이 극명하게 나타난 대표적 사례는 한-미 FTA이다. 경제-안보의 연계 현상이 나타나는 이유는 FTA에 대한 찬성과 반대가 확립되지 않고 매우 가변적인 국내 정치 상황과 관련이 있다.

FTA를 둘러싼 국내의 정치적 지형은 매우 가변적이다. FTA와 관련한 주요 행위자들의 정책선호가 적정 수준에서 체계적으로 집약되지 못하고,

개별 행위자 수준에서 의사가 표출되기 때문이다. 주요 행위자들의 의견이 오랜 기간에 걸쳐 원활하게 조정되지 못하고 단기간에 급작스럽게 표출되기 때문에, 그들의 정책선호 표출이 과격한 형태를 띠거나 과도하게 정치화되는 경향이 있는 것이다. 한–미 FTA와 관련한 여러 여론조사의 결과를 보면 이러한 가변성이 잘 나타난다. 한–미 FTA에 대한 일반국민들의 지지의사는 협상 출범부터 재협상의 타결까지 등락을 거듭하는 양상을 보였다(리얼미터 2006/7/12). 2차 협상 이후인 2006년 7월 12일 실시된 여론조사에서 한–미 FTA에 대한 찬성과 반대가 각각 30.4%와 52.3%로 반대가 과반을 넘는 결과가 나타났다(리얼미터 2007/3/1). 그러나 3차 협상 이후인 2007년 3월 13일의 여론조사에서는 찬반이 거의 대등한 38.1%와 34.5%로 변화했다. 최종협상 타결 이틀 전인 2007년 3월 28일의 여론조사에는 찬성 50%, 반대 36.3%로 다시 변화했다(리얼미터 2007/3/28). 2010년 12월 6일 재협상 타결 이후 실시된 여론조사에서는 재협상이 잘한 것이라는 사람의 비율과 잘못한 것이라는 사람의 비율이 각각 38.5%와 46.2%로 나타났다(리얼미터 2010/12/6).

한–미 FTA에 대한 국회의 비준에 대한 여론조사 결과도 이와 유사한 경향을 보였다. 2008년 1월 30일 실시된 여론조사에서는 국회비준이 시급하다고 의사를 밝힌 사람과 그렇지 않다는 사람의 비율이 각각 53.5%와 25.9%로 찬성 비율이 압도적으로 우세한 것으로 나타났다(리얼미터 2008/1/30). 그러나 불과 네 달 뒤인 2008년 5월 13일 조사에서는 찬반 비율이 28.3%와 55.4%로 오히려 반대의사가 과반을 넘었다(리얼미터 2008/5/13). 그러나 재협상이 타결된 2010년 12월 6일에는 다시 변화하여 찬반 비율이 각각 43.7%와 26.9%로 나타났다(리얼미터 2010/12/6). 이처럼 한–미 FTA 협상 뿐 아니라, 국회 비준에 대해서도 찬성과 반대가 반복적으로 변화하는 현상이 나타났다.

FTA에 대한 찬반이 경제적 이해관계를 기반으로 하여 안정적으로 형성되지 않기 때문에, 정부는 경제적 쟁점과 안보적 고려를 연계하여 대외협상을 신속하게 추진하려는 동기를 갖게 되었다. 안보화의 논리는 두 가지 차원에서 제시되었다. 첫째, 노무현 정부는 급변하는 역내 환경과 그에 대한 전략적 대응의 필요성을 한-미 FTA의 조속한 추진 근거로 제시했다. 북핵문제와 같은 안보 환경의 변화는 물론, 중국과 일본 사이에 낀 한국의 경제적 위치가 한국의 전략적 위치를 취약하게 만들고 있다는 것이었다. 노무현 정부는 한-미 FTA를 추진하면서 경제적 효과에만 주목하는 데서 벗어나 한-미동맹, 더 나아가 동아시아에서 한국의 위상에 미치는 긍정적 영향과 연계하였다. '개방형 통상국가'의 실현을 위해 국가전략 차원에서 FTA를 추진해야 한다는 것이었다. 이러한 배경에서 한-미 FTA가 새로운 대안으로 부상했다.

노무현 정부는 출범 당시부터 동북아경제중심 구상을 의욕적으로 천명한 데서 나타나듯이, FTA 정책의 지역적 초점을 동북아에 맞추고 있었다. 동북아시대가 경제 발전에 기초한 번영의 공동체를 이룩하고, 이를 통해 세계의 번영에 기여할 것이라는 주장이 그것이다. 한국은 궁극적으로 동아시아 경제 통합을 지향하며, 이 과정에서 동북아의 물류와 금융의 중심지로 도약한다는 것이다. 노무현 정부는 초기 동북아경제중심구상을 정책 상위 목표로 설정하고, FTA를 이러한 목표를 실현하기 위한 수단으로 채택하였다. 김대중 정부가 지역 협력의 범위를 동아시아로 설정하였던 것과 비교할 때, 노무현 정부의 FTA 정책의 지역적 범위가 동북아로 축소되어 재구성된 것이다.

국내외의 부정적 반응에 직면한 노무현 정부의 지역주의 구상은 2004

년 이후 변화하기 시작하였다. 이러한 변화의 근저에는 동북아 공동 번영이라는 목표가 평화 구축으로 이어지기 어려운 현실이 작용하였다. 즉 북핵문제의 미해결, 9·11 이후 미국이 수행한 테러와의 전쟁의 영향 등 동북아 안보의 긴장 요인이 여전히 계속됨으로써 동북아의 공동 번영을 통한 평화 구축이라는 과제가 현실적으로 한계를 드러냈다. 이에 따라, 2004년부터 노무현 정부의 지역 협력 구상의 초점이 동북아경제중심에서 동북아 협력으로 선회하였다. 2004년 9월 외자 유치 업무는 각 부처로 이관되고, 2005년 3월 기타 업무는 국민경제자문위로 이관되는 조정을 거쳐 동북아시대위원회의 업무 영역은 안보정책 기획 업무로 국한되었다. 그 결과 동북아 중심의 지역 협력 구상은 사실상 포기 상태에 이르렀고, 노무현 정부는 새로운 형태의 FTA 정책으로 선회한다. 그것은 '개방형 통상국가'의 실현을 위해 국가전략 차원에서 FTA를 추진해야 한다는 것이었다.

둘째, 노무현 정부는 한-미 FTA의 체결은 한국과 미국 간 경제동맹 뿐 아니라, 미국과의 포괄동맹을 형성하는 데 매우 긴요하다고 보았다(Sohn and Koo 2011). 이러한 배경에서 한-미 FTA가 새로운 대안으로 부상했다. 정부는 한-미 FTA의 체결은 한국과 미국 간 경제동맹 뿐 아니라, 미국과의 포괄적 동맹을 형성하는 데 매우 긴요하다고 보았다. 포괄동맹의 논리는 한국과 미국 양측에서 모두 전개되었다(Sohn and Koo 2011). 한국 정부는 한-미 FTA는 북핵문제와 미군기지 이전 문제로 인한 한-미관계의 긴장을 해소하고, 중국의 부상 및 9·11 이후 등 증대하는 전략적 불확실성에 효과적으로 대처할 수 있는 수단이 될 것이라고 설파했다. 특히 한-미 FTA는 미국이 동아시아에 자국의 영향력을 확대할 수 있는 중요한 제도적 기반을 제공한다는 점에서 증대하는 중국의 영향력을 견제하는 방안이 될 수 있다고 주장했다.

한-미 FTA가 "냉전시대 군사동맹을 대체하는 새로운 물질적 토대를 제공하여" 한층 성숙한 한-미관계를 열어나가는 초석이 될 것이라는 주장이다. 더 나아가 유일 초강대국이자 신뢰할 수 있는 동맹국인 미국과의 FTA를 통한 동맹 강화는 증대하는 동아시아의 전략적 불확실성 속에서 한국이 북한을 포함한 주변국들과의 관계를 적극적으로 형성하고, 지역협력을 주도하는 데 도움이 될 것이라는 주장이었다(이동휘 2006). 이처럼 한-미 FTA의 추진 과정에서 경제적 이득에 대한 논의를 벗어나 안보적 함의가 추가되는 경제안보 연계 현상이 대두되었다.

미국의 입장에서도 미주 밖의 지역에 있는 국가와 사실상 처음으로 자국의 경제적 이해관계를 모두 충족시키는 FTA를 체결할 뿐 아니라, 동아시아에 대한 자국의 경제적·정치적 영향력을 증대시키는 계기를 마련할 수 있다는 점에서 한-미 FTA는 매우 중요했다(Schott 2010). 특히 한-미 FTA는 일본 등 다른 동아시아 국가들이 미국과 FTA를 추진하게 하는 '도미노 효과'를 기대할 수 있는 전략적 의미를 내포하고 있었다(Manning and Manyin 2007).

미국과 같이 한국에 특수한 의미를 갖는 국가와 FTA를 체결하는 데 있어서 안보적 고려가 이루어지는 것은 어쩌면 당연한 일이다. 그러나 FTA의 안보화 자체보다는 안보화 과정에서 문제가 나타났다. 특히 FTA를 매개로 경제-안보의 연계는 한-미 FTA에 대한 정치 역학을 바꾸는 계기로 작용했다. FTA에 안보적 요인이 추가된 것은 한-미 FTA의 경제적 효과에 대한 논란이 격화되었기 때문이다. 경제적 효과에 대한 의문이 제기되면서 한-미 FTA를 추진할 부가적 논리로 등장하였다. 그러나 FTA와 안보의 성급한 연계는 장점에도 불구하고 혼란을 야기하는 결과를 초래했다. 한-미 양국의 특수 관계를 고려하여 경제적 이득은 다소 양보해도 좋다는 것인지,

반대로 특수 관계인만큼 미국으로부터 추가적 양보를 기대할 수 있다는 것인지 매우 불분명하였다.

한-미 FTA에 안보 논리가 도입되자 치열한 논쟁이 전개되었다. 미국이 유일 초강대국으로서 상대적으로 신뢰할 수 있는 동맹국으로, 한-미 FTA를 통한 동맹의 강화가 증대하는 동아시아의 전략적 불확실성 속에서 한국이 북한을 포함한 주변국들과의 관계를 적극적으로 형성하고, 지역협력을 주도하는 데 도움이 될 것이라고 보았다(이동휘 2006). 이런 점에서 한-미 FTA는 "냉전시대 군사동맹을 대체하는 새로운 물질적 토대를 제공하여" 한층 성숙한 한-미관계를 열어나가는 초석이 될 것이라고 주장했다(구해우 2006).

한편, 비판적인 측에서는 한-미 FTA가 FTA 로드맵은 물론 '동북아 경제 중심 국가 건설' 구상과 일관성을 결여하고 있다고 주장했다. 노무현 정부가 공표한 거대선진경제권과의 FTA 추진전략에 따르면, 한-미 FTA는 일본, 중국과의 FTA 이후에 추진하도록 설정되어 있었다. 이를 포기하고 한-미 FTA를 우선 추진한 것은 FTA 로드맵의 전반적인 구상과 배치된다는 것이다(김양희 2008). 또한 노무현 정부 초기의 국정 목표인 '동북아 경제 중심'을 실현하기 위해서는 한-일 FTA, 한-중 FTA, 한-중-일 FTA, 동아시아 FTA의 순서로 체결하여야 하며, 한-미 FTA는 이러한 구상을 실현하는 데 장애가 된다고 주장했다. 보다 근본적으로는 미국과 중국의 향후 관계가 설정되지 않은 상태에서 한-미 FTA를 통해 미국과 동맹을 강화하는 것은 한국에 불리한 요소로 작용할 가능성이 있다는 것이다.

이처럼 한-미 FTA의 추진 과정에서 경제적 이득에 대한 논의를 벗어나 안보적 함의가 추가되는 안보화 과정을 거쳤다. 미국과 같이 한국에 특수한 의미를 갖는 국가와 FTA를 체결하는 데 있어서 안보적 고려가 이루어지는 것은 어쩌면 당연한 일이다. 그러나 FTA의 안보화 자체보다는 안보화 과정에서 문제가 나타났다. 특히 FTA의 안보화는 한-미 FTA에 대한 정치 역학을 바꾸는 계기로 작용했다. FTA에 안보적 요인이 추가된 것은 한-미 FTA의 경제적 효과에 대한 논란이 격화되었기 때문이다. 경제적 효과에 대한 의문이 제기되면서 한-미 FTA를 추진할 부가적 논리로 등장하였다. 그러나 FTA와 안보의 성급한 연계는 장점에도 불구하고 혼란을 야기하는 결과를 초래했다. 한-미 양국의 특수 관계를 고려하여 경제적 이득은 다소 양보해도 좋다는 것인지, 반대로 특수 관계인만큼 미국으로부터 추가적 양보를 기대할 수 있다는 것인지 매우 불분명하였다. 주로 경제적 이익을 중심으로 찬성과 반대가 형성되었던 이전의 상황과 달리, 한-미 FTA가 안보화되면서 찬성과 반대 진영도 이념화의 과정을 거치게 된 것이다. 이익의 찬반 구조에 이념의 찬반 구조가 더해짐으로써 한-미 FTA를 둘러싼 정치적 지형은 더욱 복잡하게 되었다. FTA의 안보화는 구체성을 상실한 채, 상황에 따라 논리가 변화하는 현상이 초래된 것이다. 더욱이 현재의 통상 거버넌스에는 FTA의 안보화를 효과적으로 관리할 수 있는 제도적 장치가 마땅치 않은 데 문제가 있다.

한-미 FTA는 경제안보 연계의 과정을 거치면서 경제적 이익을 중심으로 찬성과 반대가 형성되는 데서 벗어나, 정치적·사회적 쟁점을 포괄하는 광범위한 쟁점으로 재구성되었다. FTA의 경제적 효과에 대한 찬성과 반대를 넘어선 쟁점들이 개입되면서 한-미 FTA를 둘러싼 한국의 정치적 지형은 더욱 복잡하게 되었다. 그 결과 한-미 FTA에 나타난 경제-안보 연계는 구체적 논리를 상실한 채, 상황에 따라 논리가 변화하는 현상이 초래했다.

Ⅵ. 결론

동아시아 주요국들은 FTA를 추진하는 데 있어서 경제-안보 연계를 긴밀하게 추구해왔다. 양자 FTA에 나타난 경제-안보 연계는 주로 상대국 선정의 우선순위, FTA의 네트워크적 효과, 동맹의 강화, 경쟁국에 대한 견제, 안보 위협의 완화 등의 효과를 위해 실행되었다. 동아시아 국가들이 양자 FTA에서 경제-안보 연계를 시도함에 따라 경제적 효과가 반감되는 결과가 초래되었다. 동아시아 국가들이 서로 다른 목적을 갖고 FTA를 추진한 결과 FTA 간 정합성이 떨어지는 현상이 초래된 것이다.

2010년 이후 동아시아 국가들이 거대 FTA를 추진하면서 경제-안보 연계는 새로운 양상을 보이게 되었다. 양자 FTA를 다자화하는 과정에서 동아시아 국가들이 거대 FTA가 새로운 지역 질서의 형성에 미칠 영향이 크다는 점을 인식하였기 때문이다. 이는 거대 FTA를 매개로 한 안보와 경제의 연계는 지구적 또는 지역적 차원의 질서 변화에 대한 정확한 이해의 토대 위에서 시도되어야 함을 의미한다.

그러나 거대 FTA를 추진하는 과정에서 정치적 또는 안보적 요인을 과도하게 고려할 경우 동아시아 지역 차원의 협력을 저해할 수도 있다는 점 역시 인식할 필요가 있다. 동아시아 국가들이 제도를 통한 연성균형전략을 추구하고 있지만 경쟁적 측면이 지나치게 부각될 경우, 거대 FTA로부터 기대할 수 있는 경제적 효과가 반감되는 것은 물론 상대국의 견제 또한 강화될 것이기 때문이다.

참고문헌

구해우. 2006. "한·미 FTA와 한반도 정세." 정인교 편. 『한·미 FTA, 그 진실은』. 서울: 해남.

기획재정부 보도참고자료. 2011. 10. 13.

김기석. 2015. "두 개의 아시아: 경제-안보 분리형 아키텍처의 도전." 『일본연구논총』 41, pp. 5-32.

김양희. 2008, "노무현 정부의 동북아시대구상에 대한 비판적 고찰," 『동향과 전망』 74호, pp. 44-77.

손열. 2006. "한국의 FTA 추진의 국제정치경제: FTA 경쟁과 따라잡기의 동학." 『세계정치』 6, pp. 93-133.

외교통상부 통상교섭본부. 한·미 FTA 관련 추가협상 결과 상세 설명자료. 2010. 12. 5.

이근. 2006. "자유무역협정의 정치경제: 정부의 신뢰상실과 찬반의 이념화 과정." 『세계정치』 6. pp. 229-251.

이동선. 2015.

이동휘. 2006. "주요국제문제분석: 한·미 FTA의 외교·안보적 중요성." 외교안보연구원.

이해영. 2006. 『낯선 식민지, 한미 FTA』. 서울: 메이데이.

정진영. 2007. "지역무역협정의 안보적 외부효과: 한미 FTA를 중심으로." 『국방연구』 50(1), pp. 61-80.

한인택. 2013. "경제협력영역에서 갈등과 해결 메커니즘으로서 다자협력의 유용성과 한계." 제주평화연구원.

Aggarwal, Vinod K. 2013. "U.S. Free Trade Agreements and Linkages." *In-*

ternational Negotiation 18, pp. 89–110.

"AIIB launch signals China's new ambition." *Financial Times*. 2015. 6. 29.

Athukorala, Prema-chandra. 2010. Production Networks and Trade Patterns in East Asia: Regionalization or Globalization? *ADB Working Paper Series on Regional Economic Integration*. No. 56.

Baldwin, Richard. 2011. 21st Century Regionalism: Filling the Gap between 21st Century Trade and 20th Century Trade Rules. *Center for Economic Policy Research Policy Insight* No. 56.

Calder, Kent E. 2004. "Securing Security through Prosperity: The San Francisco System in Comparative Perspective." *The Pacific Review* 17(1).

Capling, Ann. 2008. "Preferential trade agreements as instruments of foreign policy: an Australia-Japan free trade agreement and its implications for the Asia Pacific region." *The Pacific Review* 21(1), pp. 27–43.

Capling, Ann and John Ravenhill. 2011. "Multilateralizing Regionalism: What Role for the Trans-Pacific Partnership?" *The Pacific Review* 24(5), pp. 553–575.

Chan, Steve. 2010. "An Odd Thing Happened on the Way to Balancing: East Asian States' Reactions to China's Rise." *International Studies Review* 12, pp. 387–412.

Crane, Keith, Roger Cliff, Evan Medeiros, James Mulvenon, and William Overholt. 2005. *Modernizing China's Military: Opportunities and Constraints*. Santa Monica, CA: RAND.

Gowa, Joanne. 1995. *Allies, Adversaries, and International Trade*. Princeton University Press.

Higgott, Richard. 2004. "US Foreign Economic Policy and the 'Securitisation' of Economic Globalization." *International Politics* 41, pp. 147–175.

Hu, Weixing. 1999. "China and Northeast Asian Cooperation: The Economic–Security Nexus." *Global Economic Review* 28(2), pp. 50–67.

International Monetary Fund. 2014. Report for Selected Countries and Subjects.

Heginbotham, Eric and Richard J. Samuels. 1998. "Mercantile Realism and Japanese Foreign Policy." *International Security* 22(4), pp. 171–203.

Hofmann, Stephannie C. 2009. "Overlapping Institutions in the Realm of International Security: The Case of NATO and ESDP." *Perspectives on Politics* 7(1), pp. 45–52.

Katada, Saori, Mireya Solis, and Barbara Stallings. 2009. *Competitive Regionalism: explaining the diffusion of FTAs in the Pacific Rim*. Palgrave.

Manning, William H. and Mark E. Manyin. 2007. The Proposed South Korea–US Free Trade Agreement (KORUS FTA), Congressional Research Service Report, http://www.nationalaglawcenter.org/assets/crs/RL33435.pdf.

Mansfield, Edward D. 2003. "Preferential Peace: Why Preferential Trading Arrangements Inhibit Interstate Conflict." Edward D. Mansfield and Brian M. Pollins, eds. *Economic Interdependence and International Conflict: New Perspectives on an Enduring Debate*. Ann Arbor, MI: University of Michigan Press, pp. 222–236.

Mansfield, Edward D. and Jon C. Pevehouse. 2000. "Trade Blocs, Trade Flows and International Conflict." *International Organization* 56(3), pp. 477–513.

Mansfield, Edward and Jon C. W. Pevehouse. 2013. "The Expansion of Preferential Trading Arrangements." *International Studies Quarterly* 57, pp. 592–604.

Mearsheimer, John. J. 2014. *The Tragedy of Great Power Politics*. W. W. Norton.

Oneal, John R. and Bruce Russett. 1999. "Assessing the Liberal Peace with Alternative Specifications: Trade Still Reduces Conflict." *Journal of Peace Research* 36(4), pp. 423−442.

Pekkanen, Saadia, Mireya Solis, and Saori Katada. 2007. "Trading Gains for Control: International Trade Forums and Japanese Economic Diplomacy." *International Studies Quarterly* 51(4), pp. 945−970.

Phillips, Andrew. 2013. "A Dangerous Synergy: Energy Securitization, Great Power Rivalry, and Strategic Stability in the Asian Century." *The Pacific Review* 26(1), pp. 17−38.

Ravenhill, John. 2013. "Economics and Security in the Asia−Pacific." *The Pacific Review* 26(1), pp. 1−15.

Schott, Jeffrey. 2010. "Why the Korea−United States Free Trade Agreement is a Big Deal."

Sohn, Yul and Min Gyo Koo. 2011. "Securitizing Trade: The Case of the Korea−US Free Trade Agreement." *International Relations of the Asia−Pacific*, pp. 1−28.

Solis, Mireya. 2007. "The Japan−Mexico FTA: A Cross−Regional Step in the Path towards Asian Regionalism." *Pacific Affairs* 80(2), pp. 279−301.

U.S. General Accounting Office. 2004, International Trade: Intensifying Free Trade Negotiating Agenda Calls for Better Allocation of Staff and Resource.

Wesley, Michael. 2008. "The Strategic Effects of Preferential Trade Agreements." *The Australian Journal of International Affairs* 62(2), pp. 214−228.

Wu, Xinbo. 2009. "Chinese Perspectives on Building an East Asian Community in the Twenty–first Century." Michael J. Green and Bates Gill, eds. *Asia's New Multilateralism: Cooperation, Competition, and the Search for Community*. Columbia University Press, pp. 55–77.

Sohn, Yul. 2015. The Abe Effect on South Korea's Trade Policy. Paper presented at GSID International Conference "Contested Regional International Order and the Abe Shinzo Effect." Yonsei University, Seoul, Korea.

제3부

신흥안보의 중장기 미래전략

환경안보의 미래전략

제5장

신범식

I. 문제제기

1980년대 중반 이후 국제정치에서 주요 영역으로 부상해 온 환경문제는, 〈그림 5-1〉에서 볼 수 있듯이, 21세기에는 가장 중요한 이슈로 부상하였다. 특히 기후변화 대응을 둘러싸고 다양한 입장을 지닌 국가들이 벌이는 각축은 환경 국제정치에서 가장 심각한 싸움이 벌어지는 지점이다. 나아가 기후변화 문제는 자유무역질서 및 에너지·수자원·식량 문제 등과 맞물리면서 최근 들어서는 환경 외교의 영역에서 벗어나 국제정치 제반 영역에서 핵심적 도전으로 부상하였다.[1] 환경과 기후변화가 야기하는 도전은 전 지구적이며 또한 지역적 특성이 반영되면서 다양한 수준에서 제기되고 있다. 따라서 기후변화 문제는 한 국가의 안보 차원에서 뿐만 아니라 지역적 및 지구적 차원에서 중층적이며 복합적인 접근을 통해서만 해결이 가능한 사안이기도 하여 매우 복잡하고도 긴급한 문제라는 특징을 지닌다. 이 같은 기후변화에 대응하기 위한 새로운 기후변화 대응체제의 기본틀을 만드는 노력이 범지구적 차원에서 진행되고 있는데, 교토의정서를 대신할 새로운 기후 협약이 2015년 말 성공적으로 합의될 것인지, 또한 그 실행을 둘러싼 경제적 및 사회적 효과가 어떠할지에 대한 다층적인 우려와 도전이 국내외적으로 제기되고 있다.

한국은 환경문제에 대한 깊은 관심을 가지게 된 이후 최근 기후변화 대응체제 협상과정에서 외교력과 국제무대에서 가시성을 높이기 위한 노력을 경주하였다. 하지만 한국 기후변화 대응을 위한 대내외 정책은 이제 새로운 국면을 맞이하고 있다. 그간 선진국과 개도국 사이의 중간자적 입지를 활용하여 커다란 부담은 회피하면서 자신의 중재자적 가치를 높이려는 외교정책이 일정기간 통했다. 하지만 이제 이 같은 입지를 활용할 수 있는 국제적 환경이 변화하고 있다. 이제 본격적인 기후변화에 대한 '감축'과 '적응'을 위하여 과감한 국내적 체질개선을 추진하여야 한다.

2010년대에 전개되고 있는 기후변화 대응체제 구축을 둘러싼 국가 간

1 환경 국제정치의 전개와 환경 국제정치에서 기후변화 문제가 부각된 과정 및 중요성에 대해서는 다음을 참조. Matthew Paterson, *Understanding Global Environmental Politics: Domination, Accumulation, Resistance*, (London: Macmillan Press LTD, 2000); Pamela S. Chasek, David L. Downie and Janet Welsh Brown, *Global Environmental Politics*, (Boulder: Westview Press, 2005); James Gustave Speth and Peter M. Haas, *Global Environmental Governance*, (Washington, DC: Island Press, 2006); M. T. Buykoff (eds.), *The Politics of Climate Change: A Survey*, (London: Routledge, 2010).

협력과 경쟁은 적어도 지난 반세기 동안 지구 정치의 중요한 축으로 급성장한 환경 영역에서의 지구적 거버넌스를 재편하고 또한 환경 영역의 의제가 다른 영역과 연계되는 방식을 결정하는 중요한 분야가 될 것임에 틀림없다.

따라서 본고는 기후변화 대응체제 형성을 두고 전개되는 국제정치 구도를 파악하고, 기후변화 국제정치에서 한국의 대응이 고려할 기회와 도전 요인이 무엇인가를 밝힌 후, 한국 환경 및 기후변화 정책의 대응 전략을 도출해 보고자 한다.

〈그림 5-1〉 지구적 위험의 지평 2007-2015

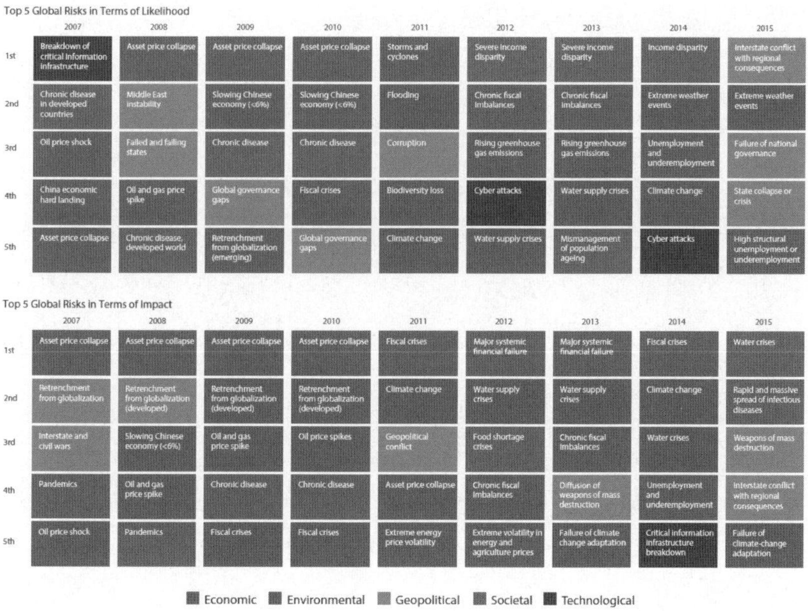

출처: WEF, *Global Risks Report 2015*, p. 14

Ⅱ. 기후변화와 국제적 대응: 현황과 주요 도전

1. 교토체제를 넘어 포스트교토체제로

1988년부터 활동한 기후변화국제패널(IPCC: International Panel on Climate Change)[2]의 성과로 1992년 리우 회의에서 154개국이 조인하고 1994년에 발효된 유엔기후변화협약(UNFCCC: UN Framework Convention on Climate Change)이 만들어 졌다. 하지만 지구 수준에서의 온실가스의 감축을 지향하는 이 협약은 기본적으로 구속력 있는 법 규정을 제시하지는 않았다. 다만 이 협약에 참여한 23개의 선진국이 온실가스 감축 목표를 달성하기 위해 노력하기로 약속하였을 뿐이었다(Elliott, L. 1998, Paterson 1996). 이후 꾸준한 노력의 결과로 1997년 일본에서 개최된 '제3차 당사국총회'(COP-3)에서 선진국 및 동구권 국가의 감축의무를 명문화한 '교토의정서'가 채택되어 2005년 발효되었다. 이 과정에서 UNFCCC는 지구적 기후변화 대응체제의 형성을 위한 다층적이고 복합적인 기후변화 국제정치 과정의 핵심임을 보여주었다 (Bodansky & Diringer 2010, Barnett, J. 2007).

하지만 교토의정서가 채택되고 발효되었어도 기후변화대응체제는 미국의 탈퇴와 선진국과 개도국 간의 책임공방으로 제대로 가동되지 못하면

2 기후변화의 국제정치에서 과학자들과 전문가들의 역할 그리고 IPCCC의 구성에 대해서는 다음을 참조. Bert Bolin, *A History of the Science and Politics of Climate Change: The Role of the Intergovernmental Panel on Climate Change*, (Cambridge: Cambridge University Press, 2007).

서 시간이 흘러 포스트교토체제를 고민해야하는 상황에 이르렀다. 2007년 발리 당사국총회(COP-13)에서 교토의정서의 실행계획이 만료되는 2012년 이후의 기후변화 대응체제 구축을 위한 '발리행동계획'이 채택되어 기후변화의 문제에 대한 선진국과 후진국의 "공동의 그러나 차별화된 책임"(common but differentiated responsibility)의 원칙에 따라 양측이 모두 "측정, 보고, 검증 가능한"(MRV: Measurable, Reportable, Verifiable) 감축/완화(Mitigation) 행동, 개도국들의 적응(Adaptation), 선진국들의 개도국을 위한 관련 기술의 이전 및 재정 지원 등에 관한 원칙이 확정되었다. 그리고 포스트교토체제 구축에 대한 협상을 2009년 코펜하겐에서 개최될 제15차 당사국총회까지 완료하기로 결정하였다.[3]

하지만 세계경제위기의 여파로 인한 국제정치 환경의 악조건 속에 미-중간의 신경전과 선진국-개도국 사이의 이견이 한층 강화되면서 코펜하겐 당사국총회(COP-15)는 아무런 결론을 도출하지 못하고 협상 시한을 연장하기에 급급해하며 막을 내리게 되었고, 환경 국제정치에서 EU의 리더십에 타격을 주었다. 하지만 오바마 대통령의 역할에 힘입어 당사국총회에서의 '결정문'은 아니지만 회원국들이 "유의하기로"(take note) 한 '코펜하겐 합의문'(Copenhagen Accord)은 자칫 파행으로 치달을 수 있었던 지구적 협상과정의 동력을 어렵사리 살려내었다는 점뿐만 아니라 향후 협상의 몇 가지

3 코펜하겐 회의의 경과에 대한 자세한 내용은 다음을 참조. 김용건, 김이진, 박시원, 『온실가스 감축의무 협상동향 및 대응방향 연구Ⅰ』(서울: 한국환경정책 평가연구원, 2009); 신범식, "탈위기 지구질서와 환경의 국제정치: 기후변화 대응체제의 현재와 미래," 하영선(편), 『위기와 복합 : 경제위기 이후 세계질서』(서울: 동아시연구원, 2011).

중요한 원칙들을 구원해 냈다는 점에서 아예 무의미한 노력만은 아니었다.[4] 몇 가지 중요한 원칙들 이외에도 다소 모호한 부분이 남아있지만 감축행동 및 재정지원과 관련된 합의들도 있었다.

코펜하겐의 불씨를 지피는 일이 2010년 칸쿤 16차 당사국총회의 주요 과제였다. 하지만 당사국총회 직전에 있었던 중국 텐진 실무협상까지도 미국은 중국 등이 국제적 기준의 투명한 보고 시스템에 대해 동의하지 않는 것에 문제를 제기했고 중국은 선진국들이 실질적 감축 행동을 하지 않으면서 개도국의 참여를 요구하는 것은 불공평하다고 맞받았다. 칸쿤에서 바랄 수 있었던 목표는 코펜하겐 합의 수준의 불씨를 이어가는 것 정도였다. 선진국과 개도국, 특히 미국과 중국의 입장 차이는 좁혀지지 않고 계속되었다. 하지만 '칸쿤 협정문'(Cancun Agreements)을 통해 재정 부문에 대한 코펜하겐 합의문 내용이 당사국총회 회원국들의 공식 합의로 받아들여진 점, 공유 비전으로 기온 상승폭을 산업화 이전 기준 2℃ 이하로 유지하기로 합의한 점, 개도국들의 에너지체제 개선과 삼림보호 및 온난화에 대한 적응을 위해 2010–2012년 300억 달러와 2020년까지 연간 1,000억 달러의 재정을 개도국들에게 지원하기로 한 점, 녹색기후펀드(Green Climate Fund) 설립과 녹색기

4 합의문 초안에는 2050년까지 선진국들이 80% 감축한다는 내용이 포함되어 있었는데, 중국이 2℃ 온도 상승 억제와 선진국들의 장기적 감축 목표를 바탕으로 개도국들의 감축 목표가 자동적으로 설정되는 것이 아니냐는 반론에 의해 명시적인 수치가 포함되지 못하였다. 하지만 이 합의문은, 우선, 기후변화 대응에 대한 "공동의 그러나 차별화된 책임과 상응하는 능력"(common but differentiated responsibilities and respective capabilities)에 따라 대응한다는 원칙을 재확인 하였고, 장기적으로 지구 기온상승을 산업혁명 이전 시기 대비 2℃에 맞춘다는 목표를 재확인하였으며, 또한 장기 감축에 대한 원칙으로 최대한 빠른 시일에 지구적 및 국가적 배출량의 정점을 달성한다는 원칙도 확인하였다는 점에서 의의를 가진다.

술 이전 메커니즘 설립 등에 대해서도 기본적인 틀이 합의된 점 등은 칸쿤에서 거둔 성과였다.[5] 이로써 일부에서는 칸쿤 합의를 통해 기후변화 대응체제의 위기 국면을 일정 부분 극복하고 협상의 지속성이 확보되었다는 평가가 가능해졌다고 보기도 한다(*Financial Times*, "Cancun, a 'Beacon of Hope' for Climate Deal", December 12, 2010).

하지만 비판자들은 칸쿤 협정이 코펜하겐 합의문의 추인에 불과하며 선진국들의 획기적 감축 공약이 없었다고 비판한다. 특히 선진국들이 의무적 감축 목표보다 자발적 감축 목표치를 기후협약 체제 내로 공식화 했다는 점은 향후 변화의 중요한 변화의 단초로 볼 수 있다. 그리고 칸쿤 합의는 기후변화 대응체제의 형성 과정에서 미국 중심의 새로운 협상 패러다임의 등장과 확산의 계기가 되었다(International Forum on Globalization 2010). 미국은 '서약과 검토'(pledge and review) 방식의 접근법을 강조하면서 모든 주요 온실가스 배출국들은 개도국 지위나 1인당 온실가스 배출량 정도와 상관없이 온실가스 감축을 위한 자발적인 국가 공약을 제시하고 조화롭게 실행에 참여하여야 함을 강조하였다. 이러한 접근법은 점차 힘을 얻어 교토의정서 체제의 기본 원칙을 대폭 수정하고 새로운 자발적 감축 체제로 전환되는 계기를 마련한 것으로 평가할 수 있다.

이러한 변화는 더반 당사국총회(COP-17)에서 채택된 '더반 플랫폼'에서 확인되었다. 더반 회의에서 기후변화협약 당사국들은 2012년 만료되는 교토의정서의 의무이행 기간을 2013년부터 2017년까지 5년 연장하였고, 선진국과 개발도상국 양자를 모두 규율하는 구속력 있는 감축체제를 만들

5 환경부, "제16차 기후변화협약 당사국총회 주요 결과", 미발간 자료, 2010.

기 시작해 그 구체적 규정을 2015년까지는 합의하고 2020년부터는 발효한다는 일정에 합의하였다. 이러한 합의는 중국이나 인도와 같이 온실가스를 다량 배출하는 개도국이 의무감축에 참여하지 않을 경우 교토의정서 연장을 거부한다던 부속서-I 국가들이 입장을 누그러뜨리면서 가능했다. 교토의정서가 연장됨에 따라 당초 2012년 중단될 위기에 처해있던 지구적 온실가스 감축노력은 법률적 공백 없이 지속되게 되었다.[6]

더반 플랫폼에 대한 긍정적 평가의 이유[7]로 교토체제의 공약 기간 연장 이외에도 칸쿤 회의까지는 개념 수준에 머물러 있었던 녹색기후기금과 청정기술센터 등이 현실이 되었다는 점, 섭씨 2도 이내 목표의 달성을 위한 추후 일정이 논의되었다는 점, 기존 합의서를 대체할 새로운 법체계 마련을 위한 로드맵이 마련되었다는 점, 향후 기후변화대응체제를 규정하게 될 법체계가 선진국과 개도국 구분을 두지 않게 되었다는 점, 1997년 미국 버드-하겔 결의안에 입각한 기후변화 조약에 대한 부정적 기세를 누그러뜨릴 수 있게 되었다는 점 등이다. 물론 캐나다가 2013년부터 교토의정서에서 탈퇴하기로 결정하였고 그 뒤를 이어 일본과 러시아도 같은 선택을 하면서 교토의정서의 연장은 주로 EU회원국에 국한되는 한계를 가지게 된 것도 사실이다.[8] 하지만 EU가 교토의정서의 연장을 지지 및 수용한 것은 그동안

---

6 더반 회의의 결과에 대한 논의는 다음을 참조. 장현숙, "더반 기후변화회의의 결과 및 시사점," *Trade Focus* Vol. 10, No. 61 (국제무역연구원 2011년 12월).

7 Andrew Light. "Six Reasons Why the Durban Decision Matters," Think-progress(2011.12.18), at thinkprogress.org/romm/2011/12/18/391533/six-reasons-why-the-durban-decision-matters/.

8 전 세계 온실가스배출량 국가 순위 1위(중국, 22%), 2위(미국, 19%), 3위(러시아, 5.4%), 4위(인도, 4.9%), 5위(일본, 3.9%), 7위(캐나다, 1.9%) 등 전 세계 배출량의 59%를 차지

교토체제를 통하여 선진국으로부터 많은 지원을 얻어왔던 개도국들의 지지를 이끌어 내는데 결정적인 조건이 되었으며, 이로써 보편주의 원칙 수용이 개도국의 일방적 양보가 아니라 상호 양보에 의한 타협이라는 구도를 만들어 낼 수 있었다는 점은 매우 중요한 의미를 가진다. 이로써 코펜하겐회의 이후 타격을 입었던 EU의 기후변화 국제정치에서의 리더십은 다시 힘을 얻게 되었다.[9] 그리고 2020년 새로운 기후변화체제 도입 이전까지는 한국 등 개도국들은 강제적인 감축의무를 부담하지 않아도 되며, 새로운 기후변화체제는 강제적 부담보다 스스로 제시하는 감축목표 수준에서 결정될 것으로 예상되면서 경제에 대한 영향도 줄어들 것으로 전망되기도 했다(장현숙 2011).

더반에서 합의된 일정에 따라 신(新) 기후체제를 2020년 출범시키기 위한 협상을 2015년까지 마무리하기로 하였으나, 개도국과 선진국 사이의 오래된 논쟁은 쉽게 해결되지 않았다. 2013년 바르샤바 당사국총회(COP-19)에서 개도국은 선진국에게 온실가스 감축의무(commitments)를 부여하고 개도국에게는 자율적인 감축행동(actions)을 부과하자고 주장한 반면, 선진국

하는 주요 국가들이 교토의정서 2차 감축 이행에 불참하게 되어 교토의정서 연장에 35개국만이 참여함으로써 온실가스 감축효과를 기대하기 어렵게 된 것은 사실이다.

9 이런 EU의 처신이 중국과 미국으로 하여금 새로운 법적 기초에 대한 합의를 가능하게 했다는 점도 지적되어야 한다. 미국과 중국의 참여문제가 이 회의를 통해서도 완전한 해법을 찾은 것은 아니지만 적어도 선진국과 개도국의 구분이라는 장벽은 무너뜨린 것이며, 구체적인 법안 마련을 위한 미국과 중국의 힘겨루기가 당분간 계속되겠지만 적어도 의무감축의 비대칭성을 둘러싼 소모적 논쟁을 넘어 좀 더 구체적인 기준 마련을 위한 싸움이 시작될 것이라고 예상해 볼 수 있다. 물론 이같은 EU의 행동을 벼랑 끝에서 벌이는 도박에 비유하는 비판도 있지만 EU의 이런 노력으로 더반 플랫폼이 실현되어 새로운 기후변화체제가 구축될 경우 그간 환경 국제정치에서 누려왔던 EU의 국제정치적 리더십은 다시 힘을 얻을 수 있게 될 것으로 보인다.

은 모든 당사국에게 일관되게 적용되는 감축의무를 부여하자고 주장하면서 양측이 대립하였다. 양자 간 의견 절충이 이루어짐에 따라 "제시된 국가별 결정 기여분"(INDC: Intended Nationally Determined Contribution)이 감축 공약의 대안으로 등장하여 다행히 양 입장이 절충되면서 INDC가 감축공약을 대신하는 절충안으로 합의되었다. 그리고 2014년 페루에 열린 리마총회(COP-20)에서는 모든 국가가 2015년 9월 말까지 감축공약(INDC)를 제출하기로 결정하였다.[10]

특히 기후변화 체제에 대하여 미온적 입장을 보여 왔던 미국이 최근 들어 신(新)기후체제의 출범을 위한 노력을 적극적으로 기울이고, 2014년 11월 미국과 중국이 신기후체제의 출범을 위해 협력하기로 합의하면서 포스트교토체제의 출범에 대한 전망을 밝게 하고 있다.[11] 최근 교황청에서도 기후변화에 대한 전 지구적인 대응을 강하게 촉구하는 교황 회칙이 발표되면서 이러한 분위기는 더욱 강화되고 있다(이혜경 2015). 리마회의 이후 적어도 선진국과 개도국의 구분이라는 장벽은 무너뜨리려는 노력이 점차 타협점을 찾아가게 되었으며, 향후 구체적인 법안 마련을 위한 미국과 중국의 힘겨루기가 부분적으로 있을 수 있지만 큰 원칙은 대체적으로 정해진 것으로

10 물론 UNFCCC는 각국이 제시한 온실가스 감축목표를 점검하여 이 기여의 합이 대기온도 상승을 2℃이하로 억제하는데 충분한지를 검토하는 과정을 거치도록 하였다. 개별국들의 자율적 측면을 존중하되 기존에 제시되었던 기준보다 진전되고 공평한 근거와 세부자료를 제출하도록 하였다. 최준영, "국가온실가스 감축목표 재설정의 주요 내용과 과제," 『이슈와 논점』 1016호 (국회입법조사처 2015년 6월 22일).

11 White House, "President Obama Announces Ambitious 2025 Target to Cut US Climate Pollution by 26−28 Percent from 2005 Levels," https://www.whitehouse.gov/the−press−office/2014/11/11/fact−sheet−us−china−joint−announcement−climate−change−and−clean−energy−c (검색일: 2015년 3월 24일).

보이며, 이제부터는 의무감축의 비대칭성을 둘러싼 소모전을 넘어 좀 더 구체적인 기준 마련을 위한 싸움과 준비가 시작되었다고 할 수 있다. 따라서 2015년 파리총회(COP-21)에서 신(新)기후체제를 위한 기본 원칙과 골격이 타결될 가능성은 높아지고 있는 것으로 보인다.

따라서 한국은 향후 전망을 위해 당사국총회의 추이를 예의 관찰하여야 하며, 지금까지와는 달리 섭씨 2도 목표와 참여국들의 자발적 감축목표의 설정 사이에 나타난 격차를 넘어서기 위한 국제적 노력에 어떻게 기여하면서 동시에 우리의 국제적 입지를 다질 수 있을지 연구할 필요성이 커가고 있다. 또한 최근 기후변화를 포함한 포괄적 환경문제를 다루기 위한 국제환경관리체제(IEG)의 형성을 두고 환경 국제정치가 강화되고 있는 가운데, 그 주도권을 UNEP로부터 UN의 일반 업무로 전환하기 위한 노력이 진행되고 있다는 사실에도 유의할 필요가 있다. 최근 열린 'Rio+20: Cooperate Sustainability Forum(2012.6.20-22)'에서도 이러한 의제가 논의되었다.[12] 지속가능발전과 빈곤퇴치 관점에서 녹색경제, 지속가능발전을 위한 제도적 틀을 구축하는 문제와 관련하여 EU와 아프리카 등은 지속가능발전의 환경 축의 강화를 위하여 UNEP를 국제적인 환경전문기구로 만들자고 주장하는 반면, 미국과 일본 등은 새로운 국제기구의 구성에 반대하는 주장으로 의견대립이 심하였다. 결국 이 결정도 내년 유엔총회로 연기되었다. 물론 지속가능 발전을 위한 포럼이 너무 많은 주제를 포괄하고 있는 것이 사실이고 또 수사적 논쟁이 심해서 구체적인 정책적 변화를 당장에 요청하는 사

12 1992년 리우, 2002년 요하네스버그에 이어 리우회의 이후 20년 만에 세 번째로 열린 지속가능 발전을 위한 환경정상회의이다. 이에 대한 자세한 내용은 본 포럼의 홈페이지(http://www.unglobalcompact.org) 참조.

태는 발생하지 않을 것이다. 하지만 이러한 환경 국저정치 프로세스가 기후변화 및 환경 국제정치에 어떤 효과를 미치고 국제적 리더십 변동에 미칠 영향을 예의 주시하며 추적할 필요가 있다.

2. 세계경제포럼의 지구위험보고서(2007–2015)로 본 위험 요소들의 연계성

WEF 보고서(2007–2015)를 통해서 살펴본 지구적 위험의 변동과 연계성에 대한 고찰은 우리에게 환경 및 에너지 안보에 대한 거시적 인식틀을 마련하는데 도움을 준다. 세계경제포럼이 발간한 Global Risk 보고서에 나타난 지구적 위험에 대한 오피니언 리더들의 인식 변화 과정을 살펴보면 지구적 신흥안보의 주요 의제들의 지평과 그 속에서 나타난 환경 및 기후변화 문제가 지구적 위험에 대해 지니는 의미가 잘 드러나고 있다.

〈그림 5–2〉를 보면 지구적 위험의 종류와 그 연계성을 시각화한 그림을 볼 수 있다. 지구적 위험의 요소로는 크게 지정학적 요소, 경제적 요소, 사회적 요소, 환경적 요소, 기술적 요소로 대변될 수 있는데, 각각의 그룹별 위험요소들은 그룹 내 상호연관은 물론 타 위험군과의 상호연계성으로 인하여 한 분야의 위험은 다양한 다른 위험군으로 확산될 수 있다는 전문가들의 인식이 매우 잘 반영되어 있다.

가령, 환경 분야의 경우를 보면 기후변화가 역시 가장 중요한 위험요인인데, 이는 수자원위기, 극단적 기후 사태, 자연적 및 인위적 자연재해 등의 다른 환경적 위험요인과 깊이 연계되어 있는 것은 물론 식량위기 등의 경제적 위험요인은 물론 지구적 거버넌스의 실패나 국가 간 분쟁 등과 같은 지정학적 위험요인과도 깊은 연관을 가지고 있음을 보여주고 있다.

〈그림 5-2〉 지구 위험요소의 연계도 I

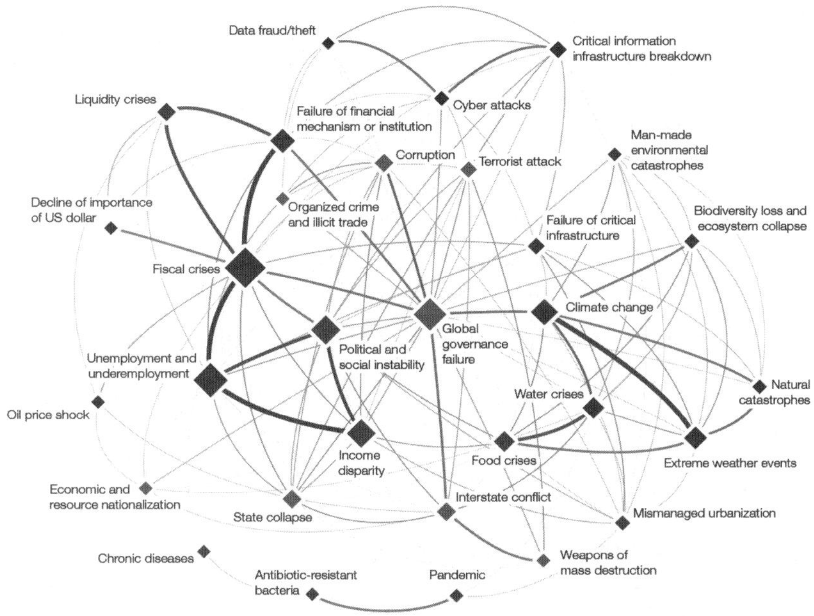

출처: WEF, *Global Risks Report 2014*, p. 21.

특히 〈그림 5-3〉은 기후변화 대응체제의 실패가 수자원 고갈, 식량문제, 그리고 비자발적 이주의 문제를 매개로 지정학적, 경제적, 사회적 분야에 속한 다른 위험들과 함께 연계되는 주요 통로들에 대한 인식을 잘 보여주고 있다. 이 그림에는 잘 나타나 있지 않지만 특히 비자발적 이주의 문제는 사회적 불안정성은 물론 국가 간 무력충돌 및 국가체제의 전복까지 유발할 수 있는 그 파급력이 매우 높은 위험요인으로 주목할 필요가 있음을 보여준다.

따라서 향후 환경과 기후변화에 대한 문제에 접근할 때에 우리는 위험군에 대한 이해뿐만 아니라 위험군 간의 상호 연계성에 대한 이해를 통하여 각 지역별 내지 시기별 위험요소들의 연계 패턴에 대한 연구를 진행해 나갈 필요가 있다는 점을 보여준다.

결국 기후변화가 주는 도전은 기후 변화의 문제가 환경 문제와 도전에서 끝나지 않고 다양한 위험과 연계될 가능성이 높으며, 특히 기후변화의 폭이 커지면 커질수록 이 같은 연계의 폭과 깊이는 넓어지면서 매우 심대한 파급효과를 수반하는 지구적 위기로 전환될 수 있다는 점을 깊이 인식하는 데에 있다.

브루킹스연구소를 비롯하여 기후변화와 관련된 다수의 전망보고서들은 이미 수년 전부터 매우 암울한 기후변화 관련 미래 시나리오를 제시하고 있다.[13] 그 시나리오대로 사태가 진전될 가능성이 얼마나 될 것인가에 대하여 논쟁할 수도 있지만, 문제는 이같이 광범위한 위기가 도래할 수 있는 가능성이 허구적이지 않다는 데에 있다.

---

13 Kurt M. Campbell (ed.), *Climatic Cataclysm: The Foreign Policy and National Security Implications of Climate Change* (Washington D.C.: Brookings Institution Press, 2008); CNA, "National Security and The Threat of Climate Change," (CNA Cooperation, 2007) at http://www.cna.org/sites/default/files/National%20Security%20and%20the%20Threat%20of%20Climate%20Change%20-%20Print.pdf; Kurt Campbell et al, *The Age of Consequences: The Foreign Policy and National Security Implications of Global Climate Change* (CSIS & CNAS, 2007); Gwynne Dyer, *Climate Wars: The Fight for Survival as the World Overheats* (London: Oneworld, 2011). 또한 앞의 마지막 책의 2008년판이 한국 관련 시나리오가 첨가되어 한국에서 발간되었는데, 한국 부분을 참조. 귄 다이어, 『기후대전』(파주: 김영사, 2011), pp. 310-321.

〈그림 5-3〉 지구 위험요소의 연계도 II

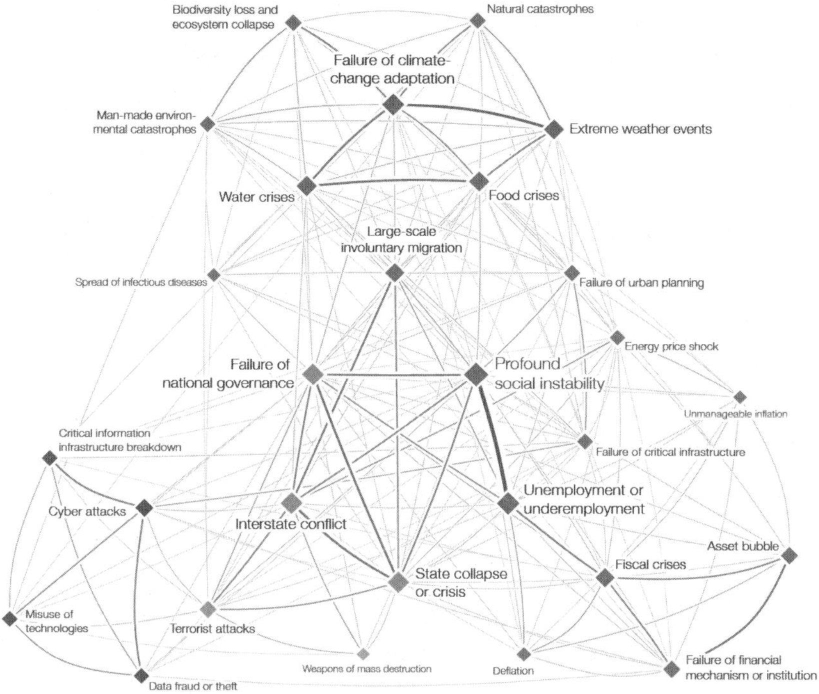

출처: WEF, *Global Risks Report 2015*, p. 6.

3. 기후변화 대응체제의 쟁점과 미래

코펜하겐 당사국총회 이후 향후 전망이 불투명한 상황에서 다음과 같은 세 가지 기후변화 협상 시나리오가 예상된 바 있다(김용건 외, 2009, pp. 147–9). 첫째, 교토의정서가 존속되는 체제, 즉 교토체제가 보완되면서 유지되는 상황, 둘째, 교토의정서를 넘어서는 새로운 체제가 출범하는 상황, 셋째, 지지부진한 협상이 계속되는 교착 상황 등이다. 그리고 다수의 전망들이 미국 등의 강력한 반대로 첫 번째 시나리오의 실현 가능성이 낮아진 가운데, 중국이나 인도 등의 반발로 두 번째 시나리오의 전개도 쉽지 않게 되면서, 세 번째 시나리오, 즉 향후 당사국총회가 수년간 특별한 진전을 이룩하지 못하고 결국 총회에서 공식적인 법적 문서가 채택되지 않는 상황이 지속되면서 기후변화대응체제에서의 UN의 역할과 기능이 크게 축소되고 모든 국가의 감축의무는 국내적 의무로 국한되며 기존의 UNFCCC는 단지 국가별 감축의무를 기록, 검토하는 역할만을 담당하게 될 가능성이 높은 것으로 내다보았다.

하지만 더반 회의를 통하여 적어도 커다란 향후 방향에 대한 가닥은 잡힌 것으로 볼 수 있다. 즉 교토체제의 2차 의무공약 기간을 설정하여 교토의정서를 연장하는 임시 조치로 개도국 등에게 돌아가는 혜택을 유지하면서, 이후 협상과정을 통해서 교토의정서를 대체하는 새로운 보편적이며 연역적인 기후변화대응체제를 2020년까지 구축한다는 청사진이 마련된 것이다. 2015년 9월 현재 제출된 주요국들의 감축목표는 〈표 5-1〉과 같다.

〈표 5-1〉 각국의 INDC 감축 목표 (2015년 9월 현재)

국가	INDC 내용
선진국(Annex I)	미국: 2025년까지 2005년 대비 26~28% 감축
	캐나다: 2030년까지 2005년 대비 30% 감축
	EU: 2030년까지 1990년 대비 40% 감축
	러시아: 2030년까지 1990년 대비 25~30% 감축
	스위스: 2030년까지 1990년 대비 50% 감축
	일본: 2030년까지 2013년 대비 26% 감축
	호주: 2030년까지 2005년 대비 26~28% 감축

개도국(Non Annex I)	멕시코: 2030년까지 BAU 대비 25%(무조건), 40%(조건부) 감축
	중국: 2030년까지 원단위 배출량의 60~65% 감축
	한국: 2030년까지 BAU 대비 37% 감축

물론 이 목표는 법적 구속력을 가지는 것으로 보기는 어렵겠지만, 각국은 스스로 서약한 목표를 지키기 위한 도덕적 의무감을 가지고 노력하게 되었다. 이 중요한 변화는 선진국과 개도국을 가르는 의무감축 개념을 포기하고 자발적 감축원칙에 기초하되 '서약과 검토'(pledge and review) 원칙이 힘을 발휘하게 되었다는 것으로 요약될 수 있다. 일견 이것은 미국의 입장이 관철된 것처럼 보이지만 이러한 연성 감시체계에 기초한 자발적 감축 원칙에 근접한 합의를 이룸으로써 미국도 더 이상 비행동(non-action)의 핑계를 찾기는 어려울 것으로 보인다. 따라서 이제부터는 역사적 책임 및 감축 행위의 선후에 관한 논쟁보다 자발적 감축의 목표를 어떤 기준에 따라 어느 정도로 적정하게 정할 수 있을 것인가에 대한 실질적 논의가 더 중요해 질 것으로 보인다.

또한 이러한 자발적 감축의 문제와 더불어 적응과 관련된 문제에 대한 논의가 그 폭과 정도를 높여 활성화될 전망이다. 특히 녹색기후기금의 조성과 청정기술에 대한 관심이 높아가는 가운데 누가 얼마나 기여하고 누가 얼마나 얻을 것인가의 경쟁이 이 적응 조치를 둘러싸고 한층 더 강화될 것으로 예측된다. 따라서 지금까지 선발국 및 개도국 사이의 이분법적 대립구도의 전선은 좀 더 복잡한 균열구도로 복잡해질 것이며, 다각적인 이해와 유연한 대응체계를 구축하는 것이 각국 기후변화 외교에 기본적으로 요청되고 있다.

그렇다면 향후 기후변화의 국제정치에서 형성될 주요한 전선(戰線)으로는 어떤 것들이 있는지 파악하는 일이 긴요하다.

우선, 기후변화 국제정치의 대립전선이 과거에 비해 더욱 복잡하게 형성되고 있는 상황과 관련하여 선진국과 개도국 간 대립전선의 영역별 확장 가능성에, 특히 환경과 무역이 연계되는 상황에 주의를 기울일 필요가 있다.[14] 물론 감축 방법과 정도를 두고 벌어질 선진국과 개도국 사이의 대립구도는 향후에도 지속될 것이다. 하지만 선진국과 개도국 사이의 갈등의 기본 쟁점은 기존 역사적 책임 및 공동대응의 원칙이 충돌하면서 지속되었던 것처럼 의무적/자발적 감축 목표의 설정을 둘러싼 논쟁이 지속되는 가운데 점차 기후변화 문제가 무역 영역과 연계되면서 쟁점이 확대될 것으로 보인다. 무역과 기후변화 영역이 점차 결부되면서 자유주의 무역원칙과 기후변화 대응체제의 정의원칙의 충돌로 야기될 수 있는 쟁점들은 향후 국제정치의 중대한 도전이 될 수 있다(이찬송 · 윤순진 2010).

과거와 같이 의무감축의 부담을 지면서 감축의무를 지고 있지 않은 개도국의 산업경쟁력에 대한 부담을 줄이기 위하여 산업보호 조치를 취할 수 있는 가능성은 다소 줄어들었다. 하지만 자발적 감죽을 시행하는 국가들이 그렇지 못한 국가들에게 어떤 징벌적 대응을 할 수 있는가는 중요한 문제로 남아 있다. 이 같은 정책으로는 감축조치에 참여하지 않거나 불성실한 국가들에 대하여 탄소세, 탄소 관세 내지 탄소세의 국경조정, 수입제한

14 환경과 무역의 연계에 관한 개괄적 논의는 다음을 참조. Lael Brainard and Isaac Sorkin (eds.), *Climate Change, Trade, and Competitiveness: Is a Collision Inevitable?* (Washington D.C.: Brookings Institution Press, 2009); The World Bank, *International Trade and Climate Change: Economic, Legal, and Institutional Perspectives* (Washington D.C.: The World Bank, 2008).

조치 등을 상정해 볼 수 있다. 국내 생산 제품에 함유된 탄소량에 따라 부과하는 탄소세는 에너지 고효율의 국내기업을 보호하면서 그 기준에 미치지 못하면서 자국에 투자하여 진출한 국가들의 기업을 견제하는 방안이 될 수 있다. 물론 탄소세가 자국의 온실가스를 감축하는 중요한 정책수단이 될 수 있지만, 이는 일찍부터 온실가스 감축을 위해 노력해 온 선진국 기업들의 경쟁력을 높여줌으로써 탄소배출과 관련해 상대적으로 취약한 개도국 기업들을 견제하는 효과도 가져올 수도 있다. 한걸음 더 나아가 선언적으로, 즉 의무적이거나 자발적이거나 명시적으로 탄소감축을 노력하지 않고 있는 국가들로부터의 수입품에 대하여 관세를 부과하고 역으로 이들 국가들에 대한 수출에 대해서는 세금을 환급하는 탄소세의 국경세 조정은 강력한 위력을 발휘할 수 있으며, WTO 체제의 간접세 효과를 거둘 수 있을 것으로 기대되면서 선진국들에 의해 정책수단으로 자주 검토되고 있다(이로리 2010). 하지만 이런 조치들보다도 탄소함유량이 높은 제품에 대한 수입을 제한하거나 할당량을 부과하는 조치야말로 가장 강력한 기후 선진국들의 정책수단이 될 수 있을 것이다.

문제는 환경보호의 목적으로 채택되는 이러한 규제적 정책수단이 환경보호의 목적과 더불어 선진국의 보호주의를 정당화하는데 악용될 소지가 있기 때문에 개도국들은 자국의 지속적 경제성장을 방해하는 이러한 조치들에 강하게 반발할 수 있으며,[15] 이러한 대립구도는 전 세계적인 무역전쟁을 야기할 가능성이 있는 갈등의 장으로 인식되어야 한다.

---

15 실제로 인도와 중국이 포함된 개도국그룹은 개도국들에 대한 관세부과나 수입제한조치에 대해 강력히 대응하기로 한 입장을 확인하였다. *Finacial Times* (2009.11.5).

또한 수출입과 직접 관련된 분야 이외에도 선진국과 개도국 사이에서 신재생에너지 개발에 대하여 지급되는 개발보조금이나 환경표준 설정을 두고 논쟁이 발생할 수 있다. 환경보호를 위해 신재생에너지에 거는 기대가 높으며 실제로 이에 대한 많은 재원이 선진국들에 의해 관련 기업들에 대해 보조금의 형태로 지급되고 있다. 문제는 이 투자가 WTO 체제에서 허용 가능한 보조금으로 인정될 수 있는지 여부에 대해서 논쟁의 소지가 높다는 점이다(김홍균 2009). 더구나 선진국들이 자본과 기술을 바탕으로 환경산업의 신성장동력을 선점하려는 목적으로 개도국의 재생에너지 시장의 개방과 그 기술에 대한 지적 재산권 보호를 강하게 요구하게 될 경우 이는 분쟁 가능성을 더욱 높이게 될 것이다. 개도국들은 이러한 기술에 대한 공공재로서의 성격을 강조하면서 무상기술 이전을 요청하면서 맞대응하게 될 것이기 때문이다. 마찬가지로 일정한 에너지효율 및 온실가스 절감 기준을 설정하고 이를 충족시키는 상품에 대해서만 판매를 허용하는 환경표준을 설정하고 보편화하려는 선진국들의 노력은 개도국들의 입장에서 비관세장벽으로 기능하여 차별과 규제의 근거로 작동할 수 있기에 강력히 반발할 수 있을 것이다.

그리고 개도국들은 선진국, 개도국 사이의 차별화에 대한 입장을 견지하고 있는데 반하여, 선진국들은 선진국/개도국 구분을 반대하고 능력과 여건 변화 등에 다른 차별화가 필요하다는 입장을 견지함으로서 이에 대한 근본적인 대립구도를 계속 유지될 것으로 보인다.

다음으로, 새로운 균열구도의 출현에 대해서도 주의를 기울일 필요가 있다. 상술한 바와 같은 선진국과 개도국 사이의 대립구도에서 그 쟁점 영역이 확대됨과 동시에 선진국 내부와 개도국 내부에서도 각각 대립구도가 형성되고 있다. 앞서 교역과 관련된 보호주의의 고조와 보조금지급 및 비관세장벽 등과 관련된 문제는 선진국과 개도국 사이에서 뿐만 아니라 선진국들 사이에서도 분쟁을 야기할 수 있는 요인들이다. EU나 미국 그리고 일본과 호주 같은 국가들 사이에서 나타나는 국가이익의 대립구도는 기존 환경 국제정치에서도 심심치 않게 나타나곤 했다.[16] 또한 기후변화의 국제정치 및 환경 국제정치 일반에서의 주도권을 잡기 위한 환경 표준경쟁 또한 선진국 내의 갈등의 소재를 제공할 수 있다. 가령, 자동차의 배출가스 기준을 놓고 유럽, 미국, 일본 자동차 업계가 벌인 논쟁은 각국 자동차 산업의 이익 이외에도 표준선점을 위한 경쟁의 대표적 사례로 언급될 수 있을 것이다(*Financial Times* 2009.12.15). 이처럼 기후변화의 국제정치에서의 규제의 논리가 강화되면 될수록 선진국들 사이에서 나타나는 신기술의 개발과 그 표준을 선점하기 위한 경쟁은 더 격화될 것이다. 하지만 선진국 그룹들은 높은 환경 인식과 소득 수준이라는 공통점은 물론 환경기준과 목표 설정의 범위가 유사하며 환경 국제정치에서의 리더십 구축이라는 유사한 목표를 추구하고 있으며 나아가 기존의 다양한 영역에서의 분쟁해결 방식으로부터 학습된 상호작용의 경험을 가지고 있기에 비교적 합리적인 방법으로 자신들 사이의 이견의 폭을 좁힐 수 있는 가능성이 커 보인다.

개도국들 사이에서 커져가고 있는 균열구도에 대해서도 주의를 기울일

16 1994년 당시 미국이 유럽산 자동차에 대하여 부과하였던 자동차 연료세는 EC와 미국 사이의 환경-무역 분쟁의 대표적 사례로 손꼽힌다. 이외에도 EU가 환경 국제정치에서 새로운 표준을 설정하기 위해 적극적 입장을 보이며 나타난 다양한 분쟁과 국가들 간의 이익 충돌에 대해서는 다음을 참조. R. Daniel Kelemen, "Globalizing EU Environmental Regulation," *Journal of European Public Policy*, 17-3 (2010): pp. 335-349; R. Daniel Kelemen, David Vogel, "Trading Places: The Role of the United States and the European Union in International Environmental Politics," *Comparative Political Studies*, 43-4 (2010): pp. 427-456.

필요가 있다. 개도국은 그 입장에 따라 다양한 하위 그룹으로 나누어 볼 수 있는데, 한국, 멕시코, 대만, 싱가포르, 이스라엘 등의 OECD 회원국이거나 높은 경제수준을 구가하고 있는 선발개도국 그룹, 기후변화가 국가의 존립에 크게 영향을 미치는 기후변화 취약국가들인 군서도서국연합(AOSIS), 기후변화 규제에 따른 손해를 우려하고 있는 산유국 그룹, 그리고 기타 77그룹 등을 들 수 있다. 이들 그룹들은 향후 기후변화 협상이 진행되는 과정에서 복잡한 이익의 균열구도를 형성할 가능성이 커 보인다. 최근 일련의 당사국총회에서 군서도서국연합은 신속하고 강력한 감축을 요구하면서 필요하다면 선진국 그룹과 연대를 통한 압력행사에 동참할 가능성을 시사하기도 했다. 이들 그룹은 향후 선진국들을 중심으로 추진될지도 모를 기후변화 관련 무역 규제에 동참할 가능성이 높아 보인다. 반면 산유국 그룹은 화석연료의 사용 억제 및 화석 연료 자원개발을 제한하는데 따른 자국의 손해에 대한 보상이 이루어져야 함을 역설하면서 녹색기후기금에서의 할당을 요청하고 있다(*Financial Times* 2009.11.10.). 사실 사우디아라비아나 베네수엘라 같은 산유국들은 코펜하겐 합의문과 이후 변화에 적극적으로 나서지 않고 있다. 이 두 그룹의 입장은 거의 제로게임에 가까운 대립구도를 보이고 있다. 선발개도국들의 기회주의적 입장에 대한 비판은 물론 중국, 인도, 브라질 등의 교토체제 최대의 수혜국들이 최근 경제성장과 더불어 친환경기술 개발에도 매진하여 친환경 기술의 상품화에 가세하면서 개도국에 대한 기술 지원의 문제도 선진국-개도국의 이분법적 대립구도만으로 이해되기 힘든 실정이다.

개도국 내의 갈등은 기후변화 관련 사업의 분야별 이익 차이에 따라서 더 첨예하게 나타난다. 산림전용방지프로그램(REDD)이나 청정개발체제(CDM) 등의 사업에 대한 개도국들의 입장 차이도 나타나고 있으며, 개도국

내에서 이런 사업에 진출할 수 있는 여건, 자본, 기술을 보유한 국가들은 이들을 통해 훨씬 큰 이익을 창출하고 기술 및 자본을 이전받음으로써 개도국 내 불평등을 심화시키는 요인이 되기도 한다. 또한 국가별 산업구조의 차이에 따른 규제와 표준의 설정은 WTO 도하라운드를 좌초시킬 만큼 복잡하고 지난한 조정의 과정을 요구하게 될 것이다(이찬송 · 윤순진 2010, pp. 184-6).

따라서 기존의 감축 목표의 설정과 의무 할당을 둘러싸고 벌어졌던 선진국-개도국 사이에서 벌어진 논쟁은 더반 회의 이후 다소 복잡한 분열구도 속에서 쟁점별로 다양한 이합집산이 이루어지고 있으며, 이제는 국제환경 협상의 거시구도에 대한 대응과 미시적 산업 및 쟁점 부문에 대한 대응이 동시에 준비되어야 한다는 점을 시사한다.

끝으로, 새로운 자발적 감축목표를 지켜내기 위한 개도국의 노력에 대하여 선진국이 재정 지원의 범위를 확대하고 지원하는 과제가 부각되고 있다. 선진국들은 감축과 적응 모두에서의 법적 균형보다는 정치적 균형을 주장하고 있으며, 손실과 피해 그리고 이행수단 등을 연계하여 개도국을 지원하는 방안을 마련하고자 한다, 그리고 재정 지원을 통한 개도국의 대담한 감축을 유도하기 위한 방안에 부심하고 있다. 하지만 이와 같은 선진국의 입장이 개도국 및 후발국들에게 그대로 적용되기는 매우 어려워 보인다. 향후 협상과정에서 이와 관련된 문제들은 더욱 첨예화 될 가능성이 높으며, 이에 대한 해법이 파리회의 이후에 더욱 중요한 문제로 부각될 것으로 보인다.

효과적 기후변화 대응체제의 구축이 2020년으로 미뤄진 것은 기후변화 방지를 위한 지구적 노력이 후퇴했음을 보여주는 것이 사실이지만, 무의미한 대립과 공방을 넘어 새로운 해법을 찾기 위한 시간으로 선용되고 있다고 보아야 할 것이다. 한국의 입장에서도 2020년까지 개도국 지위가 유지되고 강제적 감축의무를 부담하지 않게 된 것은 다행한 일이지만, 이 시간을 한국의 기후변화 대응력을 키우고 준비하는 시간으로 만드는 지혜가 필요하다. 이러한 방안을 구상하기 위해 기존 한국의 환경 및 기후변화 외교를 비판적으로 검토해 볼 필요가 있다.

Ⅲ. 한국 환경 및 기후변화 외교의 발전과 한계[17]

환경 국제정치가 기후변화 대응체제의 형성을 둘러싼 복합적 지구정치 과정으로 변화하고 있는 가운데, 세계 각국은 이에 적응하고 대응하기 위해 비상한 노력을 요청받고 있으며 한국도 예외는 아니다. 한 국내 연구는 지구적 수준에서 진행되고 있는 환경 국제정치에 참여해 온 한국의 환경 외교를 관망적 참여기(1972-1987), 수동적 대응기(1989-1996), 능동적 대응기(1997-2007), 적극적 주도기(2007-현재) 등의 시기로 구분하고 있다.[18] 한국 환경 외교는 앞의 두 시기에 환경을 보호하기 위한 국제적 노력에 수동적이며 소극적으로 대응하는데 급급하였으나, 1992년에 체결된 바젤협약(Basel

17 이하에 3, 4절에 집필된 한국 환경 외교의 성과, 한계, 대책에 대한 논의는 아래 졸고의 일부를 본고의 취지에 맞추고 새로운 변화를 반영하여 편집하였음을 밝힌다. 신범식, "환경 및 기후변화 국제정치와 한국 외교," 하영선 편, 『2020 한국외교 10대과제: 복합과 공진』(서울: 동아시아연구원, 2013).

18 김영호, "한국 환경외교의 전개과정," 한국학술연구원 주관 12차 코리아포럼 「한국의 환경외교-쟁점과 전망」(2010년 4월 12일, 한국언론재단) 발표자료집.

Convention on Hazardous Waste)에 1994년에 한국이 가입하게 된 시점을 전후로 환경보전에 대한 국제적 노력에 적극적으로 동참하는 방향으로 변모하였고, 포스트교토체제에 대한 논의가 시작된 시기에 출범한 이명박 정부 들어 '저탄소 녹색성장' 패러다임이 채택된 이후 선제적 의제설정과 주도적 리더십 발휘를 위한 노력을 경주하는 방향으로 적극화되었다.

발리 당사국총회를 전후하여 본격화되기 시작한 포스트교토체제 논의가 시작되면서 비슷한 시기에 출범한 이명박 정부는 2008년 8월 15일 한국의 향후 60년 국가 비전으로 '저탄소 녹색성장' 정책을 발표하였다. 이명박 대통령은 2008년 7월 일본 도야코에서 개최된 G8 기후변화 확대정상 회의에 참가하여 '동아시아기후파트너십'(EACP)의 창설을 천명하였다. 2008년 10월 습지보호를 위한 제10차 람사르협약 당사국 총회가 창원에서 개최되어 140여 개국 2,300여 명의 정부 및 NGO 대표들이 참석하여 '창원선언문'이 채택하였다. 또한 한국은 2009년 5월 '동아시아 기후포럼'을 개최하였다.

이러한 적극적 회의 외교와 더불어 공적개발원조(ODA)의 확대에도 힘을 쏟아 1991년 5,750만 달러, 1995년 1억 1,600만 달러 수준에서 2008년에는 7억 7,900만 달러로 증액되었다.[19] 2009년 7월 '녹색성장 국가계획 및 5개년 계획'이 수립되었고, 향후 5년간 매년 GDP의 2% 수준으로 녹색사업에 투자한다는 목표가 설정되었다. 그리고 한국은 2009년 11월 독자적인 온실가스 감축목표로서 2020년까지 BAU 대비 30%를 감축하겠다

19 22009년 11월에 한국은 OECD 개발원조그룹(Development Assistance Committee, DAC)에 24번째 회원으로 가입함으로써 세계에서 처음으로 원조수혜국이 공여국이 되는 선례를 남겼다.

고 발표하였는데, 이는 선진국 지원을 전제조건으로 하지 않는 자발적이며 선도적인 감축목표를 설정한 것으로 국제적 인정을 받기도 하였다. 그 이외에도 당사국총회에서 선진국과 개도국 사이의 의무감축 목표의 설정과 방식을 놓고 벌어진 지루한 힘겨루기를 타개하기 위하여 개도국들이 국가별로 적정한 목표를 설정하고 자발적으로 감축을 실천하되 그 감축 목표의 등록을 통해 자율적 이행 여부를 모니터링하고 그에 따라 크레딧을 부여받는 방안, 즉 NAMA 등록부 설치 및 크레딧 부여 방안을 제안하여 선진국과 개도국 사이의 입장차를 좁히려는 창의적이고 주도적인 노력을 기울이기도 하였다.[20] 또한 코펜하겐 당사국총회에서 이명박 대통령은 2012년 18차 당사국총회 유치 의사를 피력하고 글로벌녹색성장연구소(GGGI) 설립 의사를 밝혔으며, 당사국총회의 유치에는 실패했지만 2010년 6월 GGGI 연구소를 설립하였다. 국내적으로는 저탄소 녹색성장 기본법이 국회를 통과하여 2010년 4월 14일부터 시행되게 되었다.

발리회의 이후 한국 기후변화 외교가 이같이 적극적으로 변화해 온 이유는 무엇인가?

우선, 이 같은 한국의 환경외교의 변화상은 한국의 국제정치적 지위의 변화와 밀접히 관련되어 나타나고 있는 것으로 보인다. 한국은 1990년

20 국제기후레짐에서 한국이 국제사회에 기여하기 위해 제시한 방안은 "국내적으로 적절한 감축행동(Nationally Appropriate Mitigation Actions, NAMA) 등록부 설치"이다. 개도국들이 자발적으로 취하는 온실가스 감축 행동에 대해 국제적으로 인정(international recognition)을 받아야 한다는 것이다. 구체적으로 한국은 개도국의 자발적 행동이 선진국 지원 NAMA, 독자적인 NAMA, 그리고 탄소배출권을 발행 받는 NAMA 등으로 구분할 필요가 있으며, 이를 통해 개도국들의 온실가스 감축 참여 제고, 선진국들의 기술 이전, 기존 시장 중심적 메커니즘의 발전 등이 이루어질 수 있다고 주장했다.

대 중반까지 여러 지표들에 의해 개발도상국으로 분류되었다. 그러나 1996년 OECD에 가입한 이후 국제적 위상이 달라지고 있으며, 그에 따라 자연히 국제적 의무 이행에 대한 안팎의 기대도 높아가고 있다. 세계은행 통계에 따르면, 2009년 한국의 GDP는 8,325억 달러로 세계 15위였고, 무역 규모는 세계 11위를 차지했다. 1979년 수출규모는 150억 달러에서 2009년 약 3,600억 달러로 커졌다. 2008년 시작된 세계금융위기를 타개하기 위해 전 세계 주요 경제 20개국이 모인 자리에 한국이 포함되었으며, 2010년에는 G20 정상회의를 서울에서 개최하기도 했다. 그러나 여전히 한국은 대부분의 환경협약에서 개도국 지위를 유지하고 있다. 하지만 한국의 경제력이 상승하면서 국제 환경보존을 위하여 한국을 향한 국제사회 및 시민사회의 요구가 커지고 있으며, 이러한 내외의 압력은 한국의 환경 및 기후변화 외교에 임하는 태도를 변화시킨 기본적인 요인이 되고 있는 것이 사실이다. 특히 기후변화대응체제 형성과 관련하여 한국은 대체적으로 기후협약 초기에는 수동적이고 방어적인 자세로 협상에 임했으나, 1996년 OECD 가입 이후 점차적으로 참여태도가 적극적으로 전환되기 시작했으며 2007년 발리 회의 이후 뚜렷한 전향적 자세를 보이게 되었다. 이는 지구대기환경협력에 있어서 한국이 수동적이거나 강요받는 약소국 위치에서 탈피하여 중견국가의 영향력을 발휘하기 시작하게 되면서 나타난 변화라고 볼 수 있다.

또한 국제규범의 영향력 확대이다. 국제규범의 국내정책에 대한 영향을 설명한 분석들에 의하면 일정한 사회 현상에 대해 동일한 이해와 목표를 공유한 정책결정자, 전문가 그룹의 인식공동체를 통해 국제적 규범이 전파되거나 정부에 압력을 행사하는 초국가적 지지그룹들에 의해 확산된다고 한다.[21] 이 시기에 들어 한국 정부는 국제 기후변화 규범의 확산에 따른 국제정세의 변화에 대해 능동적 대응의 필요성이 커졌기 때문인 것으로 보인다. 실제로 한국 국내에서도 환경 관련 비정부기구들의 수가 급속히 늘어났는데, 1986년 21개에 불과했던 환경단체는 1993년 133개로 증가하였다. 또한 환경문제에 대한 언론 보도는 1987년 873건에서 1992년 8,884건으로 증가함으로써 환경에 대한 관심과 규범이 확산되고 있음을 보여준다(윤이숙 2010).[21]

또한 한국의 전향적인 환경 및 기후변화 외교는 한국의 사회경제적 체제전환과 이에 따른 장기적인 국가이익의 관점에서도 기인한 것으로 볼 수 있다. 에너지안보 확보와 신성장동력 발굴은 한국 경제의 지속적 발전을 위하여 필수불가결한 요소이다. 한국의 화석연료 의존율이 80%이며 에너지 수입대금으로 2007년 949.8억 불, 2008년 1,409억 불을 지출하고 있는 실정이다. 특히 한국 내 주력산업들이 에너지 다소비 산업들이며, 한국의 에너지 효율성은 OECD 평균에 미치지 못하고 있다. 또한 한반도에서 진행되는 기후변화 속도 및 기온 상승폭도 역시 지구 평균의 2배가 넘어 아열대성 기후가 서서히 전개되고 있으며, 집중호우로 인한 피해도 늘고 있다. 이런 배경은 한국이 적극적인 기후변화 외교를 적극적으로 펼치게 되는 동인으로 작용하게 된 것으로 보인다.

하지만 이런 배경에 더하여 한국의 적극적 환경 및 기후변화 외교의 동력은 국제사회에서의 리더십의 신장을 위한 목적의식에 의하여 직접적으로 추동되고 있는 것이 사실이다. 포스트교토체제 논의시기에 들어와 한국의

---

21 Peter Haas, "Do Regimes Matter? Epistemic Communities and Mediterranean Pollution Control," *International Organization*, 43-3 (1989): pp. 377-403; Margaret Keck and Kathryn Sikkink, *Activists Beyond Borders: Advocacy Networks in International Politics* (Ithaca: Cornell University Press, 1998).

부속서I 그룹 참여에 대한 국내외적인 압력이 높아가면서 소극적인 방어 전략에서 탈피하여 적극적인 협상리더십을 구축하려는 노력이 시작된 것이다. 자발적인 감축 노력과 적극적인 기후변화 외교를 통해 선진국들의 압력으로부터 벗어나는 동시에 선진국과 개도국의 가교역할을 통해 국제적 리더십을 신장하려고 한 것이다. 특히 기후변화 국제정치에서 나타나고 있는 선진국–개도국 사이의 분열구도 속에서 중간자 역할을 수행함으로써 리더십을 발휘할 수 있을 것이라는 기후변화 국제정치의 구조적 환경에 대한 인식은 한국의 적극적인 기후변화 외교의 직접적 동인을 제공하였다. 수세적 및 수동적 자세를 벗어나 신장된 국력을 바탕으로 중견국가[22]적 리더십을 발휘하려는 여건에서 기후변화 대응체제의 국제적 발전과 한국의 외교적 위상을 강화하려는 목적이 맞물리면서 이러한 적극적 기후변화 외교가 추진된 것이다.

이러한 한국의 적극적인 기후변화 외교의 추진 결과 한국의 기후변화 국제정치 속에서 가시성이 증대된 것이 사실이며, 한국의 적극적 노력이 국내외의 긍정적 결과를 가져온 것도 사실이다. 선진국과 개도국의 사이에서 자발적 감축의 의미를 부각시키며 NAMA 등록부의 활용을 통한 타협책의 모색은 교착상태에 이르던 포스트교토 기후변화협상 과정에서 의미 있는 타협책으로 등장하였고, 향후 기후변화 대응체제의 감축방안 구축을 위한

22 중견국가 개념과 중견국가의 외교적 가능성에 대해서는 다음을 참조. Carsten Holbraad, *Middle Powers in International Politics* (London: Macmillan, 1984), pp. 67–91; 김치욱, "국제정치의 분석단위로서 중견국가(Middle Power): 개념화와 시사점," 『국제정치논총』 49–1 (2009).

모델로서 주목을 받았으며, 한국의 자발적 감축목표의 설정[23]은 고무적 노력으로 평가받고 있다.

〈그림 5-4〉 아시아 국가들의 환경실행지수(EPI)

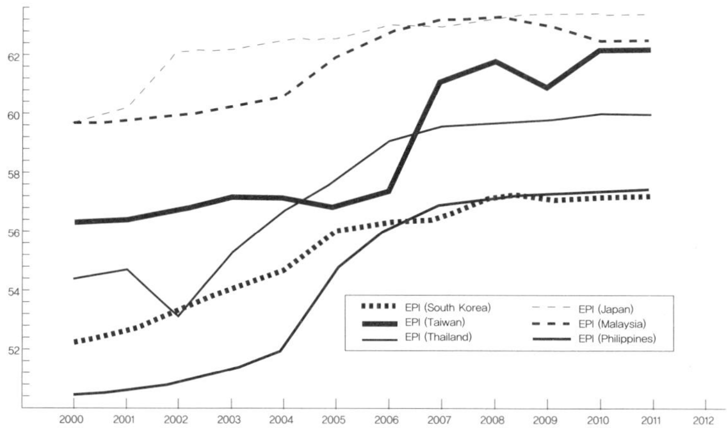

출처: Heejin Han, "Korea's pursuit of low-carbon green growth: A middle power state's dream of becoming a green pioneer," *The Pacific Review* 2015, p. 14.

그러나 한국의 기후변화 국제정치에서의 가시성의 신장은 비판적 견지에서 재검토되고 보완될 필요가 있다. 본질적인 의미에서 한국은 기후변화

23 2009년 11월 한국 정부는 BAU(business as usual) 대비 30% 감축을 국가 중기 감축 목표로 확정하여 발표했다. 이는 기후변화에 관한 정부 간 패널(International Panel on Climate Change, IPCC) 권고사항은 물론 EU가 주장하는 개도국의 감축 필요수준 중에서도 가장 높은 수준에 해당하는 것이었다. 국내 산업계 반대에도 불구하고 이 같은 목표 설정은 다른 많은 국가들에게 긍정적 평가를 받았다.

대응체제의 구축에 결정적 영향력을 가진 것은 아니며 그 구조적 특성 속에서 한국의 중간자적 위치를 활용하여 리더십을 마련하려는 노력을 기울인 것에 불과하다. 그리고 이러한 리더십이 지속적이고 의미 있는 권력으로 자리를 잡으려면 그러한 노력의 지속적 실천을 통해 소프트파워를 강화해 나가야 하며, 이를 위해서는 다시 그 지속적 실천을 위한 내부 규범 및 제도 역량을 강화하는 것이 필수적이다. 이러한 견지에서 볼 때에 한국의 내적 역량과 지속적 실천을 통한 환경국가로서의 역량은 아직 충분치 못한 것이 사실이며, 이를 지속적으로 개선해 나기기 위한 '환경국가'로서의 체질개선이 상당 기간 동안 추진되어야 할 것이다. 〈그림 5-4〉를 보면 한국의 환경실행지수(EPI)가 일본은 물론 말레이시아, 타이완, 태국에게도 뒤처지고 있으며, 최근에는 필리핀보다 낮은 수준을 보이고 있다는 예일대학교 EPI 분석결과(EPI Index)[24]는 많은 것을 시사한다.

이와 관련하여 이명박 정부는 기후변화에 대응하기 위한 국가 장기개발비전으로 '저탄소 녹색성장'을 채택하고,[25] 지난 60년간의 양적 성장에서 향후 60년간 질적 성장으로의 패러다임 전환을 천명했다. 이 패러다임에 따라 수립된 기후변화대응 종합기본계획을 발표했으며,[26] 기존에 존재하던 기후변화대책위원회, 국가에너지위원회, 지속가능발전위원회를 통합해 대통

24 이에 대한 자세한 내용은 예일대 EPI 홈페이지(http://epi.yale.edu/dataexplorer/countryprofiles)를 참조.

25 이명박, "제63주년 광복절 및 대한민국 건국60년 경축사," 녹색성장위원회 홈페이지, http://www.greengrowth.go.kr, 최종접속일: 2011년 9월 15일.

26 국무총리실 기후변화대책기획단, "기후변화대응 종합기본계획"(2008년 9월 19일), p. 10. http://green.korea.kr/.

령 직속 녹색성장위원회를 설립하는 등의 조직개편도 단행했다.[27] 2010년에는 녹색성장 기본법이 국회를 통과했다. 정부는 이 기간의 일련의 이념적, 제도적, 조직적 변화들을 녹색성장 정책 추진을 위한 토대 구축 사업을 진행한 뒤, 2009년 7월에 녹색성장위원회는 "녹색성장을 위한 국가 전략"을 발표하고 2009–2013년을 목표로 한 "5개년 행동계획"을 발표하였다. 3개 정책 목표와 10개 정책 방향으로 구성된 이 계획에 따르면 한국은 2020년까지 세계 7위, 2050년까지 세계 5위의 녹색강국 달성을 목표로 하고 있다.

그러나 이명박 정부의 적극적 정책 추진에도 불구하고 2013년 도입 예정이었던 온실가스 총량거래제가 2015년 이후로 미루어졌으며, 에너지세나 탄소세 도입은 아예 실시되지 못하고 있다. 더구나 국민들의 에너지 소비는 최근 더욱 급증하고 있으며, 이는 전력부족 사태를 야기한 바 있다. 이명박 정부 들어서 GDP 대비 에너지 집약도는 높아지고 에너지 효율성은 오히려 악화되는 결과가 나타나고 있다. 전기요금 현실화 등을 통한 전기 수요 감소 목표도 제대로 실행되지 못하고 있다. 특히 녹색성장 정책에 4대강 사업과 원자력 에너지 개발을 포함시킨 것은 많은 정치적 논쟁을 불러왔다. 〈그림 5–4〉에서 보듯이 한국의 환경실행지수는 이명박 정부 시기는 물론 박근혜 정부 시기에 들어와서도 그다지 높아지지 않고 있는 것으로 평가받고 있다.

또한 환경 관련 국제기구에 대한 우리나라의 분담금 및 기여금은 그간 지속적으로 늘어난 것이 사실이지만 여전히 우리나라의 경제규모에 비

27 녹색성장위원회 홈페이지, http://www.greengrowth.go.kr, 최종검색일: 2011년 9월 26일.

해 턱없이 부족한 실정이며 전반적으로 환경관련 예산의 부족으로 국제기구 포럼에 대한 재정적 기여도가 낮고, 따라서 발언권도 약한 상태에 머물고 있다. 2011년 한국의 대외원조 공여국(DAC) 그룹 가입과 관련하여 한국은 대외 공적원조(ODA)를 확대하고 특히 환경 분야에 대한 원조 확대를 강조하고 있다. 하지만 대외 원조와 관련된 경험이 일천한 국가로서, 특히 환경 관련 대내적 역량이 더 개선되어야 할 여지가 많은 국가로서 한국은 환경 원조의 원칙과 기재에 대한 깊은 연구가 필요한 실정이다.

상대적으로 환경문제 관련 한국의 대외협상 능력은 지난 20년 간 지속적으로 성장했지만 대내협상 능력은 여전히 미흡한 상태에 머물러 있는 것도 문제이다. 환경역량을 강화하고 "환경 주류화"를 실현하기 위하여 한국정부는 특별히 대내 협상력을 강화할 필요가 있다. 2015년부터 시행 예정인 배출권 거래제도가 지니는 잠재적인 폭발성에도 불구하고 국내에서는 이와 관련하여 정책적 및 학문적 논쟁이 전혀 없는 가운데, 정부도 이 문제를 이슈화하여 인식 고양, 준비, 실행 등을 착실히 준비하고 있다는 징후는 어디에도 없다. 이는 물론 세계적인 저유가로 인하여 탄소가격이 형편없는 수준으로 떨어진 것과 깊은 연관이 있는 것이 사실이다. 하지만 분명한 것은 이러한 저유가 시대가 녹색성장으로 대별되는 한국의 친환경 정책과 환경 주류화의 노력을 크게 후퇴시키고 있는 것은 분명해 보인다. 이 상태에서는 정부의 환경 및 기후변화 대응노력이 여러 관련 기관과 기업 그리고 이익집단들의 폭발적 반발에 직면하고 정책 집행이 표류될 가능성이 높아 보인다. 도리어 정부는 이러한 저유가 시대에 저렴한 환경 주류화 비용의 장점을 활용하여, 환경 주류화에 대한 청사진과 대내 홍보 및 의견수렴 그리고 설득과 합의 도출을 적극적으로 추진해 갈 필요가 있다.

결국, 이명박 정부가 OECD, UNEP 그리고 RIO+20 포럼 등의 국제기구 및 회의에서 녹색성장 패러다임의 세계화를 선도하려고 노력했고, 글로벌녹색성장연구소(GGGI) 유치 등을 통해 녹색기술 개발과 전파에 리더십을 발휘하려고 노력해 왔지만, 여전히 한국의 녹색성장 정책이 국제적으로 인정받고 전파되기에는 한계가 있어 보인다. 아무리 외부에서 환경국가로서의 가시성을 높이고 활발한 외교를 펼친다 해도 한국의 환경국가로서의 내적 역량은 그 외부적 가시성에 한참 미치지 못하고 있는 것이 사실이다. 이 간극을 메우는 작업이 없이는 한국이 진정한 환경국가로서의 소프트파워를 강화하고 리더십을 확보하는 것은 결코 쉽지 않아 보인다.

Ⅳ. 한국 환경 및 기후변화 외교의 과제

점점 빠른 속도로 고갈되고 있는 환경용량의 안정적 점유와 지속가능한 발전을 위하여, 기존 환경 및 기후변화 국제정치에서 한국이 힘을 발휘한 지점이 어디였는가를 비판적으로 검토하고 한국이 기후변화의 도전에 대해 가지는 기회 요인과 강점은 살려 나가고 미비점은 보완해 나가야 할 것이다.

첫째, 한국은 중견국 외교의 가장 유력한 분야로서 기후변화의 도전이 주는 기회를 내실 있게 활용하여야 한다. 한국은 포스트교토 레짐의 형성 과정에서 중견국 기후외교를 열정적으로 펼쳐오고 있는데, 이 과정에서 중견국 기후변화 외교의 대체적인 지향성, 특히 한국이 기후변화 국제정치에서 수행할 수 있는 틈새 역할과 그로부터 발생하는 리더십의 고양을 추구하는 외교적 노력은 앞으로도 지속되어야 할 것이다.

하지만 한국이 이런 적극적 기후변화 외교를 지속한다고 할지라도 교토체제의 형성과정에서 일본이 행했던 정도의 역할이나 EU가 행사했던 정도의 환경 리더십을 획득하기에는 한계가 있다. 따라서 한국의 기후변화 국제정치에서의 권력획득과 리더십 구축에 대한 전략을 기초부터 다시 점검해 볼 필요가 있다.

기후변화 국제정치는 그 구조상 다층적 특성을 강하게 드러내고 있는 대표적 영역이다. 이런 복합적 구도 속에서 전개되고 있는 환경 및 기후변화 국제정치에서 한국의 환경외교가 지니는 한계는 명백하게 드러날 수밖에 없다. 따라서 최근 UNFCCC 중심의 기후변화 국제정치 과정에서의 가시성 강화를 위한 한국 환경외교의 노력은 좀 더 다층적 의미에서의 복합외교로 전환될 필요가 있다. 동시에 선진국의 입장과 개도국의 입장 차이를 줄이기 위한 가교국가(bridge state)로서의 기능도 복합국가로서 다층적 역량을 강화해 가는 견지에서 조정될 필요가 있다. 이를 위해서 외교부, 환경부, 지경부, 농림부 등 정부 해당 부처의 조정과정을 강화하며, 비정부기구, 연구단체, 지식인집단 등과 같은 폭넓은 정책네트워크의 구성을 통한 다기적 복합외교력을 강화할 수 있는 기반을 마련할 필요가 있다. 환경 국제정치의 다층적 과정은 국가 수준의 대응으로만은 충분치 않다. 국가와 시민사회 기업과 전문가 집단의 총체적인 대응이 필수불가결하다.

둘째, 거시적 및 미시적 수준에서 급속하게 변화해 가는 환경·기후변화 국제정치의 중요한 이슈들에 대한 주의를 기울여 추적하고 그에 대한 대책을 연구하여 환경 영역의 이슈들에 대한 적응력을 지속적으로 업그레이드 하는 준비는 여전히 중요하다. 앞서 이야기한 한국의 중견국 및 가교국가 역할을 위한 역량의 한계를 지적하는 것이 곧 외부 환경의 변화에 대해서는 문을 닫고 그 변화를 무시하고 내적 정책에만 초점을 맞추라는 이야기는 아니다. 한국이 환경 영역에서의 준비태세의 지속적 업그레이드를 유지하는 것은 지구적 및 지역적 수준에서의 새로운 환경리더십의 구축의 가장 기초적인 요건이 될 것이다.

이와 관련하여 중단기적으로 당면한 과제는 환경, 특히 기후변화 문제와 무역 이슈가 연계되는 상황에 예의 주시할 필요가 있으며, 장기적으로는 기후변화가 안보 이슈와 연계되는 상황까지도 고려한 중장기 대응계획을 세울 필요가 있다.

또한 다자협상 과정에서 변화하는 이슈들을 추적하고 대응하는 것이 중요하다. 특히 CDM, 탄소시장의 발전 방향, 환경기금의 조성과 운용, 친환경 기술의 개발과 공급, 신재생에너지 개발 등의 이슈에도 주의를 기울여야 하며, 이는 국가 미래성장 동력으로서의 가능성이란 적극적 및 공세적 견지에서뿐만 아니라 국가의 안보와 연관되는 방어적 견지에서도 인력과 재원의 투입을 신속하게 증대시켜야 할 분야이다.

셋째, 동북아에서 한국은 중국과 일본의 경쟁관계 속에서 지역적 환경협력을 촉진하는 역할을 할 수 있다는 점을 전향적으로 개발해 나가야 할 것이다. 한국은 일본과 중국 사이에서의 경생과 불신의 틈새를 메우며 동북아 지역협력을 촉진할 수 있는 지정학적 위상을 십분 활용해야 할 필요가 있다. 그런데 환경 분야에서의 지역 협력은 안보나 경제 분야와 달리 공공재 증진을 위한 목표를 갖기에 합의에 좀 더 유리하지만 그를 위한 실질적 재원을 투여할 수 있는 가능성은 낮다는 특성을 지닌다. 따라서 환경 분야에서의 협력은 자칫 말잔치에 끝날 수 있는 가능성이 높은 것도 사실이다.

그러므로 동(북)아시아 지역적 수준에서 수행되는 한국의 환경 및 기후변화 외교는 매우 구체적인 환경 이슈를 선정하여 협상과 협력을 실천함으로써 실질적인 결실을 맺는 성공의 경험을 축적해 나가는 방향으로 집중될 필요가 있다. 기존의 동북아시아환경협력계획(NEASPEC 1993), 북서태평양보전실천계획(NOWPAP 1994), 한, 중, 일 3국환경장관회의(TEMM 1999) 등의 지역 환경협력의 제도적 틀이 마련되었지만(윤이숙 2010), 이 틀을 통한 구체적인 성과들을 축적하는데 좀 더 집중할 필요가 있다. 특히 국가적 이익이 첨예하게 걸려있는 동북아 황사문제, 어족자원의 관리, 원자력 오염에 대한 대응 등과 같은 공동 의제에 대하여 한, 중, 일 3국 협력의 형태를 한층 고양시킨 지역적 공동 대응의 대책을 수립하고 실천하는 일을 강하게 추진해 갈 필요가 있다. 이러한 노력과 지역정치 과정의 내실화는 지역적 수준에서 제기되고 있는 환경 및 기후변화의 도전에 대하여 역내 국가들 대응능력을 높여주는데 도움을 줄 수 있을 뿐만 아니라 환경 이슈 이외의 영역에서 협력으로의 이전효과(spill-over effect)를 기대해 볼 수 있는 이점을 가지고 있다.

넷째, 이상의 지구적·지역적 노력 이외에도 한국의 환경 및 기후변화 외교의 진정한 취약점은 역시 국내적 체질개선이 이루어지지 않고 있다는 측면을 다시 언급하지 않을 수 없다. 이명박 정부의 녹색성장 정책은 한국 사회 전반에 환경 및 기후변화 문제에 대한 국가적 체질 개선의 필요성을 각성시켜 주었다. 하지만 진정한 체질 개선을 지금부터 시작해야 한다. 한국이 "환경국가"(Environmental State)로 거듭나지 않고 기존의 스타일을 쫓아 단기간 자금을 투여하고 환경외교의 가시성을 높이는데 급급한 방식으로는 한국의 지구적 및 지역적 수준에서의 환경 리더십은 물론 환경 경쟁력의 증대를 기대하기 어렵다.

이와 관련하여, 우선, 한국의 환경국가로서의 내적 및 외적 역량을 강화하기 위하여 "환경 주류화"(Environmental Mainstreaming)의 시행을 적극적으로 검토해야 한다.[28] ODA 공여국이 된 한국이 이런 EU의 정책을 참고

하여 환경 분야 협력정책을 추진하는 것이 필요하지만, 대외적 개발협력에 적용되던 개념을 창조적으로 수용하여 한국의 국내 환경정책을 재구성하는데 적용해 볼 필요가 있다. 또한 EU가 역내정책 및 회원국의 국내정책에서 환경영향을 평가함에 있어서 프로젝트 단위의 환경영향평가(EIA: Environmental Impact Assessment) 제도를 강화하면서 동시에 그것을 넘어선 전략환경평가(SEA: Strategic Environment Assesement) 제도를 실행했던 것을 변용 및 수용하여 유사한 제도적 장치를 마련하는 일부터 시작해 볼 수 있을 것이다.[29]

또한, 환경 정책 주체의 다기화를 통한 환경 역량의 강화 방안을 모색해야 한다. 내실 있는 환경 역량의 강화를 위해서 환경 정책 및 지구/지역적 환경 협력의 주체로서 지방과 기업 그리고 가계의 역할을 재조명하고 활성화할 필요가 절실하다.[30] 특히 미국이나 일본의 경우에 드러나듯이 지방

28 본래 환경 주류화 개념은 유럽연합이 저개발국가들에 대한 개발정책을 지원함에 있어서 환경적 목적과 부합하는 통합적 방향에서 지속가능한 개발을 추진하도록 정책을 평가하고 추진하기 위하여 고안된 개념이다. 환경 주류화에 대한 자세한 논의는 다음을 참조. European Commission, Putting Mainstreaming into Practice (European Commission, 2004); Dalal−Clayton D. B. and Bass S., The Challenges of Environmental Mainstreaming: Experience of Integrating Environment into Development Institutions and Decisions (London: International Institute for Environment and Development, 2009); Dalal−Clayton D. B. and Bass S., Environmental Mainstreaming Diagnostic. Draft (London: International Institute for Environment and Development, 2011).

29 전략환경평가 개념에 대해서는 다음을 참조. Dalal−Clayton D. B. and Sadler B., *Strategic Environmental Assessment: A Sourcebook and Reference Guide to International Experience* (London: International Institute for Environment and Development, 2005).

30 Tommy Linstorth and Ryan Bell, *Local Action: The New Paradigm in Climate Change Action* (Burlington: University of Vermont Press, 2007); Sangbum Shin, "East Asian

의 환경정책의 주체로서의 역할은 매우 긴요하며, 중앙정부의 한계를 보완하고 그 수준을 넘어 새로운 환경 정책의 축으로 성장할 수도 있음을 알 수 있다.[31] 기후변화 대응을 위한 국제정치과정이 다소 지연되더라도 국내적 체질을 개선하기 위한 노력은 이미 시작되었다. 미국식 모델과 일본식 모델의 중간형에 가까운 한국의 지방이 구성하는 기후변화 정치의 유형을 두고 짐작해 보건데, 한국에서도 지방의 환경 및 기후변화 정책의 역할을 더욱 강화해 나갈 필요가 있다(신상범 2010). 또한 지방 정부는 주권 원칙의 경직성을 벗어나 좀 더 자유로운 초국경 연대를 형성하는 주체가 될 수 있다. 자치단체국제환경협의회(ICLEI)와 같은 국제기구는 물론 유럽에서의 환경 관련 도시네트워크의 역할 등을 고려하여 한국의 지방 환경 역량을 강화해 나가는 모델을 개발해 나갈 필요가 있다. 나아가 기업들의 친환경적 체질개선을 위한 계획과 실천을 유예하지 말고 국가의 과감한 투자와 유인책으로 통해

Environmental Cooperation: Central Pessimism and Local Optimism," Pacific Affairs 80-1 (2007); Johannes Urpelainen, "Explaining the Schwarzenegger Phenomenon: Local Frontrunners in Climate Change Policy," Global Environmental Politics 9-3 (2009).

31 가령, 미국의 경우에 연방 차원의 논의가 정치적 제약으로 답보 상황에 처한데 비해 지방 차원의 탄소감축 노력은 적극적인데, 2006년 캘리포니아 주는 자동차의 이산화탄소배출제한규정을 채택하였고, 다른 16개 주도 이를 채택하였다. 주 정부 차원에서 에너지 효율성 증진 위한 정책을 본격적으로 실천하기 시작하였다. 또한 2008년 가을 미국 동북부 10개 주가 "지방온실가스감축계획"(Regional Greenhouse Gas Initiative) 프로그램을 통해 온실가스 배출총량제한 및 거래제를 도입했으며, 2009년 기준 미국 800개 이상 도시의 시장들이 교토의정서의 타깃 또는 그 이상의 온실가스 감축계획을 선언하였다. 이로써 전체의 절반에 해당되는 주정부에서 탄소배출감축목표를 설정하고 그 실천을 시작했다는 사실에 주목해 볼 필요가 있다. Chandler William. 2008. Breaking the Suicide Pact: U.S.-China Cooperation on Climate Change. Carnegie Endowment for International Peace.

실천에 동참하도록 해야 할 것이다. 그리고 가계의 경우 환경역량을 강화하는 것은 지속적인 교육을 통한 의식 및 생활스타일의 변화를 신속하게 유도하기 위해 에너지 및 전기료를 인상하고 기존 에너지 사용량을 기준으로 가정에서의 에너지 사용을 줄이도록 유도하는 시장메커니즘을 통한 당근과 채찍 병용 정책을 추진할 필요가 있다.

다섯 째, 이러한 대외적 및 대내적 환경 및 기후변화 대응정책의 실천과 관련하여 가장 중요한 추동력은 역시 자발적으로 설정한 2020년 국가 온실가스 감축 목표에 맞는 시간 계획을 수립하여 조속히 달성하기 위해 실천에 나서는 길에서만 얻을 수 있다. 이미 이를 위한 법적·제도적 틀을 구축한 만큼, 더 이상 다른 나라 눈치를 보기나 기업 사정 봐주기 식의 유예는 지양되어야 한다. 이와 같은 적극적인 실천은 크게 두 가지 의미에서 중요성을 지닌다. 하나는 이미 지적한 바와 같이 이러한 실천이 한국의 총체적 환경역량 강화를 통한 기후변화의 시대에 처한 국제정치와 국제경제에서의 리더십과 권력 그리고 이익을 창출하는데 기여한다는 적극적인 의미이다. 하지만 그에 못지않게 중요한 것은 중장기적으로 기후변화의 거대한 영향이 지구를 강타하게 되는 시나리오가 현실화될 경우에 이러한 총체적 체질 개선이 한국의 국운을 결정하는 중요한 실마리가 될 수 있다는 매우 수세적이지만 현실주의적인 의미에서의 고려와 대비가 필요하다. 다행히 최근 저유가시대가 도래하여 우리에게 시간을 벌어주고 있을 때에, 우리는 이 같은 변화를 향한 노력을 실질적으로 실행하기 위한 배전의 노력을 기울여 갈 필요가 있다.

참고문헌

권 다이어. 2011. 『기후대전』. 파주: 김영사. pp. 310-321.

김영호. 2010. "한국 환경외교의 전개과정." 한국학술연구원 주관 12차 코리아포럼 발표자료집, 4월 12일. 서울.

김용건·김이진·박시원. 2009. 『온실가스 감축의무 협상동향 및 대응방향 연구』. 서울: 한국환경정책 평가연구원. pp. 147-149.

김치욱. 2009. "국제정치의 분석단위로서 중견국가(Middle Power): 그 개념화와 시사점." 『국제정치논총』 49, 1.

김홍균. 2009. "기후변화협약체제와 WTO체제의 충돌과 조화." 『법학논총』 26, 4: pp. 65-85.

신범식. 2011. "탈위기 지구질서와 환경의 국제정치: 기후변화대응체제의 현재와 미래." 하영선 편. 『위기와 복합: 경제위기 이후 세계질서』. 서울: 동아시아연구원. pp. 227-260.

_____. 2013. "환경 및 기후변화 국제정치와 한국 외교," 하영선 편. 『2020 한국외교 10대과제: 복합과 공진』. 서울: 동아시아연구원.

신상범. 2010. "한국 지방정부의 환경외교: 창원시의 사례." 한국학술연구원 주관 12차 코리아포럼 발표자료집, 4월 12일. 서울.

윤이숙. 2010. "동아시아 지역기구와 한국의 환경외교." 한국학술연구원 주관 12차 코리아포럼 발표자료집, 4월 12일. 서울.

이명박, 2008. "제63주년 광복절 및 대한민국 건국60년 경축사." http://www.greengrowth.go.kr(검색일: 2011.09.15).

이찬송·윤순진. 2010. "기후변화의 국제정치경제 : 기후변화레짐 내 환경-무역 갈등." 『한국사회와 행정연구』 21, 3: pp. 163-193.

장현숙. 2011. "더반 기후변화회의 결과 및 시사점." *Trade Focus* 10, 61.

환경부. 2010. "제16차 기후변화협약 당사국총회 주요 결과." 미발간 자료.

국무총리실 기후변화대책기획단. 2008. "기후변화대응 종합기본계획." http://green.korea.kr/.

동아시아기후파트너십 홈페이지, http://eacp.koica.go.kr (검색일: 2011.08.15).

글로벌녹색성장연구소 홈페이지, http://www.gggi.org (검색일: 2011.08.15).

녹색성장위원회 홈페이지, http://www.greengrowth.go.kr (검색일: 2011.09.26).

Barnett, Jon. 2007. "The Geopolitics of Climate Change." *Geography Compass* 1, 6: 1367.

Bodansky, Daniel and Elliot Diringer. 2010. "The Evolution of Multilateral Regimes: Implications for Climate Change." Pew Center on Global Climate Change.

Bolin, Bert. 2007. *A History of the Science and Politics of Climate Change: The Role of the Intergovernmental Panel on Climate Change*. Cambridge: Cambridge University Press.

Brainard, Lael and Isaac Sorkin. eds. 2009. *Climate Change, Trade, and Competitiveness: Is a Collision Inevitable?*. Washington D.C.: Brookings Institution Press.

Campbell, Kurt, et al. 2007. *The Age of Consequences: The Foreign Policy and National Security Implications of Global Climate Change*. CSIS and CNAS.

Campbell, Kurt M. ed.. 2008. *Climatic Cataclysm: The Foreign Policy and National Security Implications of Climate Change*. Washington D.C.: Brookings Institution Press.

Chandler, William. 2008. *Breaking the Suicide Pact: U.S.-China Cooperation on Climate Change*. Carnegie Endowment for International Peace.

Chasek, Pamela S., David L. Downie and Janet W. Brown. 2005. *Global En-*

vironmental Politics. Boulder: Westview Press.

CNA. 2007. "National Security and The Threat of Climate Change." http://www.cna.org/sites/default/files/National%20Security%20and%20the%20Threat%20of%20Climate%20Change%20-%20Print.pdf

Dalal-Clayton, Barry and Barry Sadler. 2005. "Strategic Environmental Assessment: A Sourcebook and Reference Guide to International Experience." London: International Institute for Environment and Development.

Dalal-Clayton, Barry and Steve Bass. 2009. "The Challenges of Environmental Mainstreaming: Experience of Integrating Environment into Development Institutions and Decisions." London: International Institute for Environment and Development.

________________. 2011. "Environmental Mainstreaming Diagnostic"(Draft). London: International Institute for Environment and Development.

Dyer, Gwynne. 2011. *Climate Wars: The Fight for Survival as the World Overheats*. London: Oneworld.

Elliott, Lorraine. 1998. *The Global Politics of the Environment*. London: Palgrave Macmillan.

European Commission. 2004. *Putting Mainstreaming into Practice*. European Commission.

Financial Times. 2009. November 10.

________. 2009. December 15.

________. 2010. December 12.

Haas, Peter. 1989. "Do Regimes Matter? Epistemic Communities and Mediterranean Pollution Control." *International Organization* 43, 3: pp.

377–403.

Han, Heejin . 2015. "Korea's pursuit of low-carbon green growth: A middle power state's dream of becoming a green pioneer," *The Pacific Review*.

Holbraad, Carsten. 1984. *Middle Powers in International Politics*. London: Macmillan. pp. 67–91.

International Forum on Globalization. 2010. "Analysis and Resources on Cancun (COP16)." http://ifg.org/programs/cop16cancun.html (검색일: 2012.02.26).

Keck, Margaret and Kathryn Sikkink. 1998. *Activists Beyond Borders: Advocacy Networks in International Politics*. Ithaca: Cornell University Press.

Kelemen, R. Daniel. 2010. "Globalizing EU Environmental Regulation." *Journal of European Public Policy* 17, 3: pp. 335–349.

Kelemen, R. Daniel and David Vogel. 2010. "Trading Places: The Role of the United States and the European Union in International Environmental Politics." *Comparative Political Studies* 43, 4: pp. 427–456.

Light, Andrew. 2011. "Six Reasons Why the Durban Decision Matters."
thinkprogress.org/romm/2011/12/18/391533/six-reasons-why-the-durban-decision-matters/

Linstroth, Tommy and Ryan Bell. 2007. *Local Action: The New Paradigm in Climate Change Policy*. Burlington: University of Vermont Press.

Paterson, Matthew. 1996. *Global Warming and Global Politics*. London: Routledge.

______________. 2000. *Understanding Global Environmental Politics: Domination, Accumulation, Resistance*. London: Palgrave Macmillan.

Shin, Sangbum. 2007. "East Asian Environmental Cooperation: Central

Pessimism and Local Optimism." *Pacific Affairs* 80, 1.

Speth, James G. and Peter M. Haas. 2006. *Global Environmental Governance.* Washington, D.C.: Island Press.

Urpelainen, Johannes. 2009. "Explaining the Schwarzenegger Phenomenon: Local Frontrunners in Climate Policy." *Global Environmental Politics* 9, 3.

World Bank. 2008. *International Trade and Climate Change: Economic, Legal, and Institutional Perspectives*. Washington D.C.: World Bank Publications.

World Economic Forum(WEF). 2014. *Global Risks Report 2014.*

________________. 2015. *Global Risks Report 2015.*

사이버안보의 국제정치와 미래전략

제6장

조화순

I. 문제제기

최근 사이버공간(cyberspace)을 이용해 국가의 안보와 안녕을 위협할 수 있는 국가 간의 공격적 행동이 빈번하게 발생하고 있다. 미국과 이스라엘이 이란의 핵시설을 공격한 올림픽게임(Olympic Game) 작전, 미국의 소니 픽처스에 대한 북한의 해킹[1]에서 나타난 바와 같이 사이버공간을 이용해 국가

1 다른 사람의 컴퓨터나 정보시스템에 불법 침입하거나, 정보시스템의 정상적인 기능 혹은 데이터에 임의적으로 간섭하는 행위.

의 중요 기관시설을 공격하는 사이버전쟁은 더 이상 공상과학영화에 등장하는 이야기가 아니다. 한국은 전 세계에서 가장 네트워크화 된 국가들 중 하나로 북한 및 다른 국가에 의한 사이버공격의 주요 대상이 될 개연성이 상당히 높다. 이미 2009년 디도스(DDoS, 분산 서비스거부) 공격, 2014년 한국수력원자력 해킹에서 나타난 바와 같이 사이버공간을 중심으로 테러와 해킹이 한국의 신흥 안보위협으로 등장하고 있다.

사이버안보는 컴퓨터와 네트워크의 발전을 배경으로 사이버공간을 이용해 발생할 수 있는 전쟁, 테러, 위협 등 새로운 차원의 안보 위협을 의미한다. 정보화 시대의 새로운 전쟁 수행 방식의 도래를 예고한 대표적 사례로 2006년 부시행정부가 비밀리에 실행했던 올림픽 게임 작전이 있다. 미국은 스턱스넷(Stuxnet) 웜 바이러스를 이용해 이란의 컴퓨터를 공격하고 우라늄 농축에 이용되는 원심분리기를 제어하여 이란의 핵개발에 제동을 걸고자 시도하였다. 올림픽 게임 작전은 미국 정부가 수행한 최초의 사이버공격으로 초국적인 사이버공간을 이용해 적대 국가에 접근하고 공격을 수행하는 새로운 위협과 전쟁의 가능성을 보여 주었다.

전쟁의 물리적 폭력성을 강조하는 안보 이론가들은 사이버공격을 전쟁으로 간주하는데 한계가 있다고 지적한다. 그러나 사이버공격은 적대 국가에 대한 군사적 혹은 비군사적 공격을 통해 국가의 주요기반시설을 파괴함으로써 국가 기능을 마비시키고 궁극적으로 인류의 평화와 생명에 위협을 가할 수 있다. 뿐만 아니라 산업사회에서 정보사회로 패러다임 전환이 일어나고 있는 상황에서 대부분의 선진 국가들은 사이버공간에서 주도권을 확보하기 위해 경쟁하고 있다. 미국 국가안보국(NSA)의 요원으로 알려진 스노든(Edward Snowden)이 국가안보국에 의해 수행된 중국을 포함한 다른 국가에 대한 사이버 스파이 행위를 폭로한 이른바 '스노든 사태'는 사이버 해킹에 대한 국가 간의 갈등을 국제사회에 알린 대표적 사례였다. 사이버공간의 패권을 장악하는 것은 정치, 안보, 경제, 문화 영역에서 경쟁력을 확보하는 것이기 때문에 국가 간의 갈등을 유발하고 국가안보와 국민경제에 높은 보안 비용을 부담시킨다.

사이버공격, 사이버심리전, 사이버위협은 21세기 정보기술의 발전을 배경으로 하고 있으며 해킹과 사이버테러의 기술이 급격하게 진화하고 있어 통제에 한계가 있다. 인터넷과 소셜 네트워크로 세계가 급격히 연결되고 사이버공간을 이용한 정보 이동과 교류가 활발한 네트워크 사회에서 각 국가가 사이버공간의 위협을 완전히 통제하는 것은 거의 불가능하다. 더욱 어려운 문제는 사이버공격은 안보의 전통적 대상이었던 국가뿐만 아니라 개인, 테러리스트, 국제조직 등 비영토적 주체도 위협을 가할 수 있어 전통적 개념으로 사이버안보에 대응하는 것은 한계가 있다.

이 글은 사이버공간에서 제기되고 있는 사이버전쟁과 사이버안보에 대해 검토하고 그 국제정치적 함의에 대해 탐색적 논의를 진행한다. II는 먼저 국제사회에 등장하고 있는 새로운 안보 이슈인 사이버안보와 전통안보가 다른 점은 무엇인지 집중적으로 논의하고 다양한 사례들을 통해 그 실태를 파악한다. III은 사이버공간의 다양한 위협에 대해 어떻게 제도적, 정책적으로 대응하고 있는지를 주요 패권국가인 미국과 중국, 그리고 한국의 사이버안보 정책을 통해 살펴볼 것이다. IV은 초국경적인 사이버위협에 대응하기 위한 국제사회의 규범을 살펴보고 사이버억지의 한계를 논의하며 결론을 맺는다.

II. 사이버공격과 사이버안보

정보사회의 도래와 더불어 군사안보 분야에서 두드러진 현상 중의 하나는 전 세계적으로 국가에 대한 사이버공격이 급격하게 증가하는 양상을 보이고 있다는 점이다. 2000년대 후반 이후 보안에 취약한 특정 분야의 민간기업과 기관을 대상으로 한 해킹뿐만 아니라 적대국가에 대한 공격의 한 방편으로 사이버공격이 적극적으로 사용되고 있다. 예를 들어 2007년에 이스라엘은 시리아의 방공시스템이 이스라엘 항공기를 추적하는 것을 방해하기 위해 시리아의 사이버 시설을 파괴하는 사이버공격을 감행했다. 뿐만 아니라 이스라엘과 미국의 이란을 상대로 한 스턱스넷 (Stuxnet) 웜 바이러스 공격 역시 이란의 핵 시설과 원심 분리기를 부분적으로 파괴하기 위한 사이버공격이었다.

높은 수준의 보안 시스템을 보유한 정부의 중요 디지털 시설에 대한 공격도 빈번하게 일어나 네트워크의 위협을 증가시키고 있다. 2015년 6월에는 미국 육군의 공식 홈페이지가 해킹을 당해 '당신은 지금 해킹 당했다', '테러리스트 훈련을 중단하라', '미 육군 사령부는 국민을 훈련시켜 싸우다 죽으라고 파병한다는 것을 인정하고 있다' 등의 문구가 띄워지는 현상이 나타났다. 사건 직후 국제 해커 집단인 '시리아전자군(SEA)'이 미 육군 사령부의 해킹이 자신들의 소행임을 공식적으로 주장하기도 했다. 2014년 11월 24일에는 소니 픽처스 엔터테인먼트에 대한 해킹 사건이 발생하여 회사 관계자의 이메일, 직원 개인정보와 미개봉 영화 등의 정보가 대량 유출되었다. 미국 FBI는 소니 픽처스의 해킹에는 북한의 인터넷 주소가 사용되었고, 해킹의 배후에는 북한이 있다고 지적했다. 해킹의 이유는 소니가 제작하고 배포하려던 '인터뷰'라는 영화가 북한의 김정은에 대한 풍자를 담고 있어 이에 대한 보복의 성격을 담고 있다고 추정되었다. 2015년 4월 말에는 미국 연방정부 기관인 연방인사관리처(OPM)의 전산시스템에 대한 해킹이 발생하여 사회보장번호와 각종 개인 식별 번호, 각종 신상자료와 공무원 퇴직 이후 활동 내역 등 공무원 400만 명에 대한 광범위한 개인정보가 유출되었다. 공무원 신상정보의 유출은 정부 비밀자료와 국가안보 정보에 접근하는 경로가 될 수 있다는 점에서 악용의 위험이 크다. 정부 차원에서 해킹의 주체에 대한 구체적 지적이 이루어지지는 않았으나 마이클 매콜 미국 하원의 국토안보위원장 등 주요 정치권 인사들은 중국을 해킹의 배후국으로 지목하였다. 이처럼 국가의 중요 컴퓨터 시스템과 디지털 시설을 의도적으로 공격해 원하는 정치적, 군사적, 경제적, 사회적 목적을 달성하고자 하는 행위는 증가하고 있다. 바야흐로 물리적 공간에 국한되어 있던 국가 간의 전쟁과 충돌이 이제 사이버공간으로 확장되어 불가피한 '사이버전쟁(Cyber War)'[2]의 시대가 도래하고 있는 것이다(MaGraw 2013; Junio 2013).

사이버공간에서 이루어지는 공격과 위협은 국가를 그 주된 공격자로 하고 다른 국가의 전쟁수행능력을 파괴하고자 하는 사이버전쟁, 국가 혹은 테러집단이 주요 통신, 군사시설 등의 파괴를 목적으로 하고 국가에 공포와 불안을 조성하는 사이버테러(Cyber Terror),[3] 사이버범죄로 연결되는 정보시

2 컴퓨터 네트워크 공격을 포함하는 강제적 행위(coercive act involving computer network)(Rid 2012: 9).

3 사이버테러는 국가·사회적으로 공포 내지 불안을 조성하기 위한 컴퓨터시스템 운영 방해, 정보통신망 침해 또는 전자적 침해행위로서, '한 사회나 국가에 공포심 내지 불안감을 조성할 수 있는 정도'에 도달해야 사이버테러라고 할 수 있다.

스템과 정보에 대한 침해를 자주 혼동되어 사용된다. 그런데 사이버전쟁과 사이버테러는 국가안전 혹은 국가이익에 큰 피해를 주는 행위를 수반한다는 점에서 일반 정보시스템과 정보의 파괴를 목적으로 하여 개인에게 형사상 혹은 재산상의 피해를 가하는 사이버범죄 행위[4]와 구분될 필요가 있다. 악의적인 소프트웨어로 행한 적대 국가에 대한 사이버공격이 '전쟁'으로 불리기 위해서는 원하는 결과를 성취하기 위해 가상의 수단(virtual means)이 사용되어도 그 결과가 물리적 세계에 충격을 가지는 것이어야 한다(MaGraw 2013: 112). 전통적인 군사전문가들은 이러한 전쟁의 동역학적(kinetic) 공격에 주목하여 전쟁의 물리적 차원을 강조하고 있다. 국제정치 학자들은 '사이버공격(cyber attack)', '사이버조작(cyber operation)' 등과 같은 용어들을 사용하면서 사이버공격을 전쟁의 한 유형으로 간주하는 것에 의문을 제기하기도 한다. 뿐만 아니라 사이버위협을 전쟁이나 억지의 차원에서 군사적 대응조치를 취하기보다는 '사이버첩보(cyber espionage)'로 간주해야 한다는 주장도 제기되고 있다. 이는 사이버전쟁과 같은 용어를 사용해 사이버공간에서 제기되는 위협을 군사와 안보문제로 다루는 경우 사이버위협을 지나치게 과장해서 군사화(hyper militarization)하는 오류를 범할 수도 있다는 것이다(민병원 2015). 물론 사이버 상에서 이루어지는 공격이 전통적인 군사전쟁과 같은 물리적인 파괴력을 수반하는 것은 아니므로 '전쟁'이라는 개념을 사용해 사이버전쟁이 전통 군사력에 기반을 둔 전쟁을 완전히 대체하는 것으로 설명하는 것은 무리가 있다. 이 글에서는 개념상의 논란이 있는 사이버전

4 사이버범죄로부터 컴퓨터와 인터넷을 안전하게 보호하는 것은 사이버보안으로 사이버안보와는 구분된다.

쟁 대신 '사이버안보(cybersecurity)'를 사용하고자 한다. 사이버안보는 사이버 공간에서 "개인 및 집단의 핵심적 가치(core values)를 포기할 정도로 위협이 없는 상태"를 의미한다(조화순 2013). 즉 사이버안보는 컴퓨터시스템 운영방해, 정보통신망 침해 또는 전자적 침해행위를 통해 제기되는 사이버상의 의도적인 공격과 위협으로부터 영토와 국민을 안전하게 방어하는 것을 말한다.

〈표 6-1〉 사이버안보의 유형 분류

유형	공격자	공격 대상	공격 수법	피해	공격근원지
사이버전쟁	국가	주요정보통신 기반시설 - 군사시설 - 기반시설	해킹, 악성코드 유포, 서비스거부 공격, 기타유형	국가기능 및 전쟁수행력 파괴	국외
사이버테러	국가 테러단체	주요정보통신 기반시설 - 군사시설 - 기반시설	해킹, 악성코드 유포, 서비스거부 공격, 기타유형	사회기능 마비 및 공포	국내 국외
정보시스템 및 정보 침해	범죄단체 개인	- 일반 정보 시스템 - 정보	해킹, 악성코드 유포, 서비스거부 공격, 기타유형	특정업무 마비 및 정보유출	국내 국외

출처: 강석구 외, 2010: 57.

사이버안보를 이해하기 위해서는 먼저 사이버공간의 특수성을 이해할 필요가 있다. 사이버공간은 정보기술의 발전을 토대로 개방형 네트워크를 통해 노드(node)와 노드가 시간과 공간을 초월하여 존재하는 공간이다. 사이버공간은 정보 패킷이 한 지점에서 다른 지점으로 손쉽게 전달되고 연결되는 구조이기 때문에 정보의 전달과 파급이 물리적 공간과는 비교되지 않을 정도로 순식간에 일어난다. 또한 사이버공간은 물리적으로 존재하진 않지만 대다수의 사람들이 마치 그 공간이 실제로 존재하는 것처럼 행동하고 교류하는 공간이기도 하다. 사이버공간에서는 정부의 공공업무와 전자상거래가 이루어지며, 카카오톡이나 페이스북을 통해 다른 사람들과 사회적인 교류가 일상적으로 나타난다. 이러한 성격의 사이버공간을 이용한 해킹이나 사이버테러는 공간 자체의 비물리적인 성격 때문에 공격이 언제 어떻게 일어나는지 불분명하고 사전에 탐지하는 것이 쉽지 않다. 사이버공간을 이용한 공격은 그 비정형성과 비예측성에 기인해 방어의 관점에서 예방조처를 취하더라도 완벽하게 그 위협에 대응하는 것이 쉽지 않다는 것이다.

사이버안보는 전통안보와는 다른 몇 가지 특이성을 가지고 있다. 첫째, 전통적 의미에서 안보는 국가에 대한 군사적 위협으로부터 국민과 영토를 보호하는 것을 의미한다. 전통안보는 한 국가가 자국의 국경, 국민, 제도 등을 외부 공격으로부터 보호하는 것에 초점을 맞추고 있다. 전통안보가 외부의 공격으로부터 국경에 기반을 둔 영토와 국민의 생명을 수호하는 것을 의미한다면, 사이버안보는 물리적 국경을 초월한 공간인 사이버공간에서 제기되는 다양한 위협과 공격으로부터 국민의 안녕과 평화를 유지하고자 한다.

둘째, 사이버안보는 공격주체의 은닉이 용이하기 때문에 공격을 감행한 주체를 확인하는 것이 쉽지 않다. 해킹이 시작된 국적국과 배후세력의 소속국가가 일치하지 않을 수 있어 전통적 전쟁과는 달리 명확한 위협의 주체와 방법이 규명되기 어렵다. 2014년 한국수력원자력이라는 중요 기관 시설의 설계도 등 내부정보가 이메일을 통한 악성코드 감염으로 유출된 한국의 경우를 예로 들 수 있다. 한국수력원자력의 해킹은 악성코드 유포자에 대한 추정이 이루어지고 있을 뿐 명확한 확인은 이루어지지 못하고 있다. 뿐만 아니라 공격의 기술이 진보하고 있어 공격주체의 파악을 더욱 어렵게 한다. 예를 들어 디도스(DDos) 공격의 경우 과거와는 달리 공격목적과 공격대상을 사전에 선정하여 치밀하게 계획하고 공격할 수 있으며, 공격 종료 후에는 감염된 자료를 삭제하여 역추적을 피하는 수준까지 기술이 발전하였다.

셋째, 안보위협의 주체는 과거와 같이 국가에 의해서만 발생하는 것이 아니라 비국가 행위자에 의해서도 비롯될 수도 있다. 사이버공간에서는 공공과 민간의 구분이 기존과는 달리 모호하며 모든 행위자들이 인터넷에 막대한 영향을 끼칠 수 있어 위협에 취약하고 위협의 수준은 비대칭적이다. 즉 테러리스트 한 명이 영향을 미칠 수 있는 잠재력은 그의 사회적 신분과 비례하지 않는다(McGraw 2013: 109). 사이버공간에 위협이 되는 활동 주체들은 크게 국가 정보국, 테러리스트(terrorists), 국제범죄집단, 해커(hacker), 내부폭로자, 핵티비스트(hactivists) 등으로 구분할 수 있다(Reveron 2012: 12). 사이버공간의 안보를 위협하는 존재가 다양하고 비국가행위자도 공격의 주체가 될 수 있을 뿐만 아니라 공격의 주체를 명확하게 규명하기 어렵기 때문에 기존의 전쟁을 방지하기 위한 국제규범과 국제법으로 처벌하거나 방지하는 데에도 한계가 있다(Kessler & Werner 2013).

〈표 6-2〉 사이버안보 위협의 원천

위협의 원천	동기
국가 정보국	각 국가의 정보국은 정보 수집 및 첩보 활동의 일환으로 사이버 무기를 사용하며, 이러한 활동은 착취, 정보인프라의 잠정적 중단이나 파괴를 포함한다.
범죄 집단	범죄 집단은 금전적 이득을 위하여 사이버 침입을 사용한다.

해커	해커들은 종종 도전의 스릴이나 해커 커뮤니티에서의 명예를 위해 네트워크에 침입한다. 과거에는 원격 해킹에 상당한 기술과 컴퓨터 지식이 필요하였으나, 기술의 발달로 공격 스크립트와 프로토콜을 인터넷에서 다운받아 타깃 사이트에서 실행시킬 수 있다. 공격 무기는 더 정교해졌으며 사용하기 손쉬워졌다.
핵티비스트	몇몇 그룹이나 개인들은 정치적 동기에 의하여 공격을 수행한다. 이들은 이메일 서버를 과부하 시키거나, 정치적 메시지를 전달하기 위하여 웹사이트를 해킹한다.
내부 폭로자	어떤 조직에서 근무하는, '불만이 있는 내부인'은 컴퓨터 범죄에 있어 매우 근본적인 원천이다. 내부 폭로자는 시스템에 접속하고 그에 해를 입히거나 데이터를 훔치는 데에 상대적으로 용이하며, 충분히 제한받지 않기 때문이다.
테러리스트	테러리스트들은 국가 안보를 위협하고, 대량 인명피해를 일으키고, 미국경제를 약화시키고, 공적 신뢰를 무너뜨리고 사기를 저하하기 위하여 주요기관을 파괴, 무력화, 혹은 이용하려고 한다. 미국 CIA는 테러리스트들이 한동안 전통적인 공격 방법에 집중할 것으로 믿고 있으나 동시에 기술적으로 유능한 세대가 진입하면서 사이버위협도 늘어날 것으로 예상하고 있다.

출처: Government Accountability Office, *Statement for the Record to the Subcommittee on Terrorism and Homeland Security, Committee on the Judiciary, US Senate; Cybersecurity: Continued Efforts are Needed to Protect Information Systems from Evolving Threats,* November 17, 2009. Reveron 2012: 12에서 재인용.

넷째, 안보 위협의 주체가 다양하다는 것은 과거 군대와 같은 특정 안보 기관이 위계적인 명령체계를 토대로 국가 안보를 보장해 왔던 전통적 방어가 어렵다는 것을 의미한다. 전통안보와는 달리, 사이버안보는 훨씬 광범위한 의미에서 개인, 기업, 초국적인 행위자도 위협을 가할 수 있어 위계적 방어체계와 더불어 사이버공격에 대응하는 현장의 역할이 무엇보다 중요하다.

다섯째, 사이버공격은 전통안보와는 달리 공격 자체가 직접적인 인명살상으로 연결되지는 않는다. 사이버공격은 국가 기능을 마비시키고 경제적 비용을 유발하여 비간접적인 차원에서 인명피해를 유발할 수 있다. 비행기, 원자로 관리와 같이 고도의 전자 기기가 해킹으로 중단되거나 파괴되는 경우가 그 예이다. 뿐만 아니라 사이버 해킹과 테러는 매년 대략 1조 달러의 경제적 손실을 국제사회에 끼치는 것으로 알려지고 있다(McGraw 2013: 110). 예를 들어 소니에 대한 해킹으로 인해 입은 금전적 손해는 막대하며, 해킹에 대한 복구비용으로 약 1500만 달러가 소요되었고 해킹을 통해 유출된 자료 20만 건이 위키리크스를 통해 공개되기도 하였다.

여섯째, 안보위협은 군사적 영역에서뿐만 아니라 비군사적 영역에서도 발생할 수 있다. 안보위협의 희생자 역시 국가뿐만 아니라 집단과 개인일 수도 있다. 조사에 의하면 사이버공격의 중요 공격대상은 정부기관(29.6%)이며, 그 다음으로 기업(28.2%)이 공격을 많이 받고 있다.

〈그림 6-1〉 주요 사이버공격 대상

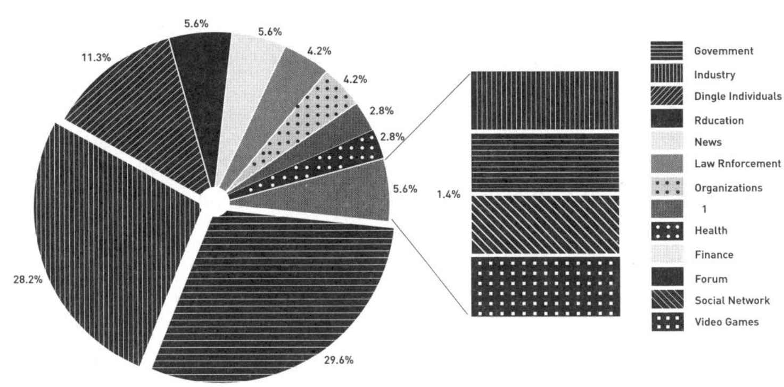

출처: http://hackmageddon.com/.

이러한 사이버안보는 정보기술의 비약적 발전을 배경으로 발생하고 있다. 미래 전장은 전통적인 전쟁과 충돌이 사이버스페이스로 확장되어 피해를 입힐 수 있다. 전쟁의 양상도 군사력 사용이 수반되는 물리적 전쟁과 사이버전 등의 비물리적 전쟁이 혼재된 모습을 보일 것이다. 사이버전쟁은 정보기술이 초기 양상과는 다르게 급격하게 진화하고 있다. 사이버공격 기술의 융합으로 변종이 발생하고 있는데 이러한 변종은 또 다른 형태의 사이버공격 기술이 되며, 변종의 변종이 개발되어 기존 보안시스템을 사용한 탐지를 어렵게 한다. 예를 들어 스턱스넷 등 정밀유도 무기체계 기능을 갖는 사이버 무기체계는 공격대상, 공격 경로, 공격절차 등에서 기존의 웜과 전혀 다른 양상으로 진화하고 있다. 다수의 좀비 PC를 이용해 대량의 유해 트래픽을 전송하여 정상적인 서비스를 방해하는 디도스 공격 역시 진화하고 있는데, 디도스 공격은 종료 후에는 감염된 자료를 삭제하도록 함으로써 역추적을 피할 수 있게 되었다. 이제 사이버공격은 인터넷을 마비시키는 정도가 아니라 악성코드를 침투시켜 필요정보를 빼갈 수 있으며, 네트워크와 시스템에 관련된 다양한 디바이스가 개발되어 침입경로가 다양화되고 있다(http://www.av-test.org).[5]

5 국외 보안전문가 블로그인 hackmageddon.com은 이탈리아 보안전문가 Paolo Passeri의 개인 블로그로 2010년 11월부터 현재까지 백만 명이 넘은 방문자를 보유하고 있다. 이 블로그는 매달 사이버공격 관련 통계 및 연대표(Timeline)를 발표하고 있다.

〈표 6-3〉 사이버안보 위협의 유형

유형	내용
국가기밀에 속하는 문서·자재·시설·지역 등을 대상으로 한 공격	국가정보원법 제3조 및 보안업무규정에 따른 국가기밀에 속하는 문서·자재·시설·지역 및 이를 관리하는 인원을 대상으로 한 사이버공격
반국가단체, 국제범죄조직 및 테러단체에 의한 공격	국가보안법 제2조에 따른 반국가단체, 국가정보원법 제3조에 따른 국제범죄조직 및 테러단체에 의하여 수행되는 사이버공격
국가안전보장 관련 주요정보통신기반시설을 대상으로 한 공격	'정보통신기반 보호법' 제7조 제2항에 따른 국가안전보장 관련 주요정보통신 기반시설 및 이를 관리하는 인원을 대상으로 한 사이버공격
국가핵심기술을 대상으로 한 공격	'산업기술의 유출방지 및 보호에 관한 법률' 제9조에 따른 국가핵심기술 및 이를 취급하는 인원을 대상으로 한 사이버공격

출처: 강석구 외, 2010: 43.

사이버안보는 획기적인 정보기술의 발달을 배경으로 하고 있으나 사이버위협의 원인을 기술 자체에서 찾기는 어렵다. 사이버전쟁은 집단들 간의 사상적, 경제적, 정치적인 충돌을 뜻하며, 사이버공간에서 정보를 활용해 상업적 이익을 추구하는 세력과 정치적이고 군사적인 의도를 가진 개인 혹은 세력에 의해 발생하고 있다는 사실에 주목할 필요가 있다. 대부분의 사이버위협은 적대국가 혹은 경쟁국가에 의해 발생하고 있기 때문이다.

III. 사이버안보 전략

사이버공간에서 제기되는 공격은 국가 간 갈등과 불안을 유발하고 안보(security)와 안정(stability)을 위협하고 있다. 21세기 초연결사회에서 발생하고 있는 새로운 개인, 집단, 사회에 대한 다양한 위협의 가능성은 인간 개개인이 자신의 삶을 최대한으로 영위할 수 있는 환경을 보장하지 못함을 의미한다. 사이버위협의 주체가 조직화되어 개인과 기업뿐만 아니라 국가를 공격 대상으로 하면서 각국들은 사이버위협을 국가적 차원의 안보 문제로 다루고 있다. 주요 국가들은 사이버공격에 대한 방어(defense)의 관점에서 사이버안전 전담부서를 만들고 조직, 인력, 예산을 배치하며, 사이버안보 전략을 공포하는 등 사이버위협에 대응하는 수행체계와 제도를 정비하고 있다. 이 절에서는 정보기술의 수준이 높은 미국과 중국, 한국을 중심으로 국가적 차원에서 준비되고 있는 사이버방어 전략을 살펴보고자 한다.

미국은 9·11 테러 이후 본격적으로 사이버위협을 다루는 법률의 제정을 가속화하고 있다(Cirling 2014: 4-5). 부시 행정부 시절부터 사이버전쟁 전략인 '국가 사이버보안 종합 계획(Comprehensive National Cybersecurity Initiative)'을 세워 추진하고 있으며 오바마 행정부는 이 계획을 토대로 백악관에 국가 사이버보안 조정관 자리를 만들었다. CIA와 NSA(또는 사이버 사령부), FBI는 백악관의 국가 사이버조정관의 지휘 아래 있으며 조정관은 국가 시스템 방호뿐만 아니라 선제공격도 맡는다.

사이버위협에 관한 관련규정은 대표적으로 국토안보부 설립과 국토안보법 시행으로 사이버안보 업무를 국토안보부 하에 포함하도록 조정되었다. 미국은 애국법(Patriot Act)으로 불리는 '테러 차단 및 방지수단 부여에 관한 특별법(Uniting and Strengthening America by Providing Appropriate Tools Required to Intercept and Obstruct Terrorism Act of 2001)'을 통해 국가 안보 관련 정보들에 대한 모니터링을 강화하고 있는데 이러한 모니터링은 사이버공간으로 점차 확대되어 연방기관이 용의자의 인터넷, 이메일, 웹서핑 등 전기통신을 추적하는 권한을 부여받았다. 2002년 입법화된 사이버보안강화법(Cyber Security Enhancement Act)은 사이버범죄에 대해 강화된 형벌을 제시하였고 사이버보안 고문단 설립, 사이버보안 비상사태 시 대통령에게 연방정부 및 개인에 대한 네트워크 접근권 부여 등의 내용을 포함하고 있다. 이외에도 다양한 법률들이 제정되어 사이버위협과 관련한 처벌 기준 마련, 국가 부처에의 권한 부여 등이 이루어졌으며 특히 최근에는 사이버안보와 관련한 연구를 지원하기 위한 취지의 입법도 활성화되고 있다.

2012년 9월 이란의 JP Morgan, Bank of America 등 미국 주요 은행 사이트에 대한 디도스 공격과 북한의 2014년 12월 소니 픽처스에 대한 해킹 공격 등 사이버위협에 대처하기 위해 2015년 4월 오바마 대통령은 사이버공격을 시도한 개인과 단체에게 자산동결 등 강력한 금융제재를 기할 수 있는 행정명령(executive order)에 서명하였다. 이는 사이버공격을 시도한 국가와 단체 뿐 아니라 해커 등 개인에 대해서도 실질적이고 강력한 제재를 가하는 것을 주요 목표로 한다. 미국에 대한 사이버위협 활동에 직간접적으로 가담하거나 책임이 있는 사람 및 단체에 대해 주요 국가 기반 시설을 지원하는 소식의 컴퓨터 및 컴퓨터 네트워크에 대한 공격, 서비스 제공 방해 행위 등은 모두 제재의 대상이다.

미국 국방부(Department of Defense)는 자국의 국토와 국가 이익에 도전하는 사이버공간의 문제에 대응하는 책임 기관으로 미국 정부가 채택한 전략과 미션을 수행하고 있다. 군에는 전략사령부 예하에 합동군 체계인 '사이버사령부(USCYBERCOM)'를 창설해 국가차원의 사이버전쟁수행능력을 키우고 있다. 미국은 이 사이버사령부를 통해 네트워크시스템을 방호하는 한편 국가차원의 사이버테러에도 대응한다. 2012년에는 국방부는 사이버임무를 수행하기 위한 사이버임무 부대(Cyber Mission Force, CMF)를 구축하였다.

미국이 사이버공간을 다루는 기본적인 원칙은 1) 인간의 근본적인 자유, 2) 개인의 프라이버시, 3) 자유로운 정보의 유통에 있다(White House 2011: 5). 이러한 원칙을 준수하기 위해 법치주의(rule of law)를 통한 사이버안보의 규범화를 촉진해야 한다고 주장한다(White House 2011: 8). 일반적으로 미국은 사이버공간이 현실과 동떨어져 별도의 법체계가 적용되어야 하는 공간으로 간주하지 않는다. 현존하는 법이 사이버공간에서도 그대로 적용되어야 한다고 주장하고 있는데, 이것은 미국 백악관에서 발행한 2011년 5월의 '사이버공간의 국제전략(International Strategy for Cyberspace)'에도 잘 드러나 있다. 미국은 사이버공간에서 국가 행위에 대한 규범의 발전에 있어 '국제관습법의 개혁'(reinvention of customary international law)이 요구되지 않고 또한 '현존하는 국제규범'(existing international norms)이 진부하지 않다고 밝혔다(International Strategy for Cyberspace 2011: 5). 2011년 미 국방부가 발표한 '사이버공간에서의 대응전략(Strategy for operating in Cyberspace)' 역시 이러한 경향이 나타난다. 미국 정부의 사이버안보전략의 주축이 되는 이 전략은 미국이 사이버안보 임무를 수행하기 위해 ① 사이버작전 수행을 위한 대기 전력과 역량 구축 및 유지, ② 국방부 정보 네트워크 보호, 데이터 안전성 강화와 국방부 임무에 대한 위험성 완화, ③ 사이버공격으로부터의 미국 국토와 중요 이익에 대한 방어 태세 구축, ④ 갈등 확대를 통제하고 모든 단계의 갈등 환경에 대응하는 사이버 옵션·계획 구축 및 유지, ⑤ 공동의 위협에 대한 차단과 국제 안보·안정성 증진에 기여하는 국제적 동맹과 파트너십 구축 및 유지의 다섯 가지 전략 목표를 제시하고 있다(U.S. Department of Defense 2015).

중국은 시진핑(習近平) 국가주석 체제가 들어선 뒤 정보 역량을 극대화하는 작업을 본격화하고 있다. 군사·안보분야를 포함한 세계 각국의 정보에 민감하게 대응하고 사이버공간의 경쟁력을 확보하며 사이버안보를 확립하고자 한다. 중국에는 인민해방군과 61398부대가 있어 거대한 정보·기술 민병대 네트워크를 형성하고 있는 것으로 알려지고 있다(Cirling 2014: 5). 중국의 인민해방군 총참모부는 1997년 "컴퓨터 바이러스 침투가 원자폭탄보다 효율적"이라는 보고서를 낸 뒤 중앙군사위원회 직속으로 컴퓨터 바이러스 부대를 창설하고, 2000년에는 과학원 산하에 사이버공격과 정보 교란 모의 훈련을 하는 '반해커 부대', 2003년부터는 베이징·광저우 등 4대 군구 산하에 '전자전 부대'를 창설하였다. 중국 사이버공격의 핵심은 '훙커(紅客, red hacker)'라 불리는 100만 명에 이르는 민간 해커로 이들은 애국심으로 무장하고 미·일·대만 등의 정부·군·기업 사이트를 해킹하는 것으로 알려지고 있다. 이들은 2001년 5월에는 미 백악관 사이트를 공격해 마비시킨 것으로 알려지기도 했다.

중국 전국인민대표대회 상무위원회는 2015년 7월 1일 국가 전 분야의 사이버보안 강화를 골자로 한 새로운 '국가안전법'을 심의하였다. 이 법은 국가 안보 수호에 관한 임무와 책임, 제도 등을 규정하고 있다. 특히 사이버주권에 관한 조항에서 주요 분야의 인터넷과 정보통신, IT 관련 인프라와 시스템을 "안정적이고 통제 가능하게" 만들도록 명시하고 있어 과도한 사이버보안 정책이 외국기업을 중국에서 몰아내는 요인으로 작용할 수 있다는 우려도 있다. 이러한 경향은 사이버공간에서 개인의 자유와 개방성을 강조하는 미국의 사이버전략과 대조적이다. 심지어 중국은 정부의 역할이 한층 더 강화된 사이버정책을 강조하고 있다. 중국은 2014년 10월에는 반테러법을 발표했는데 그 초안은 중국에 진출한 IT 기업이 암호키를 중국 정부에 제출할 것을 요구하는 것이다. 반테러법 제15조는 "통신 업무 종사자와 인터넷 서비스 제공자는 통신과 인터넷의 설계·구축·운영 과정에서 공안

기관과 국가보안기관이 데이터에 접속할 수 있는 기술적 장치를 미리 설치하고 주관 부서로부터 암호화 솔루션에 대한 심의를 받아야 한다"고 규정하여 사이버안보 관련 정책을 강화하고 있는 실정이다.

세계에서 가장 네트워크화된 국가 중의 하나인 한국은 한반도라는 공간 내에서 북한과 적대적인 관계를 형성하고 있어 사이버공간을 이용한 각종 해킹과 테러가 빈번히 일어나고 있다. 북한은 대한민국의 네트워크 체계를 방해하고, 민감한 정보에 접근하기 위해 사이버공격을 감행하고 있다. 2011년 3월에 있었던 해킹 공격으로 한국 내 40여 개의 인터넷 사이트에서 접속 장애가 발생하였으며, 2011년 4월에는 농협의 금융전산시스템 273대가 파괴되어 약 197억 원 가량의 피해를 입은 바 있다. 2012년 6월에는 중앙일보사에 대한 서버해킹 사태, 2013년 3월에는 방송사와 금융기관 등 6개사 4만8천여 대의 PC, 서버, ATM 하드디스크 파괴로 인한 장애가 8,600억 규모의 피해를 발생시킨 바 있다(《중앙SUNDAY》 2013/9/7). 이러한 공격들은 모두 북한의 직·간접적인 공격 혹은 악성 코드에 의한 것으로 추정되고 있어 한국은 사이버안보를 확보하는 것이 북한과의 군사전략에서 중요하다는 것을 인식하고 있다.

한국 정부는 사이버보안 관련 조직과 제도의 정비를 통해 사이버공격에 대응하고자 한다. 이에 따라 중앙행정부처를 비롯해 지방자치단체, 공공기관 등에 해킹, 정보 유출 등 사이버위협을 방어할 수 있는 '사이버안보 전담 조직'을 신설하고, 청와대에 안보특별보좌관을 임명하였다. 또한 추진체계의 정비를 통해 국가 사이버안보전략을 수립하고 사이버안보 예산을 별도 편성하는 방안을 추진하고 있다. 국가 사이버안보전략은 그동안 여러 정부기관 차원에서 추진해 왔던 사이버안보활동을 보다 체계화하고 협조관계를 구축해 보다 체계적인 국가전략의 실행을 목표로 하고 있다. 사이버공격에 대응하기 위한 기관으로는 국가안전보장회의(National Security Council)를 중심으로 '국가사이버안전센터'는 국가 공공분야, '인터넷 침해사고대응지원센터'는 민간분야, '사이버범죄 수사기구'는 사이버범죄행위에 대한 수사 활동의 대응 업무를 전담하고 있다. 특히 국가정보원 소속의 국가사이버안전센터는 사이버공격에 대한 국가차원의 체계적인 대응을 위해 2004년 2월 설립된 기관으로서, 정보통신망에 대한 24시간 사이버위협정보를 수집·분석·전파하는 국가 종합상황실을 운영하면서 각종 사이버공격에 대한 예방·대응 활동과 피해확산 방지를 주요 업무로 하고 있다. 사이버공격에 효율적으로 대응하기 위해 각 부처별로 흩어져 있는 임무와 기능을 통합하고 일관성 있는 정책수립과 시행을 위한 전담조직을 구성하여 기관 간 협력 체제를 활성화하려는 시도를 하고 있다.

주요 국가의 사이버방어 전략은 각 국가가 사이버공격에 대한 방어를 미래 국가발전의 중요한 과제로 인식하고 있음을 보여준다. 그러나 각국의 사이버안보 전략은 한계를 가지고 있다. 첫째 주요 국가에서 사이버공간에서 일어나는 해킹, 바이러스 공격을 사이버안보의 문제라기보다는 사이버 보안 차원의 기술적인 문제로 간주하는 경향이 여전히 강하다. 특정 사이버공격이 감행된 경우 이것이 안보의 문제인지 단순히 정보보안의 이슈인지 구분하는 것은 쉽지 않다는 것이 방어의 한계로 지적될 수 있다. 둘째 사이버해킹이나 사이버테러를 사이버공간의 편리함을 누리기 위해서 지불하는 일상적인 문제로 치부하는 경향 역시 강하다는 점이다. 사이버안보가 지나치게 정치화되고 나아가 군사적 차원에서 논의되는 것은 경계해야 하지만 미래 공격과 위협의 군사적, 정치적 성격을 인식하는 것은 중요하다. 2015년 중국과 미국은 해킹 문제로 갈등하고 있으며 2013년 ITU의 ITRs(International Telecommunication Regulations)에서는 주요 국가들은 자국에 유리한 사이버질서를 만들기 위해 경쟁하였다.

IV. 사이버안보의 국제규범

초국가적인 네트워크를 통해 일어나고 있는 사이버공격은 개별 국가 차원의 전략을 통해 방어하기 어렵다. 사이버공격의 영향은 한 국가에 국한되는 것이 아니라 전 국제사회의 평화와 안보에 위협이 될 수 있다. 따라서 사이버공격과 해커 등에 대한 국제적인 정보공유와 협력 방안이 마련되는 것은 매우 중요하다. 즉 개별 국가 수준에서 관리하던 전통적 안보질서와 대응체계로는 방어체계를 수립하는데 한계가 있으며, 국제사회의 공동 규범을 통해 사이버공격을 미연에 방지하는 '억지(deterrence)' 효과를 유발할 필요성이 제기되고 있는 것이다.

가장 괄목할만한 사이버안보에 관한 국제규범의 성과는 북대서양조약기구(NATO)의 탈린 매뉴얼(Tallinn manual)이다. NATO의 '사이버방어협력센터(Cooperative Cyber Defence Centre of Excellence)'는 탈린(Tallinn)에서 국제법 전문가, 국제적십자사, 미국 사이버사령부가 참여한 가운데 2013년 3월 일종의 사이버교전수칙인 탈린 매뉴얼(Tallinn manual)을 완성하였다. 탈린 매뉴얼은 러시아의 디도스 공격에 의해 에스토니아 탈린 지역의 주요 기반시설이 마비된 것을 계기로 작성되기 시작했다. 2007년 에스토니아의 수도 탈린에서는 2~3달간 무차별적인 사이버공격이 수행되어 정부, 사회기반시설, 국회, 언론사, 은행, 기업 등이 심각한 피해를 입었다. 이러한 사이버공격은 구 소련군의 동상이 철거된 시기와 맞물려 러시아가 주도한 것으로 지목

되었지만 러시아가 이를 부인하였고, 따라서 국제사회가 러시아의 책임 있는 행동을 촉구하기 어려웠다(최문정 외 2013). 탈린에서 벌어진 국가 간 사이버분쟁은 공격이 가시화되지 않기 때문에 누가, 왜, 어떻게 공격했는지를 규명하기가 매우 어렵고, 사이버 공격을 UN헌장 제2조에서 금지하고 있는 무력사용으로 간주하기 어려워 책임을 지울 근거가 없었다. 이러한 한계를 인식하고 탈린에 모인 전문가들은 기존 국제법의 국가책임성(state responsibility), 무력사용(use of force), 무기를 통한 공격(armed attack), 군사적 목적(military object), 그리고 교전(combatant) 등을 사이버공간에 어떻게 적용시킬지에 대해 논의하였다. 전문가들은 사이버전의 영역은 실체적인 영역이며, 실체적인 사이버위협에는 실제 무력 대응이 가능하다고 보았다(Schmitt 2011). 이들은 사이버전에 대하여 기존의 국제법을 어떻게 적용시킬 수 있을지를 논의하고 2013년 3월 일종의 사이버전장에 대한 95개 조항의 교전수칙을 담은 탈린 매뉴얼(Tallinn Manual on the International Law Applicable to Cyber Warfare)을 발표하였는데 그 구체적인 내용은 다음과 같다. 첫째, 사이버조작으로 야기되는 물리적 결과의 심각성(severity), 특히 사람이나 재산에 대한 물리적 피해를 수반하는 조작은 그것만으로도 무력사용에 해당한다. 둘째, 사이버조작으로 야기되는 효과가 나타나는 속도의 즉각성(immediacy)이다. 조작에 따른 결과가 빨리 나타날수록 이를 방지할 가능성이 감소하며 피해가 커질 수 있기 때문이다. 셋째, 사이버조작과 그 결과의 인과관계인 직접성(directness) 기준이다. 넷째, 사이버조작이 목표 시스템에 침입하는 정도인 침입성(invasiveness) 기준을 제시해 군사나 경제 부문과는 달리 사이버 첩보활동과 같은 침입만으로도 무력사용이 될 가능성을 논의한다. 다섯째, 사이버조작으로 야기되는 결과의 측정(measurability)은 직접적인 기준이라기보다는 수단적 기준에 가깝다. 여섯째, 사이버조작의 군사적 성격(military character) 기준은 사이버조작이 군사작전과의 관계를 가지고 있을 때 무력 사용으로 인정될 가능성이 높아진다. 일곱째는 국가책임성(responsibility), 여덟째는 국제법에서 명백하게 금지되지 않는 추정적 정당성(presumptive legitimacy)을 통해 UN헌장 2조 4항에서 규율하고 있는 행위만이 사이버 상에서도 인정된다고 확인하고 있다.

탈린 매뉴얼의 핵심적인 내용은 사이버공격을 무력분쟁의 하나로 보고 사이버테러를 당했을 경우 피해 정도에 비례해 대응조치가 가능하다고 인정한 것이다. 즉 물리적인 공격 수준의 사이버공격을 받아 피해를 입은 국가는 집단적인 자기방어권을 행사할 수 있다(ZDNet. 2015년 7월 1일자). 이는 UN 헌장 제2조 4항이 규정한 무력사용금지의 원칙(principle of non-use of force)[6]의 예외 조항인 집단자위권(right of self-defence, or collective defence)의 행사를 인정한 것이다. 집단자위권은 자국과 자국 국민들에게 위협이 되는 특정 국가의 침입에 대해 무력을 행사할 수 있는 권리로, 이는 자국에 대한 직접적 위협뿐만 아니라 동맹관계에 있는 인접국에게 가해진 위협에도 해당된다. UN헌장 제51조는 "이 헌장의 어떠한 규정도 국제연합회원국에 대하여 무력공격이 발생한 경우, 안전보장이사회가 국제평화와 안전을 유지하기 위하여 필요한 조치를 취할 때까지 개별적 또는 집단적 지위의 고유한 권리를 침해하지 아니한다. 자위권을 행사함에 있어 회원국이 취한 조치는 즉시 안전보장이사회에 보고된다. 또한 이 조치는 안전보장이사회가 국제평화와 안전의 유지 또는 회복을 위하여 필요하다고 인정하는 조치를 언제든지 취

6 모든 회원국은 국제관계에서 다른 국가의 영토보전이나 정치적 독립에 대하여 또는 국제연합의 목적과 양립하지 아니하는 어떠한 기타 방식으로도 무력의 위협이나 무력행사를 삼간다.

한다는, 이 헌장에 의한 안전보장이사회의 권한과 책임에 어떠한 영향도 미치지 아니한다"라는 점을 밝히면서 집단자위권을 개별국의 고유한 권리로 인정하고 있다. 이는 NATO에서 제안한 것이기 때문에 실제 국제법으로서 관할권이나 강제권을 가지는 것은 아니다. 그러나 탈린 매뉴얼은 사이버안보에 대한 서방 국가들의 입장을 강하게 반영하고 있어 향후 구속력을 가지는 국제규범으로 발전할 개연성이 높다.

보다 광범위한 국제적 협력은 UN 산하기관을 중심으로 전개되고 있다. ITU(International Telecommunication Union), 군축사무소(UN Office of Disarmament), 마약·범죄사무소(UN Office of Drug and Crimes) 등의 기관은 사이버안보와 관련하여 기술적·법제적 노력을 분담하고 있다. ITU는 2007년 세계 사이버보안 의제(Global Cybersecurity Agenda)를 발족하여 법적 조치, 기술적·절차적 조치, 조직 구조, 능력 배양, 국제 협력의 5개 분야에서 보안의제를 논의하고 있다. UN 정부전문가그룹(Group of Governmental Experts) 역시 2013년 6월 '국제안보 관점에서 정보통신기술 발전 방안(Developments in the Field of Information and Telecommunications In the Context of International Security)' 권고안에 합의하였나. 해당 권고안은 안전하고 개방된 정보통신환경의 조성을 위해 국가가 협력할 필요성을 제기하고, 국가 책임행위에 대한 국제 규범과 원칙, 신뢰구축조치 및 정보공유, 역량 강화 등을 명시하고 있다. 2014년 7월 제4차 UN 정보안보 정부전문가그룹(GGE: Group of Governmental Experts on Information Security) 역시 사이버안보 확보를 위한 국가간 규범을 논의하고 있다.

유럽평의회(The Council of Europe)는 사이버범죄 협약(Convention on Cybercrime CETS No.185)을 통해 저작권 침해, 컴퓨터 사기, 아동 포르노 금지 등에 관한 국내법의 제정을 의무화하고 사이버범죄 수사를 위한 상호협력 의무

등을 규정하고 있다. 이 협약은 2004년 7월 발효되었으며 2015년 7월 현재 기준으로 총 47개국에서 비준 혹은 가입을 완료하였다. 2012년 부다페스트에서는 사이버범죄에 관한 부다페스트 협약이 체결되었다. 2013년 한국에서 개최된 '사이버스페이스총회(2013년 Seoul Conference on Cyberspace)'는 '개방되고 안전한 사이버공간을 통한 글로벌 번영(Global Prosperity Through an Open and Secure Cyberspace)'이라는 주제를 선정하여 안보뿐만 아니라 경제성장, 사회문화적 혜택, 사이버보안, 사이버범죄, 역량개발 등 상호 연관되어 있는 다양한 이슈들을 다루었다. 이 회의에서는 사이버스페이스 총회를 2015년 헤이그에서 열고 사이버 전문역량 글로벌포럼(GFCE: Global Forum on Cyber Expertise)을 출범하기로 결정하였는데, 미국, 영국, 호주, 일본, 네덜란드, 루마니아, 세네갈, 방글라데시, 한국과 휴렛팩커드(Hewlett Packard)와 같은 민간기업, 국제전기통신연합(ITU) 등 국제기구 등이 참여할 예정이다.

〈표 6-4〉 국제/지역 기구의 사이버안보 관련 활동

기구	산하 조직(기구)	활동
UN	International Telecommunication Union	세계사이버보안의제를 통한 국제협력과 함께 정보보안 기술 개발 및 표준화 활동
	IMPACT (International Multilateral Partnership Against Cyber Threats)	ITU 산하 정보보안 실행기구로서 사이버위협 정보 공유, 교육 및 기술개발 위한 세미나 개최, 보안 보증 연구, 국제 공조 및 정책 제시 등의 활동
	UN Office of Disarmament	사이버테러 및 정보전 대응 필요성에 따라 국제안보 관점에서 사이버위협 대응, 사이버무기, 사이버 군축 등 역할 논의
UN	UN Office of Drug and Crime	사기, 신원 도용, 금융범죄를 비롯한 각종 사이버범죄 대응을 위한 법제 강화, 교육, 훈련 등을 수행

UN	UN Security Council Counter-Terrorism Committee	테러에 있어 사이버 수단 활용 대응
OECD	OECD	정보보호 가이드라인 제정 및 보급
	OECD Working Party on Information Security and Privacy	정보보호 가이드라인 제정 위한 연구, 교육, 적용결과 조사와 기반시설에 대한 보호 및 국제협력 등
EU	EU	스팸, 스파이웨어, 악성코드 등 사이버위협 대응을 위한 법제화 추진, 정책 연구, 기술 연구 및 개발 추진
	European Law Enforcement Organization	EU 지역 내 국제수사 공조함에 있어 TECS(The Europol Computer Systems) 통한 사이버범죄 예방, 사이버범죄 정보 분석 및 공유 등 수행
EU	European Network and Information Security Agency	EU 국가들의 네트워크 및 정보보호를 위해 관련 기술 연구 개발, 가이드라인 마련, 협력 등의 역할
NATO	Cooperative Cyber Defence, Centre of Excellence	NATO 회원국의 사이버보안 역량 강화와 회원국 간 정보 공유 촉진을 목표로 연구·개발과 함께 교육, 컨설팅, 훈련 등 수행
	Computer Incident Response Capability Technical Center	NATO 회원국의 네트워크 모니터링과 사이버침해 사고 대응을 목표로 안전수칙 마련, 교육, 민간 협력 등의 역할 수행
Council of Europe		사이버테러 목적의 인터넷 사용 통제 및 대응을 위한 협력으로 ATU(Action Against Terrorism Unit) 중심으로 활동

자료출처: 장규현 외, 2014.

이외에도 기존의 국제협약을 준용해 사이버위협에 대응하는 방안이 논의되고 있다. 일부 학자들은 사이버테러리즘의 특정 양태들이 인도에 반하는 죄에 해당할 수 있으므로 사이버테러리즘을 인도에 반하는 죄로 파악하여 국제형사재판소(ICC)에 회부할 수 있다는 주장을 제기하고 있다. 그러나 국제형사재판소로 회부되기 위한 구성 요건과 관할권 행사의 조건들을 고려하였을 때 현실성 없는 논의로 평가할 수 있다. "인도 혹은 소추"의 원칙은 조약상의 의무이기 때문에 사이버테러리즘에 대한 별도의 국제조약이 존재하고 있지 않은 상태에서 현실적으로 적용하는 데는 한계가 있다. 29개국이 회원국이고 45개국이 서명한 부다페스트 협약(Budapest Convention on Cybercrime)의 경우 관할권과 관련하여 국내 입법을 통한 관할권의 적용을 천명하고 있고 "인도 혹은 소추" 원칙을 언급하고 있으나, 오로지 사이버범죄에 대한 사안을 규율하는 것으로서 사이버테러에 대해서는 언급하지 않고 있다. 또한 유럽지역 내 협약이기 때문에 비 EU 회원국으로부터 연유한 사이버범죄에 대해서는 협약에 근거한 형사공조에 한계가 있다. 비준 완료국이 147개국에 달하는 팔레모 협약 역시 이를 사이버위협 행위 전반에 적용하는 것은 어렵다. 팔레모 협약(초국가 조직범죄 방지에 관한 UN협약, United Nations Convention Against Transnational organized Crime)은 해킹, 디도스 공격과 같이 조직범죄의 성향을 띠고 협박 공갈을 수반하면서 경제적 이익을 목적으로 하고 있는 중범죄를 규제하기 위한 것이다.

이러한 논의들은 사이버공격을 억지하려는 국제규범을 마련하는 것이 용이하지 않다는 것을 보여준다. 사이버위협에 대해 느끼는 체감도가 국가마다 다르고 사이버공간의 질서가 곧 각국의 경제 이익에 영향을 미치고 있어 강력한 국제규범으로 발전되기에는 한계가 있다.

V. 사이버억지와 그 한계

2000년대 후반부터 국제정치 학계를 중심으로 국제규범을 통한 사이버억지(Cyber Deterrence)의 가능성에 대해 논의가 진행되고 있다. 전쟁을 하지 않으면서 공격을 방지하고, 전쟁을 하더라도 승리할 수 있는 전략인 핵억지(nuclear deterrence)처럼 사이버억지가 사이버공간에서 적대적 행위를 억지하는데 적실성을 가지고 있는지를 살펴보는 것이다. 핵억지는 적의 공격 행위에 대하여 비용이 전쟁의 이익보다 크다는 인식을 줌으로써 공격을 방지하는 것이다. 냉전시대의 핵억지에서 중요한 것은 압도적으로 우월한 공격 능력, 상대방의 핵공격 능력에 대한 의도적안 애매모호함(ambiguity), 공격 후 보복가능성에 대한 신뢰를 확증시키는 것이었다(Goodman 2010). 사이버억지는 (1) 분명하고 굳건한 선언적 정책, (2) 사이버위협에 대한 글로벌 차원의 높은 상황인식, (3) 효과적인 명령과 통제, (4) 특히 인프라에 대한 효율적인 사이버 방어, (5) 광범위한 역 사이버공격 능력, (6) 잘 개발된 기관과 국제적 협력, (7) 사이버공격을 모니터하고 인도하는 사이버억지 방법, 척도(metrics), 실험(Kugler 2009: 326)이 있을 때 가능하다.

그런데 국제정치학자들은 대체로 사이버억지를 통한 사이버안보의 달성 가능성에 회의적이다. 사이버공격을 통해 결정적이고 상대진영이 위협으로 인식할만한 타격을 가하는 것은 어렵다는 것이다. 굿맨(Goodman 2010)은 사이버억지가 실패해 일어난 사이버공격의 사례들을 다루면서 '무용에 가까운 방어(defense by futility)'의 가능성을 제기하였다. 경제적 상호의존이나 공격이 정치적으로 역효과를 불러올 가능성이 양가적으로 존재하는 가운데, '압도적인 지배(escalation dominance)' 없이는 1차 공격 후 반격할 자원이 남지 않는다는 것이다. 냉전시기 미국과 소련이 의도적으로 모호성을 유지하여 효과적으로 핵을 억지한 것과는 상반되게, 사이버전에서는 더 높은 레벨의 전략적인 공격과 특정된 위협, 명백하게 묘사된 결과가 필요하다. 사이버억지는 핵억지와는 다른 몇 가지 차이점이 있다. 억지의 기본적인 조건은 즉각적인 반응, 기술적 능력, 확실한 보복의사로써 사이버공간의 특성은 이러한 조건을 만족하는데 한계가 있다. 핵 공격은 즉각적인 보복이 가능하지만 사이버공격은 행위자가 국가에 한정되어 있는 것도 아니고, 공격을 수행한 자와 그 배후에 있는 자를 알아내는 데에 시간이 소요된다. 또한 사이버작전에서 적대적인 행위를 억지할 수 있는 전략은 핵억지와는 달리 명백하지 못하다. 첫째, 사이버작전을 수행할 수 있는 기술적 능력을 보여주는 것은 상대로 하여금 보복에 대비할 수 있게 만들기 때문에 불리할 수 있으며, 둘째, 대부분의 군사 무기와 달리 사이버 무기는 이를 사용하거나 보여주기만 해도 더 이상 소용없는 것이 되는 일회적인 성격을 가진다. 셋째, 공격능력이 방어능력을 능가한다 하더라도, 이를 공표하는 것은 상대가 어떤 시스템에 침투하여 공격해야 할지 알려주는 결과를 낳을 수 있다(Jensen 2012).

〈표 6-5〉 핵억지와 사이버억지의 관련성

고려해야 할 개념	사이버전과의 관련성	설명
확실한 파괴와 확실한 보복	낮음	사이버전은 장기적이나 무력해제나 파괴 등 아무것도 확실히 보장하지 않는다는 점에서 핵전쟁, 나아가 정밀무기를 사용하는 군사행동과 같이 취급될 수 없음
대응 가치(countervalue) vs. 대응 무력(counter-force)	높음	부수적 효과와 관련된 혼란이 비슷함

전략적 안정	중간	정상화, 예측가능성, 안정성에 관심이 있음
위기의 불안정성	복합적	이슈에 따라 관련성에 차이가 있음: a. 1차 공격 능력의 무력해제-낮음 b. 인식된 2차 공격 비용을 거부-높음 c. 핵무기를 사용하지 않는 제한적인 기습공격 방안을 고려 -높음 d. 억지를 재설정하기 위하여 단계적 확대를 고려-높음
경쟁 전략	높음	적이 방어에 더 많은 금액을 지출하게 하는 전략은 사이버전에서도 강하게 적용
확장된 억지	높음	사이버억지만 떼어놓고 보면 확장 가능성은 낮으나 사이버 능력은 전투능력의 억지력 확장에 영향을 미침

출처: Davis, 2014: 13.

바로 이런 이유로 사이버공격은 물리적 군사공격의 부차적인 수단으로 이용될 때 그 효과가 더욱 명백하다. 사이버억지 전략은 사이버공격을 억지하고 직접적인 영향을 미치는데 한계가 있으므로 사이버방어를 위한 다양한 전략을 수립하는 것이 더 적절할 수 있다. 무엇보다도 사이버억지에서 문제가 되는 부분은 핵억지에 비하여 억지력 위협의 신뢰성이 불충분하다는 점이다. 엘리엇(Elliott 2011)은 핵무기나 전통적 군비 통제 협정과 달리 사이버억지는 규범적 억지나 국제적 협약을 도출해 내더라도 그 준수 여부를 검증할 능력이 부족하므로 전통적 의미의 군비통제 협정에는 한계가 있다고 지적하고 있다.

그럼에도 불구하고 향후 국제정치의 장에서 사이버안보에 관한 국제규범의 윤곽은 차츰 드러날 것이다. 사이버공간을 배경으로 증가하고 있는 다양한 위협은 국제정치의 장에서 사이버안보문제가 본격적으로 다루어질 것임을 예고한다. 탈린 매뉴얼과 같은 국제규범은 다양해진 사이버공격에 대응하고 사이버공간에서 일어나는 국가 간 분쟁에 적용하기 위한 대비책으로써 그 유용성이 있기 때문이다. 사이버안보를 확보하기 위해 국제적 차원에서 사이버안보를 위한 국제규범을 형성하는 것이 매우 중요하다.

참고문헌

강석구 외. 2010. 『사이버안전체계구축에 관한연구』. 서울: 한국형사정책연구원.

이상현. 2012. "미국의 사이버보안 법제: 입법부, 사법부, 행정부의 대응을 중심으로." *Internet and Information Security* 3(1), pp. 109−13.

장규현·임종인. 2014. 국제 사이버보안 협력 현황과 함의: 국제안보와 UN GGE 권고안을 중심으로(http://www.kisdi.re.kr/kisdi/common/premium?file=1%7C13374).

조화순. 2012. 『정보시대의 인간안보: 감시사회인가? 복지사회인가?』. 서울: 집문당.

중앙SUNDAY. 2013. 9. 7. "피해액 8672억… 정부·민간 컨트롤타워 구축 시급."

최문정·최준성·박원형·국광호. 2013. 사이버전에서 보복과 복구의 한계−사이버 분쟁 양상에 대한 국제법적 접근. 보안공학연구논문지(Journal of Security Engineering) 10(4).

Cirling, Carmen−Cristina. 2014. Cyber defence in the EU: Preparing for cyber warfare?, *European Parliamentary Research Service*, Members' Research Service.

Davis, P. K. 2014. Deterrence, Influence, Cyber Attack, and Cyberwar. RAND National Security Research Division−Working Paper. (http://130.154.3.14/content/dam/rand/pubs/working_papers/WR1000/WR1049/RAND_WR1049.pdf)

Elliott, D. 2011. Deterring strategic cyberattack. Security & Privacy, IEEE, 9(5), pp. 36−40.(http://ieeexplore.ieee.org/stamp/stamp.jsp?tp=&arnumber=5719592)

Goodman, Will. 2010, "Cyber Deterrence: Tougher in Theory Than in Practice," Strategic Studies Quarterly Fall, pp. 102−34.

Hansen, Lene & Helen Nissenbaum. 2009. Digital Disaster, Cyber Security, and the Copenhagen School, *International Studies Quarterly* 53, pp. 1155–1175.

Jensen, E. T. 2012. Cyber Deterrence. Emory International Law Review 26(2), pp. 773–824. (http://papers.ssrn.com/sol3/papers.cfm?abstract_id=2070438)

Junio, Timothy J. 2013. How Probable is Cyber War? Bringing IR Theory Back In to the Cyber Conflict Debate, *Journal of Strategic Studies*, 36:1, pp. 125–133.

Kessler, O., & Werner, W. 2013. Expertise, Uncertainty, and International Law: A Study of the Tallinn Manual on Cyberwarfare. *Leiden Journal of International Law* 26(04), pp. 793–810.

Kugler, Richard. 2009. "Deterrence of Cyber Attacks," in Franklin D. Kramer, Stuart H. Starr, and Larry Wentz, eds., *Cyberpower and National Security*, Washington, D.C.: National Defense University, pp. 309–342.

Lewis, James A. 2005. Aux armes, citoyens: Cyber security and regulation in the United States, *Telecommunications Policy* 29, pp. 821–830.

Liff, Adam P. 2013. The Proliferation of Cyberwarfare Capabilities and Interstate War, Redux: Liff Responds to Junio, *Journal of Strategic Studies* 36:1, pp. 134–138.

Market Wired. 2010. 10. 3. Government of Canada Launches Canada's Cyber Security Strategy
(http://www.marketwired.com/press-release/government-of-canada-launches-canadas-cyber-security-strategy-1328661.htm)

McGraw, G. 2013. Cyber War is Inevitable (Unless We Build Security In). *Journal of Strategic Studies* 36(1), pp. 109–119.

Reveron, Derek S. 2012. *Cyberspace and National Security: Threats, Opportunities, and Power in a Virtual World*. Washington: Georgetown University

Press.

Rid, Thomas. 2012. 'Cyber War Will Not Take Place', *Journal of Strategic Studies* 35/1(Feb), pp. 5–32.

Schmitt, M. N. 2011. *Cyber operations and the jus ad bellum revisited.*

Springer, Simon. et al. 2012. Leaky Geopolitics: The Ruptures and Transgressions of WikiLeaks. *Geopolitics* 17:3, pp. 681–711

Stone, John. 2013. Cyber War Will Take Place!, *Journal of Strategic Studies* 36:1, pp. 101–108.

Tsagourias, N. 2014. The Tallinn Manual on the International Law Applicable to Cyber Warfare: A Commentary on Chapter II–The Use of Force. In Yearbook of International Humanitarian Law Volume 15 2012, pp. 19–43. TMC Asser Press.

U.S. Congressional Research Service. 2015. CRS Report R43955, Cyberwarfare and Cyberterrorism: In Brief, by Catherine A. Theohary and John W. Rollins.

U.S. Department of Defense. 2015. *The DoD Cyber Strategy*. Retrieved from http://www.defense.gov/home/features/2015/0415_cyber–strategy/Final_2015_DoD_CYBER_STRATEGY_for_web.pdf

White House. 2011. "International Strategy for Cyberspace: Prosperity, Security, and Openness in a Networked World" Washington D.C.: President of the United States.

제4부
중장기 미래전략의 방향모색

제7장

한반도 통일의 미래전략

황지환

I. 머리말

1945년 제2차 세계대전의 종전으로 한반도가 분단된 이후 두 개의 한국을 다시 통일시키기 위한 노력은 지속적으로 전개되어 왔다. 하지만, 지난 70여 년 동안의 노력에도 불구하고 한반도 통일 문제는 여전히 미완성의 과제로 남아 있다. 오히려 1990년대 초반 냉전 종식 과정에서 북한이 핵무기 프로그램을 개발하면서 통일의 꿈은 점점 더 멀어지는 듯 했다. 지난 20여 년 동안 북핵문제해결을 위한 노력을 기울였지만 커다란 효과가 없었고, 북한은 2006년 이후 2015년 9월 현재까지 3번의 핵실험을 실시했으며 10−16개의 핵탄두를 보유한 것으로 알려져 있다. 또한 북한은 영변의 플루토

늄 프로그램뿐만 아니라 상당히 발전된 우라늄 농축 프로그램을 보유함으로써 지속적으로 핵 능력을 강화하고 있다(Hecker 2010). 일부의 평가에 의하면, 북한이 2020년까지 100개의 핵탄두를 보유할 가능성이 있다는 주장도 있다(Wit and Ahn 2015).

북한이 핵무기를 포기하지 않고 지속적으로 보유할 경우 통일의 꿈은 쉽지 않을 것으로 예상된다. 이러한 관점에서 한반도 통일을 위한 최상의 시나리오는 북한 정권 스스로 핵무기를 포기하고 중국이나 베트남 스타일의 개혁개방 정책을 추구하여 국제사회의 대규모 투자를 받아들이면서 경제발전에 집중하는 것이다. 특히, 김정은 정권이 등장하기 이전까지는 북한의 새로운 지도부가 이전과는 다른 국가전략을 추진할 가능성을 상정하고 이에 대한 정책제안을 한 연구도 있었다(하영선·조동호 2010). 북한이 만약 개혁개방의 새로운 국가전략을 선택할 경우 이는 핵무기 프로그램 포기를 전제로 하여 북한의 정상국가화 및 한반도 통일의 새로운 가능성을 모색할 수 있었다. 하지만 2011년 12월 김정일이 사망한 후 등장한 김정은 정권이 '핵무력 경제 병진노선'을 선언하면서 그 가능성은 희박한 것으로 판단된다(황지환 2014).

따라서 북한이 핵무기 프로그램을 포기하지 않는 상황에서 생각할 수 있는 한반도의 통일 시나리오는 두 가지이다. 현재 진행 중인 시나리오는 김정은 시대의 북한이 김정일 시대처럼 핵무기를 포기하지 않고 제한적인 차원에서의 경제발전을 추구하면서 '그럭저럭 버티기(muddle through)' 전략을 추구하는 것이다(Noland 1997). 이 경우 북핵 위기는 그대로 지속되고 북한의 변화는 없기 때문에 한반도 통일의 과정은 여전히 요원할 것이다(Carpenter 2011). 북한의 병진노선은 핵무기 보유와 경제발전을 동시에 추구하기 때문에 급격한 변화를 추구하지 않는 현상유지(status-quo) 전략이다. 이는 북한 입장에서 볼 때 한반도 통일보다는 김정은 정권의 안정화를 통한 북한체제의 생존전략이다. 물론 북한의 경제가 급격하게 몰락하거나 김정은 정권이 불안정해지면 이러한 전략은 성공할 수 없다. 하지만 여전히 북한체제의 불안정 가능성은 미약하기 때문에 현상유지 전략은 가장 현실적인 것이며 현재진행중이다. 하지만, 이러한 상황은 한반도 통일을 위해서는 바람직스럽지 않은 모습이다.

당장은 가능성이 낮기는 하지만 또 다른 통일의 시나리오는 북한 급변상황(contingency)과 이를 통한 통일의 과정이다. 북한 급변상황은 가능성이 낮지만 한반도 통일의 과정에서 결코 배제할 수 없는 시나리오이다. 우리가 원하든 원하지 않든 북한체제의 불안정이 급변상황으로 전환될 경우에 미리 대비해야 한다(Bennett 2014; Stares and Wit 2009; Bennett and Lind 2011). 이 경우 급변상황을 어떻게 한반도 통일로 연결시킬 수 있을 것인지에 대한 진지한 고민이 필요하다. 북한의 상황 급변은 한국에게 통일의 기회일 수도 있지만 잘못하면 재앙이 될 수도 있기 때문에 조심스러운 접근이 필요하다. 특히 북한이 핵무기 프로그램을 보유한 상황에서 불안정해질 경우 한반도 주변 강대국들의 개입이 예상되어 오히려 통일에 더 커다란 장애가 발생할 수도 있다.

요약하면, 한반도의 미래는 북한의 정상국가화, 급변상황, 현상유지를 통해 크게 3가지 시나리오로 예상할 수 있다. 북한의 현상유지 시나리오는 한반도가 상당 기간 동안 통일되지 않는 상황이기 때문에 이 글에서는 북한의 정상국가화와 급변 사태의 시나리오에서 발생할 수 있는 다양한 상황을 점검하고 통일을 위한 대비책을 논의한다.

II. 북한 급변상황 및 한반도 통일의 미래전략

북한 급변 사태가 반드시 한반도 통일로 귀결되지는 않는다. 1990년 독일 통일의 경험은 북한 붕괴 시 한반도도 자연스럽게 통일을 맞이할 수 있을 것으로 예상할 수 있지만, 현실은 그렇게 간단하지 않다. 독일 통일의 상황과는 달리 미국, 중국, 일본, 러시아 등 주변 강대국들은 한반도 통일에 대해 서로 다른 이해관계를 가지고 있으며 상이한 전략을 가지고 있기 때문이다. 이러한 상황에서 한국 정부는 북한 급변시의 통일전략을 재점검할 필요가 있다.

한반도 통일을 위한 한국정부의 정책방향이 그동안 국가중심적인 접근을 바탕으로 이루어졌음은 분명하다(Hwang 2014). 특히 강대국을 중심으로 한 통일외교의 방향성은 남북한 분단의 역사적 과정과 한반도 주변의 현재 국제정치 상황과 무관하지 않다. 제2차 세계대전 이후 남북한 분단의 과정이 미국과 소련 등 주변 강대국들로부터 크게 영향 받았기 때문에(김계동 2012), 한반도 통일의 과정 역시 주변 강대국들의 영향성을 벗어날 수 없을 것이라는 현실적인 인식이 그러하다. 다른 한편, 현재까지의 한반도 주변 국제정치 상황을 고려하더라도 남북한 관계는 미국, 중국, 러시아, 일본 등 주변 강국들의 영향력을 지속적으로 받고 있다. 따라서 통일 과정에서도 주변국들이 각국의 이해관계에 따라 영향을 미치려고 할 것이라는 추론이 가능하다(Hwang 2013; 황지환 2013). 이러한 통일 과정 및 통일기반 조성 전략의 국가중심적 접근은 동독의 급변상황을 겪은 독일 통일의 사례에서도 잘 나타난다.[1]

1. 동독의 급변상황과 독일 통일의 과정

잘 알려진 것처럼 독일 통일의 과정에서 동서독과 미국, 소련, 영국, 프랑스를 포함한 '2+4 회담(two plus four talks)'이 커다란 역할을 하였다(Zelikow and Rice 1995: 149-198). 일부에서는 1990년 10월의 독일 통일을 1989년 11월 베를린 장벽 붕괴의 당연한 결과로 이해하지만, 제2차 세계대전에서 승리한 4개국의 동의가 없었더라면 통일이 국제적으로 승인되기가 어려웠을 것이다. 물론 독일 통일은 1989년 5월초 헝가리가 오스트리아와의 국경철조망을 철거한 것이 계기가 되어 동독 주민들이 이를 통해 서독으로 대량 탈출하면서 시작되었다.

하지만 서독정부가 베를린 장벽 붕괴 후인 1989년 11월 28일 '독일과 유럽분단 극복을 위한 10개항 계획'을 발표하여 통일 의지를 표명한 후 통일 독일이 북대서양조약기구(NATO) 잔류를 선언함으로써 미국의 적극적인 지원을 받을 수 있었던 것이 국제정치적으로 커다란 계기가 되었다. 서독이 통일 독일의 NATO 잔류를 선언함으로써 미국은 독일이 통일된 후 일어날지도 모를 유럽의 불안정성을 방지하고 통일독일을 미국이 주도하는 유럽의 다자동맹의 틀 속에서 안정적으로 관리할 수 있었다. 따라서 미국은 유럽에서 급격한 국제정치 현상의 변경을 가져올 수도 있었던 독일 통일을 현상유지적(status-quo) 관점에서 대응할 수 있었다.

헬무트 콜 서독 수상 역시 동독과 서독이 국가연합 단계를 거친 후에 기존에 진행되고 있었던 유럽통합의 연장선상에서 5-10년 후에 통일을 완

1 이하 부분은 Hwang (2014)의 일부분을 이 글의 논지에 맞게 발전시킨 것이다.

성한다는 단계적 통일계획을 제시하여 독일 통일에 대한 주변국들의 우려를 불식시키기 위해 노력했다(김영희 2011). 서독이 영국과 프랑스를 비롯하여 양차 세계대전 당시 독일의 침공을 경험했던 모든 주변국들의 반대를 극복할 수 있었던 이유는 미국의 강력한 지지와 후원 때문이었는데, 이는 서독 지도자들이 당시 유럽의 국제정치 상황을 잘 이해하고 있었기 때문에 가능했던 것이다(양창석 2009).

서독은 소련에 대해서도 통일이 위협이 되지 않을 것임을 적극적으로 설득해 나갔다. 서독은 제2차 세계대전 직후 폴란드에게 빼앗긴 영토와 관련된 오더-나이세 국경선을 인정하고 통일 독일의 병력을 통일 이전의 66만5천 명에서 37만 명으로 대규모 감축함으로써 통일 이후에도 팽창주의 노선을 추구하지 않을 것임을 약속하였다. 또한 동독 내 소련 주둔군의 철수비용 및 주둔비용을 부담하기로 약속함으로써 소련의 환심을 사려는 노력도 더했다. 다른 한편 서독은 통일을 지지하는 미국을 활용하여 2+4회담을 통해 소련을 압박하여 4개국의 동의를 얻어낼 수 있었다(염돈재 2010).

당시 소련의 관점에서 보면 독일 통일은 유럽 국제질서의 커다란 현상변경으로 받아들여질 수 있었다. 과거 양차 세계대전에서 그랬듯이 통일 독일은 소련의 안보에 커다란 위협으로 작용할 수 있었다. 하지만 1985년 고르바초프가 등장한 이후 소련은 자국의 국내적인 난관을 극복하기 위해 동유럽 국가들에 대해서도 개혁, 개방을 요구하고 있었던 상황이었다. 소련은 국내의 사회경제적 문제를 해결하기 위해서 군사적인 차원에서도 미국과의 경쟁을 중단하고 군축을 단행하는 등 새로운 돌파구를 마련하려고 노력하고 있었다. 이처럼 소련 자체가 유럽 국제질서에서 새로운 변화를 모색하고 있었던 상황이었다. 따라서 통일독일이 NATO의 통제 하에 현상유지 국가(status-quo power)의 모습을 가지고 소련의 서부 국경에 대한 위협이 되지 않는다면 과거처럼 독일 통일을 적극적으로 반대할 유인이 감소했던 것이 사실이다.[2] 따라서 독일 통일에 대한 소련의 정책은 초기의 원칙적인 통일 불가 방침에서 통일 독일의 NATO 탈퇴라는 조건부 통일 수용 방침으로 변화했고, 1990년 7월에는 NATO 회원국으로 잔류한다는 조건으로 통일을 허용하는 정책으로 변화하였다. 특히 고르바초프는 자신의 소련 개혁정책 핵심인 페레스트로이카를 살려내기 위해 핵심적인 서방의 경제적 지원을 확보하기 위해 NATO 잔류를 조건으로 통일에 동의하게 되었다(김형률 2004).

만약 독일 통일이 가져올 유럽 국제질서의 급격한 변화를 당시 미국이나 소련이 우려하였다면 독일 통일을 쉽게 승인하지는 않았을 것이다. 이는 통일 독일이 유럽 내에서 현상유지 국가가 아닌 현상변경 국가(revisionist power)로 행동할 것이라고 예측하기 때문이다. 다른 한편, 고르바초프의 등장 이후 당시 유럽의 국제정치 상황이 상당한 변화를 겪고 있었다는 점이 독일 통일에 유리한 환경으로 작용했다. 고르바초프는 소련의 구조적 문제를 해결하기 위해 미국 등 서방사회와의 화해정책을 추구하였다. 이를 위해 고르바초프는 동유럽 국가들에 대한 브레즈네프 독트린을 폐기하고 군축을 진행하는 등 국제질서의 변화를 주도하였다. 미국과의 냉전의 긴장이 지속되던 상황이었으면 소련은 절대 독일 통일을 허용하지 않았을 것이다. 하지만 1990년 당시는 소련 스스로 서방과의 새로운 변화를 꾀하고 있었던 상황이었기 때문에 독일 통일이 심각한 현상 변경으로 비쳐지지는 않았던

2 이 과정에서 미국의 역할이 절대적이었다. 소련에 대한 미국의 설득과정은 Zelikow and Rice(1995, pp. 251−285) 참조.

것이다. 따라서 독일 통일은 통일에 우호적인 유럽 국제정치 환경 속에서 가능했던 것이다.

다른 한편, 독일 통일은 동독 주민들의 선택이기도 했다. 호네커 정권이 무너진 후 실시된 1990년 3월의 선거에서 동독 주민들은 조기통일을 약속한 '독일연맹'에 압도적인 지지를 보여주었다. 이에 따라 이전에 동독 지도부가 예상하였던 '사회주의 동독'의 존속이 아닌 서독으로의 편입을 동독 주민들이 선택하여 독일 통일이 완성되었다.

2. 북한 급변상황과 주변 강대국들의 전략

독일 통일의 경험은 한반도의 통일 과정에서도 국제정치 상황의 중요성을 일깨워준다. 당시 독일의 지도부가 보여준 유럽의 국제정치 상황 인식과 통일외교의 노력은 미국의 강력한 통일 지지를 이끌어냈고 영국과 프랑스 등 주변국들의 반대를 극복하고 통일을 이루게 한 결정적 요인이었다. 한반도 통일의 경우에도 이러한 국제정치 상황 인식과 통일외교의 중요성은 더할 나위 없이 크다고 하겠다. 독일 통일의 과정을 단순화하여 한반도 통일 과정에 그대로 적용해 보면 다음과 같은 시나리오가 도출될 수 있을 것이다.

〈표 7-1〉 북한의 상황 급변과 한반도 통일 과정

1) 북한주민의 대량탈북 및 북한정권의 붕괴
2) 북한 내 자유선거 및 조기통일 세력의 집권
3) 통일한국의 한-미동맹 잔류 선언 및 미국의 지지 획득
4) 통일에 대한 중국의 지지 획득
5) 미국의 지원으로 일본 및 러시아의 지지 획득
6) 통일 한국의 완성

얼핏 보면 한반도 통일의 과정도 독일 통일의 과정을 그대로 반복할 수 있을 것 같지만, 사실 그 차이와 어려움을 발견하기는 그리 어렵지 않다. 우선 호네커 정권에서처럼 북한에서 대규모 탈북이 진행되고 김정은 정권이 붕괴된다고 해도 북한의 국내정치 구조를 고려할 때 자유선거가 진행될 가능성은 낮다. 오히려 내부 권력투쟁에 의해 새로운 집권세력이 등장할 가능성이 있는데, 중국과 러시아는 북한 내부의 안정성이 보장된다면 새로운 정권을 승인할 가능성이 크기 때문이다. 중국과 러시아는 김정은 정권의 붕괴를 국가붕괴(state collapse)가 아닌 정권붕괴(regime collapse)로 볼 것이기 때문에 안정적인 북한의 국가 재건을 지원할 가능성이 있다.

둘째, 북한 내에서 최초로 자유로운 선거가 진행된다고 해도 반드시 한국과의 조기통일 세력이 집권한다는 보장이 없다. 만일 북한 재건의 과정에 유엔 등의 주도로 국제사회가 적극적으로 참여하여 자유선거가 이루어지는 경우 동독의 사례처럼 북한주민들의 의사가 중요할 수 있다. 이 경우 북한주민들이 한국 주도의 통일에 우호적인 세력이 집권할 수 있도록 도와주어야 하는데 쉽지 않은 작업이다. 북한 내에 한국과의 조기통일을 지향하는 세력이 존재하여 집권이 가능한지도 의문이지만, 북한 주민들의 현재 대남 인식을 고려할 때 한국을 선택할 지도 미지수이다. 북한 급변 시 북한주민들은 한국보다는 중국이나 자체적인 재건을 더 선호한다는 조사도 최근 보고되고 있다.[3]

셋째, 북한 내 자유선거를 통해 조기통일 세력이 집권을 한다고 해도

---

3 2009년에 북-중 접경 지역에서 북한주민들을 대상으로 실시된 비공식적인 조사에 따르면, 27.1%만이 북한 정권 붕괴 시 남한과의 통일을 원했고, 40%는 중국과의 통합, 31.5%는 북한의 재건을 원하고 있었다고 한다. 《조선일보》 2013년 12월 20일.

미국이 한반도의 조기통일을 적극적으로 지지해 줄 것인지는 분명하지 않다. 장기적인 관점에서 미국은 한반도의 통일을 통한 한-미동맹의 강화와 대 중국 견제를 선호하겠지만, 단기적인 차원에서 한반도 통일의 결과일 수도 있는 동북아 국제질서의 불안정성과 현상 변경을 우려할 수 있기 때문이다. 이러한 관점에서 미국은 현재 동북아에서 최소한 단기적으로는 현상유지의 전략을 추구할 수밖에 없는 상황이다. 이는 미국이 최근 군사력의 사용을 전반적으로 자제하는 '절제된 방위'의 기조를 유지하고 있다는 점에서 잘 나타난다(이동선 2009: 130-136). 중국의 급격한 부상에 비해 경제력이 상대적으로 위축되고 있으며 국내적으로도 재정위기로 인해 가용자원이 심각하게 제약받고 있는 상황에서 동북아 질서의 급격한 변화와 불안정성은 회피하려 할 가능성이 크기 때문이다. 최근 미국이 '아시아로의 귀환(Pivot to Asia)' 혹은 '재균형 정책(Rebalancing)'을 취하면서 아시아를 상대적으로 중시하고 있지만(Bader 2012), 미국은 중국과의 대립을 우려하여 군사개입은 회피하려 들 가능성이 크다(이동선 2014). 이러한 상황에서 북한발 불안정 요인이 조기통일로 이어지는 불안정성과 불예측성을 감수할 가능성은 크지 않아 보인다.

넷째, 미국이 한반도 조기통일을 적극 지지한다고 해도 한-미동맹이 유지된 상황에서 중국이 한국 주도의 조기통일을 지지할 가능성은 거의 없다고 평가된다.[4] 독일 통일의 과정에서 강력한 비토권을 행사할 수 있었던 소련은 전술한 바와 같이 당시 국내외적인 어려움으로 서방의 적극적인 도

4 최근의 한 조사에 따르면, 중국이 한반도 통일을 반대할 것이라는 점에 미국(84%) 및 일본(94%)의 한반도 전문가들 대부분의 의견이 일치하고 있다. 《조선일보》 2014년 5월 22일.

움을 필요로 하던 상황이었다. 반면, 현재 빠르게 성장하고 있는 중국은 미국이나 한국의 설득보다는 자국의 이해관계를 철저히 따져 한반도 통일 과정에 임할 것으로 예상된다. 이러한 관점에서 중국의 현재 동북아 전략 역시 현상유지적인 입장에 있다고 평가된다(Johnston 2013). 현재 중국은 경제부상을 바탕으로 전반적인 국력이 지속적으로 성장하고 있기 때문에 동북아 지역질서의 급격한 변화를 원하지 않는다. 현재로서는 중국 경제의 지속적 성장과 중국의 국내적 안정을 위해 한반도 통일보다는 북한정권이 유지된 상황을 선호하는 현상유지전략을 취하고 있다고 평가된다(Glaser et al. 2008). 따라서 한반도발 급격한 변화는 중국의 안보와 국가이익에 도움이 되지 않는다고 인식할 것이다.

중국은 이러한 세력부상을 기초로 자국 세력권의 구축 및 영향력 확대를 추구하고 있다. 중국은 미국과의 전면적인 충돌을 원하지는 않지만, 동아시아에서 군사력을 증강시키며 '미국 몰아내기' 전략을 보여주고 있다(Office of the Secretary of Defense 2013; Cliff et al. 2007). 중국의 국력이 더욱 신장되면서 이러한 경향은 지속적으로 강화될 가능성이 크기 때문에 중국이 원하지 않더라도 미-중관계의 불안정 가능성은 존재한다(Goldstein 2013). 따라서 중국이 한-미동맹을 유지한 통일 한국을 조기에 수용할 가능성은 거의 없다고 하겠다. 중국의 국력 성장이 지속되어 장기적으로는 동북아에서 현상변경을 꾀할 수도 있겠지만, 그 과정에서 통일된 한국이 중국의 국가이익 및 안보에 위협이 되지 않는다는 확신이 서야 한반도 통일을 지지해 줄 것이다.

다섯째, 미국이 적극적으로 설득한다고 해도 일본과 러시아가 한반도의 조기통일을 지지할지는 분명하지는 않다. 러시아의 경우 현재 진행되고 있는 동시베리아 지역 및 에너지 자원의 개발을 위해 한반도의 조기통일을 지지할 가능성도 있다. 현재 북-러관계는 안보적인 면에서나 경제적인 면에서나 큰 유대관계가 없다. 따라서 통일한국이 러시아에 커다란 위협이 되지 않으면서도 경제적 도움이 된다면 조기통일을 지지할 가능성도 존재한다(Lukin 2013). 하지만 러시아가 한반도 통일 과정에서 얼마나 중요한 역할을 할 수 있을지는 미지수이다. 일본의 경우 통일 한국이 결과할 수 있는 불안정 요인으로 인해 조기통일을 지지하지 않을 가능성이 크다. 통일 한국이 중국과 더욱 가까워질 경우 동북아에서 상당한 전략적 딜레마를 가지게 될 뿐 아니라 통일한국 자체가 일본의 동북아 전략에 경쟁자로 등장할 가능성도 있기 때문이다.[5]

요약하면, 독일 통일 과정을 한반도에 적용할 때 북한 급변상황 이후 통일 과정의 각 단계마다 상당한 불확실성이 존재하고 있다는 것을 확인하게 된다. 독일 통일은 변화하는 유럽의 국제정치 상황에서 미국과 소련 모두에게 안정감을 제공한다는 논리를 만들 수 있었다. 하지만 동북아 국제정치 상황은 현재 미-중이 경쟁하고 있는 상황이어서 한반도 통일이 동북아 안보환경에 현상 변경 가능성을 제공한다면 미국과 중국 모두 그 불안정 가능성을 우려할 것이다. 따라서 동북아 국제관계의 급격한 변화가 있는 상황이 아니라면 한반도 주변 강대국들은 동북아에서 현상유지 정책을 펼칠 가능성이 크며 한반도 통일을 적극적으로 지원하지 않을 것이다.

---

5 많은 일본 지도자들과 학자들은 한반도가 통일되면 중국에 더 가까워질 가능성이 있다고 믿고 있다. 2014년 3월 일본의 한국전문가들과의 인터뷰.

3. 북한 급변상황에 대한 한국의 대응전략

독일 통일은 동독의 붕괴와 자발적인 서독과의 통합으로 가능했지만, 한반도 통일의 과정은 주변 강대국들의 이해충돌로 인해 북한에서 급변 사태가 발생하더라도 쉽게 통일로 연결되지 않을 가능성이 크다. 이로 인해 우리의 일부 기대와는 달리 김정은 정권의 붕괴 혹은 어떤 형태의 북한 급변 사태든지 반드시 한반도 통일로 가지는 않을 가능성이 많지만, 이러한 상황에서 통일을 이끌어내기 위한 전략이 필요하다. 김정은 정권의 붕괴에 의한 북한의 급변 사태는 한국의 국내적인 관점에서는 당연히 통일로 가는 지름길이라고 인식될 수 있다. 하지만 국제사회의 관점에서 볼 때 북한은 주권을 가진 국가(유엔가입국)이기 때문에 정권의 붕괴 및 정부 재건(goverbment rebuilding)의 사례가 될 가능성도 있다. 이러한 상황에서 독일 통일의 경우처럼 북한 급변 사태를 한반도 통일로 이끌어 내는 한국의 미래전략 구상이 필요하다.

한반도 통일을 위해 주변 강대국들의 역할이 중요하고 여전히 유효하겠지만 한반도 주변의 국제정치 상황을 고려해 볼 때 국가중심의 접근은 한계를 가질 수밖에 없다. 국가중심의 관점에서 보면 한반도 주변 강대국 어느 누구도 통일을 적극적으로 원하지 않는 모습이며 국가 간 이해관계의 충돌이 예상외로 심각함을 알 수 있다. 이는 한반도 주변국들이 기본적으로 현상유지(status-quo)의 전략으로 자국의 이익을 추구하려는 경향이 강하기 때문이다. 독일의 경우 당시 냉전체제의 급작스러운 붕괴과정에서 국제질서가 불안정한 상황이었고 주변강대국들이 통일을 승인해 준 경향이 있었다. 하지만 한반도 주변질서의 급격한 변화가 없는 상황에서는 강대국들이 현상변경의 전략을 취하기보다는 현상유지의 전략을 취할 가능성이 크다.

물론 한반도 통일의 과정에서도 국가중심의 통일외교를 소홀히 할 수는 없다. 한반도 통일 과정에서 강대국들의 역할은 절대 무시할 수 없는 변수이며 지속적인 영향력을 가질 것이다. 하지만 이들 강대국들은 한반도 통일에 대해 상이한 인식을 하고 있기 때문에 국제기구나 NGO를 적극적으로 활용함으로써 이들 강대국들의 영향력을 견제하고 이견을 좁힐 수 있는 여지를 탐색하는 것이 필요하다. 따라서 국가중심의 접근이 가지고 있는 한계를 직시하고 NGO나 국제기구와 같은 비국가행위자들을 활용하는 것이 매우 중요한 과제라고 하겠다. 비국가행위자들은 주변 강대국들만큼 한반도에 대한 이해관계가 강하지 않고, 통일 그 자체에 커다란 가치를 두고 규범적으로 행동할 가능성이 크기 때문이다. 즉 통일의 과정에서 한반도에 첨예한 이해관계를 가지고 있는 주변 강대국들보다는, 국제기구와 NGO가 통일한국에 훨씬 더 우호적인 역할을 할 가능성이 크다. 한반도 통일기반 조성을 위해서는 강대국 중심의 국가중심 통일외교 뿐 아니라 비국가행위자들의 다양한 역할을 잘 활용하는 지혜가 필요하다. 이를 통해 한반도 통일 과정에서 특성 주변 강대국들이 한반도에 대해 직접적인 영향력을 행사하려는 시도를 최소화하고 통일 한국에 우호적인 방향으로 국제적 공조를 이끌어내는데 도움이 될 수 있을 것이다.

다른 한편, 한반도 통일의 과정에서 비국가 행위자들이 중요한 이유는 북한 주민들에 대한 접근성 때문이다. 이들은 그동안 정치, 외교, 군사, 경제 문제 등 전통적 이슈들뿐만 아니라 인권, 난민, 환경, 개발협력, 문화 등 비전통적 이슈들에 대해 활발한 활동을 해 오는 과정에서 다양한 경험을 축적해 왔다. 많은 국제기구와 NGO가 이미 북한 관련 문제들을 다뤄본 경험이 있기 때문에 이들의 경험은 한반도 통일 과정을 안정적으로 이루는 데 많은 도움을 줄 수 있을 것으로 기대된다. 특히 이들이 다양한 북한 내의 활동을 경험함으로써 북한 주민들과의 접촉을 해 왔고, 상당히 긍정적인 인상을 남겨온 것도 사실이다. 이는 북한 급변상황에서 북한 주민들의 선택을 다양화하는데 상당한 도움을 줄 수 있을 것이다. 이를 통해 북한주민들이 자체적인 국가재건보다는 한국과의 통일을 선택하도록 하는 것이 필요하다.

III. 북한의 정상국가화 및 한반도 통일의 미래전략

한반도 통일 과정의 두 번째 시나리오로서 북한이 자발적으로 핵무기를 포기하고 개혁개방의 새로운 국가전략을 선택하는 경우를 생각해 볼 수 있다. 이 경우 북한이 정상국가화되고 경제가 발전하여 독자적으로 생존이 가능한 경우이며, 현실 사례에서는 베트남이나 미얀마의 정책전환으로 이해될 수 있다. 북한이 개혁개방을 통해 정상국가화를 선택할 경우 북한이 독자적으로 생존하기를 원하며 스스로는 통일을 원하지 않을 수 있다. 하지만, 현재의 북한 정권과는 전혀 다른 차원으로 북한 체제의 성격이 변화하게 되는 경우 한반도 통일에 더욱 우호적인 환경이 될 것임은 분명하다. 이 경우 한국이 어떤 전략을 통해 통일을 이끌어 갈 것인지 고민할 필요가 있다. 이러한 과정은 '민족공동체통일방안'이 1단계에서 제시하는 '화해협력'의 단계로 이해할 수 있기 때문이다.[6]

1. 북한의 전략적 선택변화와 개혁개방

북한이 현재 추구하고 있는 선군정치나 핵무력 경제 병진노선은 지속성(sustainability)과 내구성(durability)의 문제가 있다(황지환 2010). 현재 북한의 통치 패러다임 하에서 이러한 국가전략을 당장 그만둘 수는 없겠지만, 무한정 지속할 수도 없는 구조적 문제점을 가지고 있다. 북한은 대외적인 차원에서 군사강국을 건설하여 북한의 안보를 확보하는 선순환 구조를 지향했지만, 현실적으로 군비 증강은 과잉군사와 과잉안보를 야기해 안보딜레마의 지속적인 악화를 가져왔다. 결과적으로 북한은 안보불안이 더욱 가중되는 장기적 악순환 경로에 놓이게 되었다. 국내정치의 측면에서 이러한 전략은 군의 조직력과 효율성을 바탕으로 자립경제를 달성하여 국가발전과 정권안정을 도모하는 선순환 구조를 지향했다. 하지만 현실적으로는 경제가 악화되어 체제 위기로 가는 국내정치의 딜레마가 심화되고 있다. 결국 북한의 병진노선은 국가전략적인 측면에서 강성대국으로의 이행을 촉진시키기보다는 안보불안과 체제 위기를 가중시켜 정권 기반을 약화시키는 역효과를 내고 있다.

북한이 현재 처해 있는 대내외적인 딜레마에서 탈출하고 한반도 통일을 지향하기 위해서는 지도부의 전략적 결단이 필요하다. 북한이 현재 당면하고 있는 문제를 해결하기 위해서는 병진노선을 추구할 것이 아니라 지도부가 핵무기를 포기하고 병진노선 및 선군(先軍) 정치에서 선경(先經) 정치로 전환하는 전략적 결단을 해야 한다. 물론 북한이 현재 핵무기 보유국임

6 이하 부분은 황지환(2010)의 일부분을 이 글의 논지에 맞게 발전시킨 것이다.

을 주장하고 있는 상황에서 당장 핵무기와 병진노선을 포기하는 것은 현실적이지도 않을 수 있다. 북한의 현재 상황을 고려하면 병진노선을 당장 폐기하는 것은 국내정치를 급격하게 불안정하게 만들 우려가 있으며, 대외적 위협인식도 악화시킬 수 있어 단계적인 접근이 필요하다. 하지만 이행은 단계적으로 하더라도 핵무기를 포기하고 선경 정치를 채택한다는 전략적 결단은 빠른 시간 내에 해야 한다. 이를 위해 북한은 핵무기와 미사일 협상을 통해 미국과 한국 및 국제사회의 군사적 위협을 감축하려는 노력을 해야 하며, 동시에 국제사회는 북한에 대한 제재를 감소시키려는 노력을 해야 한다. 그리고 북-미, 북-중, 북-일, 남-북 등 양자적 협상과 6자회담 등 다자적 협상을 통해 장기적으로 안정적인 한반도 안보환경의 기반을 마련하여 안보딜레마를 감소시키려는 노력을 해야 할 것이다.

1) 북한의 전략적 선택변화와 정상국가화

북한의 국가전략을 선경 정책으로 변화시키기 위한 기반조성으로 북한은 군사비와 병력을 과감하게 축소하여 과대군사와 과잉안보를 해소하기 위한 노력을 시작해야 한다. 북한은 남북군축회담을 시작해야 하며, 군사부문을 당분간 안정적으로 유지하면서도 군에 집중된 국가자원을 민간경제로 이전하는 탈군(demilitarization)의 노력을 점진적으로 시작해야 한다. 물론 이러한 전략적 결단은 핵무기 포기를 선언하는 것으로부터 시작되어야 한다. 북한이 핵무기를 보유한 상태에서는 선군정치에서 탈피할 수 없고, 선군정치가 지속되면 군사부문의 과대화를 해결할 수 없다. 국가의 모든 부문이 군사부문을 중심으로 이루어지는 상황에서 장기적인 국가발전전략을 세우는 것은 불가능하기 때문이다. 또한 병진노선과 선군정치의 포기는 북한의 미래발전을 위해 국제사회를 설득할 수 있는 기본적인 전제가 된다.

이러한 신뢰구축의 과정에서 북한은 핵포기 과정을 이행하고 정상국가화의 길로 들어설 수 있다. 기존의 6자회담 합의들은 북한과의 신뢰가 성숙하지 못한 상황에서 이루어졌기 때문에 합의가 이루어져도 이행에 커다란 문제가 있었다. 따라서 6자회담에 참여하였다는 사실로 핵무기 포기에 대한 북한의 전략적 결단이 있었다고 평가할 수는 없다. 6자회담의 여러 합의들이 상정하고 있는 방식으로 북한의 핵무기 폐기를 이끌어내는 데는 한계가 있다. 6자회담이 북한의 핵무기 프로그램을 동결할 수는 있었지만, 검증과 폐기라는 근본적 단계에 직면하여 더 이상 진전을 이루지 못한 이유이다. 신뢰가 증진되지 못한 상황에서 북한이 핵포기 결단을 내릴 리가 없고, 결국 핵폐기 과정은 잘 진전되지 못했다.

따라서 북한의 정상국가화가 추진되는 경우에는 먼저 완전한 선경체제로 가지는 못하더라도 선군정치를 포기할 것이라는 새로운 지도부의 전략적 결단이 필요하며 그 후 개혁과 개방정책이 추진되어야 한다. 핵문제도 단번에 해결하기 보다는 국제사회와의 신뢰구축 분위기가 조성되는 과정에서 핵포기에 대한 전략적 결단을 한 다음에 점진적으로 폐기하는 과정을 상정하는 것이 북한을 설득할 수 있는 현실적인 접근이다. 핵무기의 완전한 폐기는 북한이 선경정치로 본격적으로 이행하고 개혁하는 단계에서 이루어지도록 하는 것이 현실적이다. 따라서 북한의 전략적 선택 변화의 1단계는 핵문제와 경제문제가 근본적으로 해결되지는 않고 여전히 선군정치가 일정부분 시행되는 단계이다. 하지만 북한 지도부의 전략적 결단이 이루어진 상태이기 때문에 그 이후 본격적인 이행과 개혁 단계로 가는 기반이 된다. 새로운 지도부가 선군정치와 핵무기로부터 받는 부담이 일정하게 감소하게 되어 2단계에서 본격적인 이행과 개혁을 할 수 있는 여지가 생길 것이기 때문이다.

구체적으로 1단계에서는 이후의 본격적인 군비축소를 위한 전제조건으로서 군사적 신뢰구축을 쌓아가는 것이 중요하다. 한반도의 군사적 신뢰구축 논의는 오랜 기간 계속되었으나 현실화되지는 못했다. 지난 2007년 제2차 남북정상회담에서 발표된 10·4선언 제3조는 "남과 북은 군사적 적대관계를 종식시키고 한반도에서 긴장완화와 평화를 보장하기 위해 긴밀히 협력하기로" 하였으며, "서로 적대시하지 않고 군사적 긴장을 완화하며 분쟁문제들을 대화와 협상을 통하여 해결하기로 하였다"고 선언하였다. 더 나아가 "한반도에서 어떤 전쟁도 반대하며 불가침 의무를 확고히 준수하기로" 하여 상호간에 불가침 의무를 분명히 하고 있다. 하지만 현실적으로 남북 간 신뢰구축이 이루어지지 않은 상황에서 이러한 약속은 그저 선언을 위한 선언이 되어 버렸다. 북한은 그동안 북미평화협정이 맺어지면 자연스럽게 남북한의 실질적 군비축소가 이루어지고, 주한미군이 철수하면서 군사적 신뢰구축은 당연히 이루어지는 것으로 주장해 왔다(하영선 2000). 하지만 유럽 등 다른 지역의 경험에서 잘 알 수 있듯이 군사적 신뢰구축을 우선하는 것이 이후에 실질적 군비축소로 가는 길이다(한용섭 2004). 한국은 이미 1988년 유엔군축 특별총회에서 1단계 정치적 신뢰구축, 2단계 군사적 신뢰구축, 3단계 실질적 군비감축을 제안한 바 있는데, 이 단계적 신뢰구축 과정이 남북 상호간의 합의에 의해 이행되어야 할 것이다(조성렬 2007).

북한의 정상국가화를 위해서는 군사전략 역시 방어형 전력구조로 변화시켜야 할 것이다. 북한의 군사전략은 총력전 전략, 선제 기습공격 전략, 배합전략, 속전속결 전략 등 공격적 전략을 기본으로 하고 있다(서주석 2009). 이를 위해 "초전 기습공격과 정규, 비정규군의 배합전으로 전쟁의 주도권을 장악하고, 강력한 화력과 기계화 부대로 전장의 확대를 실시할 것으로 예상된다."(대한민국 국방부 2008). 이에 따라 북한은 평양-원산선 이남 지역에 지상군 전력의 약 70%를 배치하며 전쟁 초기에 압도적인 전투력으로 기습효과를 달성할 수 있도록 하는 공격형 전력구조를 가지고 있다. 따라서 북한이 위기탈출을 모색하고 실질적인 군비축소를 이행하기 위해서는 우선 공격형 군사전략을 방어형 전략으로 전환시키는 작업이 선행되어야 할 것이다. 이에 따라 남북한의 공격용 무기체계를 재배치하고 우선적으로 감축하려는 노력을 시작하고, 공격용 무기의 생산과 수입을 규제하는 방안을 마련하여야 할 것이다.

2) 한국 및 국제사회의 역할

북한이 핵무기를 포기하면 국제사회가 북한의 정권안보를 보장해주고 대규모 경제지원을 해 준다는 약속에 대해 북한의 지도부가 신뢰하지 못하고 회의적일 수 있다. 현실주의 국제정치의 시각에서 보면, 국제 무정부 질서에서 상대국을 신뢰할 수 없다(Waltz 1979). 북한의 시각에서 보면, 미국이나 한국을 신뢰하지 못해 핵을 쉽게 포기할 수 없다는 논리이다. 따라서 북한과의 신뢰를 구축하는 작업은 북한의 전략적 결정을 이끌어내기 위해 한국과 국제사회가 집중해야 할 가장 중요한 요소이다. 지금까지 한국과 미국의 대북정책은 우월한 위치인 강자의 시각에서 이루어진 것이다. 북한이 주장하는 미국의 대북 적대시 정책과 위협인식을 불식시키기 위해서는 북한의 입장에서 한반도 주변 정세를 이해하려는 노력도 해야 한다. 북한이 국제사회를 신뢰할 수 있는 방법이 무엇인지에 대해서도 고민해야 한다. 햇볕정책이나 비핵개방3000 정책이 북한에 대한 전면적인 경제지원과 개혁지원을 약속하면서도 북한문제해결의 근본적인 방안이 되지 못한 것은 북한의 전략적 결단을 이끌어내기 위한 방안이 존재하지 않았기 때문이다.

북한과의 신뢰구축을 위해서는 북한이 핵무기를 포기하고 선군정치에서 선경정치로 이행해 나가는 1단계에서 한국과 미국을 비롯한 국제사회가 북한의 안보를 보장해 주어야 한다. 이는 북한의 대외적 위협인식을 해소해 주는 것뿐만 아니라 북한의 리더십이 교체되는 후계구도의 과정에서 북한 정권의 내부적 안정성을 보장해 주는 것도 포함된다. 북한의 안보를 보장해 주는 방법으로는 핵포기 과정에서 북한이 요구하고 있는 북미평화협정을 체결하고 한국과 미국이 대북 불가침선언을 하는 것을 고려해 볼 수 있다. 또한 북-미관계와 북-일관계 정상화를 위한 기반조성을 할 필요가 있는데, 외교관계 정상화에 앞서 북한에 미국과 일본의 연락사무소(liaison office) 설치를 고려해 볼 수 있다. 북한 내 미국의 연락사무소를 설치하는 문제는 여러 차례 논의된 적이 있는데, 가장 대표적인 사례가 1994년 북미 제네바 합의(Geneva Agreed Framework)에서 합의된 것이다. 과잉안보와 과잉군사의 문제를 해소하려면 북-미관계와 북-일관계의 개선이 전제되어야 하는데, 북한은 한국처럼 미국의 확장억지력(extended deterrence)에 의존할 수 없으므로, 북미관계 개선으로 부분적으로 대외적 위협인식을 감소시킬 수 있어야 한다. 이러한 방안들이 상호간의 신뢰구축을 근본적으로 이루기는 어렵겠지만, 기반 조성에는 유효할 수 있다.

북한의 위협인식을 해소하기 위한 보다 대담한 방안으로 중국이 적극적으로 대북 안전보장을 해주는 것을 고려해 볼 수 있다. 1990년대 초반 이후 북한의 위협인식이 급격하게 증가한 것은 냉전 종식 이후 소련과 중국이 붕괴되거나 체제 이행을 하는 과정에서 북한에 대한 안보 후견국으로서의 지위를 상실했기 때문이다. 당시 북한은 동맹이라는 대외적 균형정책(external balancing)의 대안을 상실했기 때문에 군비증강이라는 대내적 균형정책(internal balancing)에 집중하여 한반도 세력균형의 붕괴에 대응하려는 측면이 있었다.[7] 따라서 부상하는 중국이 한국 및 미국과의 협의 하에 북한의 안보를 보장해 줄 수 있는 보다 적극적인 정책을 시행하는 것을 고려해 볼 수 있다. 미-중관계나 한-중관계를 고려하면 중국이 북한에 대해 확장억지력까지 제공할 수는 없겠지만, 북-중 안보관계의 진전은 북한의 위협해소에 커다란 도움이 될 것이며, 이는 중국의 전략적 이해와도 부합할 수 있을 것이다.

2. 북한의 정상국가화 이행과 한반도 평화

1) 북한의 정상국가화 이행

북한 지도부가 핵 포기에 대한 결단을 내리고 난 후, 1단계인 위기탈출의 단계를 지나 2단계인 이행(transition)과 개혁(reform) 단계로 진입할 수 있다. 궁극적으로 핵무기의 완전한 폐기는 2단계 중반이나 끝에 가서야 실현되는 것을 목표로 한다. 북한의 새로운 지도자는 2단계에서 개혁수령(enlightened dictator)의 모습을 띠게 될 것이다. 그는 궁극적으로는 북한의 시장경제화를 위한 개혁과 개방에 집중하여 안보딜레마와 국내정치 딜레마를 완전히 해소할 것을 목표로 삼는다. 하지만 2단계에서는 아직 정치적으로

7 세력균형정책에서 대외적 균형정책과 대내적 균형정책의 상관관계에 대해서는 Waltz(1979, p. 168)와 Morrow(1993, p. 208) 참조.

는 선군과 선경이 공존하는 단계이며, 경제적으로도 계획과 시장이 공존하는 단계이다. 따라서 국내적으로는 선군세력과 선경세력이 균형을 이루고 있는 상태이며, 개혁수령은 이들 사이에서 균형자 역할을 하게 된다. 북한의 핵무기가 아직 완전히 폐기되지 않았으며 군축도 완전히 이루어지지 않은 상황이지만, 국가전략의 변화에 따라 핵무기 폐기와 한반도 군축 과정이 진행되어야 한다. 선군정치의 포기 선언 이후 국방비가 축소되고 병력이 감축되기 시작하면서 안보딜레마와 국내정치 딜레마가 해소되는 과정이 중요하다. 따라서 2단계는 북한의 전략적 변화가 진행되면서 탈군 과정을 거쳐 점진적으로 선경정치로 이행과 개혁이 진행되는 단계이다. 그 변화는 단기간 내에 이루어질 수는 없겠지만, 대략 5~10년 정도의 기간 동안 이루어질 수 있을 것이다.

따라서 북한은 2단계에서 본격적인 군축에 착수하여야 할 것이다. 2단계는 한반도의 정전체제가 평화체제로 전환되는 과도기로서 1단계에서 추진한 군사적 신뢰구축을 바탕으로 군축에 대한 구체적인 계획을 이행해야 한다. 우선 한반도가 정전체제에서 탈피하는 과정에서는 여전히 남북 간의 상호억지체제 유지가 필요하다. 이 과정에서 남북한은 여전히 군사력의 균형을 유지하면서 군축의 목표를 지향해 나가야 한다. 군축의 구체적인 단계에서는 상호 동수 보유원칙을 적용하여 군사력의 상호균형이 유지되어야 한다. 미국과 소련사이의 전략무기감축협정(START)처럼 군사력을 많이 보유한 쪽이 먼저 감축하여 적게 보유한 쪽 수준으로 조정한 이후 동수균형 감축방식으로 추진하는 것이 제안될 수 있다(하영선 2000). 이 과정에서 병력수준과 군사력 평가에 대한 이견이 제시될 수 있으나, 군사적 신뢰를 바탕으로 한 남북 합의하에 현장검증과 상호감시를 통해 문제점을 해결해야 할 것이다. 북한은 구체적인 군축단계에 대한 과정 설명 없이 쌍방의 병력을 각각 10만 명 아래로 축소하고 군사 장비들도 축소 폐기할 것을 제안하였지만, 급격한 군축은 오히려 한반도 안보환경을 악화시킬 가능성이 있기 때문에 유의하여야 할 것이다.

2) 한국 및 국제사회의 역할

변화는 북한의 내부에서 뿐만 아니라 한국이나 미국 등 주변국들로부터도 조성되어 안과 밖의 조화가 모색되어야 한다. 북한이 핵무기를 포기하고 선군정치를 포기하는 전략적 결단을 내렸을 때, 국제사회는 북한의 변화를 수용하고 선경정치로 전략적 변화를 하도록 도와주어야 한다. 미국 내에서도 비슷한 관점에서 북한이 핵무기 폐기와 재래식 군축을 해 나갈 때 국제사회는 북한에게 체제보장과 대규모적인 경제지원을 제공해 북한문제를 포괄적으로 해결해야 한다는 '그랜드 바겐(Grand Bargain)' 주장이 제기된 적이 있었다(O'Hanlon and Mochizuki 2003). 따라서 1단계에서 미국과의 평화협정 및 대북불가침 선언이 이루어지고 중국의 대북 안전보장이 선언된 후 국제사회도 2단계에서 북-미 및 북-일관계를 정상화하고 전면적인 경제지원을 확대함으로써 북한에 대한 약속을 본격적으로 이행할 수 있다. 냉전 종식 이후의 유럽에서처럼 남북 간에도 본격적인 군축협상과 상호군축이 진행되어야 하는데, 이를 위해서는 미국, 중국, 일본, 러시아 등 주변국들이 북한과의 지속적인 관계개선을 통해 남북한이 상호군축을 할 수 있는 환경을 만들어 주어야 한다. 한반도의 재래식 무기 군축 및 병력 감축을 단계적으로 진행하여 남북 간에 군사적 위협인식을 상당부분 해소해야 한다. 물론 2단계는 북한이 선군정치에서 선경정치로 이행하는 단계이기 때문에 군사부문에 대한 일정한 유지와 투자는 필요하다. 국가전략의 변환이 완전히 이루어지지는 않았고 선군정치와 선경정치가 일정하게 균형을 이루고 있는 상황이기 때문이다. 하지만 이전 시기보다는 비군사적인 부문에 대한 강조가 커질 것이며, 국가자원이 비군사적인 부문에 보다 집중되어야 한다. 핵무기와 장거리미사일 문제의 해결과 함께 재래식 무기와 병력을 감축하려는 노력이 없으면 군사와 경제 간의 불균형을 해소할 수 없기 때문이다. 비대한 군사부문이 변화하지 않고서는 북한이 새로운 장기 국가전략을 세우는 것은 불가능하다. 따라서 국제사회는 안보환경 변화를 통해 한반도 군축을 촉진시키고 이를 통해 북한이 선군정치에서 선경정치로 이행하는 경로를 마련해 주어야 한다.

3) 한반도 평화의 제도화 노력

2단계는 한반도와 동북아의 평화조성이라는 관점에서 볼 때 과도기적인 모습을 띨 수밖에 없다. 이는 제2차 세계대전 이후 70여 년 동안 긴장상태가 지속되고 1980년대 후반 세계냉전의 종식 이후에도 분단이 해소되지 않은 한반도의 독특한 군사적 환경을 반영한 것이다. 한반도 주변질서를 고려해 볼 때, 이상적인 평화의 모습과 구상보다는 보다 낮은 단계의 구상과 점진적인 변화가 더 현실성이 있다. 이러한 과도기적인 단계에서는 한반도에 대한 완전하고 적극적인 평화의 구상보다는 불완전하고 소극적이지만 보다 현실적인 평화개념을 적용해 북한 군사의 개혁에 접근하여야 한다(황지환 2009).

가령 2단계에서는 갈퉁(Johan Galtung)이나 보울딩(Kenneth Boulding)이 제시하는 '적극적 평화(positive peace)'나 '안정된 평화(stable peace)'보다는 '소극적 평화(negative peace)' 및 '불안정한 평화(unstable peace)'의 관점을 적용하

는 것이 현실적이다(Galtung 1996; Boulding 1979). 갈퉁은 전쟁방지와 갈등관리의 차원에서 얻어지는 '소극적 평화'보다는 군사, 정치, 경제, 문화적 차원에서 폭력의 요인이 사라지고 상호간에 동등한 관계가 이루어진 '적극적 평화'를 지향해야 한다고 주장해 왔다. 보울딩은 '안정된 평화'는 전쟁의 발발 가능성이 없고 대비조차 필요하지 않은 상태이며, '불안정한 평화'는 전쟁 발발 가능성이 있지만 억지력과 규제를 통해 전쟁을 예방하는 상태라고 설명했다. 남북 간에도 장기적으로는 적극적이고 안정된 평화를 추구하고 영구적인 평화를 지향해야 하겠지만, 2단계에서는 과도기적으로 이를 관리하기 위한 제도화 과정을 목표로 하여 소극적, 불안정한 평화를 현실화해야 할 것이다. 즉 2단계는 북한에서 비롯된 한반도 주변의 안보딜레마를 해소시켜 평화를 관리하는 안보레짐(security regime)의 제도화과정으로 접근할 필요가 있다(Jervis 1983). 국제레짐(international regime)이 국제관계에서 행위자들의 공통된 기대를 반영한 것이라고 할 때,[8] 안보레짐은 서로간의 신뢰가 없는 국제 무정부질서(international anarchy)에서 안보딜레마를 탈출하기 위한 제도화 과정으로 이해되기 때문에 한반도에 적절히 적용될 수 있다. 따라서 남북 간의 군축을 진전시키고 위협인식을 감소시켜 안보딜레마를 해소해 나가기 위한 과도기적인 제도화과정으로 구상해야 한다. 이러한 안보레짐의 구상은 상대적으로 소극적이고 불안정한 제도화과정이기는 하지만, 군사적으로 불안정한 한반도 주변 안보환경에서는 조금 더 현실적인 구상이다(황지환 2009).

---

8 Krasner(1983, p. 2)에 따르면, 국제레짐은 "국제관계의 일정한 영역에서 행위자들이 공통의 기대를 가지고 있는 암묵적이거나 명시적인 일련의 원칙(principles), 규범(norms), 규칙(rules), 의사결정과정(decision-making procedures)"으로 정의된다.

하지만, 2단계는 과도기적인 단계일 뿐이며, 3단계로 가기 위한 준비과정이다. 북한이 1단계에서 전략적 결단을 내리고 개혁을 해나가지만 선군전략과 선경전략이 공존하는 2단계에 머물러서는 변화하는 국제사회에서 정상국가로 살아남기 어렵다. 북한의 생존과 발전을 위해서는 선군정치를 완전히 탈피하여 안보제도에 의해 안전보장이 이루어지고 경제적으로는 시장경제가 계획경제를 완전히 대체하는 단계로 진입해야 한다. 군사적인 측면에서도 남북한 군축을 통해 소극적이고 불안정한 평화를 넘어 적극적이고 안정된 평화를 한반도에 정착시켜야 하며, 한반도의 군사력은 동북아 안보환경을 고려한 수준에서 유지되어야 할 것이다.

3. 북한의 정상국가화와 한반도 통일단계로의 이행

북한의 정상국가화를 토대로 적극적이고 안정된 평화가 한반도와 동북아에 정착되면 이 과정은 한반도 통일로 이행해 가는 단계이다. 이때 북한의 국가전략은 선군정치에서 선경정치로 완전히 대체되어 북한의 대내외적인 변환이 완성되는 시기이다. 따라서 안보적인 차원에서도 제도화 과정이 완성되어 한반도에 안정된 평화가 구축된다. 이는 단순히 남북한 사이에서 전쟁 가능성이 사라지는 것을 넘어서서 동북아 차원에서 분쟁의 발발 가능성이 사라지고 전쟁에 대한 대비조차 필요하지 않은 상태로 생각할 수 있다. 이는 한반도의 안보환경이 동북아 평화구조 정착을 촉진시키고, 또한 동북아 평화의 진행과정에서 한반도가 더욱 안정됨을 의미한다. 이러한 모습은 냉전의 종식 이후 유럽에서 추진된 것처럼 통합된 공동체 의식 속에서 국가 간 전쟁가능성이 거의 사라지고 평화를 위해 충분한 제도와 관행이 형성되는 안보공동체(security community)로 이해될 수 있다(Adler and Bernett 1998; Deutsch 1968). 유럽의 경우 냉전 종식 이후 국제정세 변화와 새로운 안보위협에 대처하기 위해 정상회의, 각료회의 등 여러 회의를 신설하며 일련의 제도화 과정을 거쳐 1995년 유럽안보협력기구(OSCE)를 창설하고 상설기구화 했다. 동북아시아에서도 다자 안보협력이 제도화된 단계에서는 군사적 신뢰구축과 군비축소와 같은 안보문제가 국가 간의 공동인식을 바탕으로 안정적으로 운영될 수 있을 것이다.

3단계에서는 북한이 글로벌 스탠다드를 따르는 정상국가로서 활동하기 때문에 안보에 대한 위협인식이 거의 없다. 따라서 북한의 핵무기와 장거리 미사일이 완전히 폐기되어 한반도 비핵화가 달성되었고, 북한이 정상적인 국가로 동북아 다자안보제도에 적극적으로 참여하여 북-미, 북-일, 남북 간의 긴장이 해소된 상태이다. 따라서 북한은 1단계에서 제시된 중국의 안전보장이나 미국의 대북불가침선언이 커다란 의미를 가지지 않는 안보환경을 누린다. 남북 간에도 본격적인 군축이 이행되어 최소한의 필요한 군사력만이 유지되는 상황이다. 북한은 경제발전의 바탕 위에서 최소한의 군사력을 유지하지만, 그 군사력은 한반도나 동북아 안보에 위협적이지 않은 방어적 능력에 국한된다. 북한의 안전보장은 군사력에 의존하는 것이 아니라, 외교력과 동북아 다자안보제도에 의해 주로 이루어지게 된다. 물론 동북아 안보환경과 동북아 다자안보제도의 가능성은 북한문제 뿐 아니라 미-중 관계나 중-일관계 등에 크게 의존해 유동적일 수 있다. 하지만 북한문제가 이제 더 이상 한반도와 동북아 안보에 위협적인 요소가 되지 않아 동북아의 평화가 더욱 진전되는 단계로 상정될 수 있다. 이는 남북관계에서 구조적인 갈등의 요인의 제거되어 정상화된 단계를 의미한다. 이 경우 남북관계는 민족공동체 통일방안이 1단계에서 제시하는 '화해협력' 단계로 이해할 수 있을 것이다. 이를 정리하면 〈표 7-2〉와 같은 과정으로 설명될 수 있다.

〈표 7-2〉 북한의 정상국가화와 한반도 통일의 과정

1) 북한의 전략적 선택 변화 (1단계) - 핵무력경제병진 노선 및 선군정치의 포기 선언 -국제사회의 대북 안전보장: 북미평화협정, 중국의 안전보장 2) 북한의 정상국가화 이행 (2단계) -핵무기의 완전 폐기 및 남북한 군축 노력 -선군정치와 시장경제의 공존 -북미, 북일관계 정상화 및 전면적인 경제지원 3) 북한의 정상국가화 완성 (3단계) -방어적 군사력 및 남북한 군축, 한반도 안보제도화의 완성 -북한의 시장경제 완전 이행 및 남북경제공동체 추진 -'민족공동체통일방안'의 1단계 화해협력 단계 진입 4) 한반도 통일 과정의 이행

IV. 맺음말

한반도의 미래는 북한의 정상국가화, 급변상황, 현상유지 등 크게 3가지 시나리오로 예상할 수 있다. 북한의 현상유지 시나리오는 한반도가 상당기간 동안 통일되지 않는 상황을 의미하기 때문에 이 글은 한반도 통일의 미래전략으로서 북한 급변상황과 정상국가화의 두 가지 과정을 상정하고 이에 대한 대응전략을 제시하였다. 이를 통해 한반도 통일 과정이 어떠한 모습을 보이더라도 결코 쉽지 않은 미래가 될 것임을 분명히 인식할 수 있다. 한반도를 둘러싼 미국, 중국, 일본, 러시아 등의 강대국들의 이해관계가 서로 상충되고 있기 때문에 어느 국가도 통일을 적극적으로 지지한다고 확신할 수 없다. 특히 동북아 질서가 향후 미-중관계 중심으로 진행될 경우 어떠한 국가도 지역질서가 급격하게 변화하는 것을 원하지 않을 것이다. 한반도 통일은 동북아 질서의 현상변경을 의미하기 때문에 주변 강대국들은 상당히 조심스러운 접근을 할 것이기 때문이다. 이러한 상황에서 한반도 통일을 견인하기 위해서는 강대국의 일방적인 영향성을 억지하고 국제사회가 한반도의 통일의지를 받아들일 수밖에 없는 방안을 모색하는 것이 중요하다.

그러한 과정에서 독일 통일의 과정은 한반도 통일에 여전히 중요한 시사점을 제공해 주고 있다. 독일 통일은 동독의 붕괴 이후 서독의 일방적인 흡수에 의해 이루어진 것이 아니라, 통일에 대한 동독 주민들의 자유로운 선택에 의해 이루어졌다는 점을 명심해야 할 것이다. 이러한 점은 주변국의 반대에도 불구하고 독일 통일의 정당성(legitimacy)을 높여주는 중요한 계기가 되었다. 한반도 통일의 과정에서도 북한 주민들의 자유로운 의사와 선택이 매우 중요할 것이다. 북한의 급변 상황이나 어떤 정상국가화의 경우에도 북한 주민들이 한국과의 통합을 원하지 않고 독립적인 국가건설을 시도한다면 한반도 통일은 불가능할 것이다. 국제사회 역시 남북한 주민들이 합의하지 않는 통일에 대해 선뜻 동의해 주지 않을 것이다. 따라서 북한 주민들이 자발적으로 통일을 원하도록 하는 것이 한반도 통일의 정당성을 더욱 강화하는 길이다. 이러한 관점에서 강대국들에 대한 통일외교 뿐 아니라 북한 주민들에 대한 접근이 무엇보다 중요하다.

참고문헌

김계동. 2012. 『한반도 분단, 누구의 책임인가?』. 서울: 명인문화사.

김영희. 2011. "독일 통일이 한국에 주는 교훈," JPI 정책포럼 No. 2011-18.

김형률. 2004. "독일 통일에 대한 소련의 정책 전환(1989~1990)." 『한국사회과학』 제26권 제12호.

대한민국 국방부. 2008. 『국방백서』. 서울: 대한민국 국방부.

서주석. 2009. "북한의 군사제도와 정책," 체제통합연구회 편, 『북한체제의 이해: 제도와 정책의 지속과 변화』. 서울: 명인문화사.

양창석. 2009. "독일 통일 교훈과 한반도 평화통일 비전," JPI 정책포럼 No. 2009-17.

염돈재. 2010. 『독일 통일의 과정과 교훈』. 서울: 평화문제연구소.

이동선. 2009. "오바마 행정부의 안보전략: 절제된 방위와 적극적 외교." 『국방정책연구』 제25권 제2호.

이동선. 2014. "동아시아 주요국의 안보전략과 대북정책." 세종연구소 국가전략포럼 발표문 4월 17일.

조성렬. 2007. 『한반도 평화체제』. 서울: 푸른나무.

하영선. 2000. "한반도의 평화 구상." 백영철 편. 『분단을 넘어 통일을 향해: 남북해외학자 통일회의 5년 자료집』. 서울: 건국대학교출판부.

하영선·조동호 편. 2010. 『북한 2032: 선진화로 가는 공진전략』. 서울: 동아시아연구원.

한용섭. 2004. 『한반도 평화와 군비통제』. 서울: 박영사.

황지환. 2009. "한반도평화체제 구상의 이상과 현실." 『평화연구』 제17권 1호.

황지환. 2010. "선군정치와 북한 군사부문의 변환전략." 『국제관계연구』 제15권 2호.

황지환. 2013. "남북정상회담과 북핵문제: 한반도 리더십 변수의 재검토." 『국제관계연구』 제18권 1호.

황지환. 2014. "김정은 시대 북한의 대외전략: 지속과 변화의 '병진노선'." 『한국과 국제정치』. 제30권 1호.

Adler, Emanuel and Michael Barnett, 1998. *Security Communities,* Cambridge: Cambridge University Press.

Bader, Jeffrey A., 2012. *Obama and China's Rise: An Insider's Account of America's Asia Strategy*, Washington D.C.: Brookings Institution Press.

Bennett, Bruce W. 2013. "Preparing for the Possibility of a North Korean Collapse," RAND Corporation Research Report Series.

Bennett, Bruce W. and Jennifer Lind, 2011, "The Collapse of North Korea: Military Missions and Requirements," *International Security* 36(2).

Boulding, Kenneth, 1979. *Unstable Peace,* Austin: University of Texas Press.

Carpenter, Ted Galen, 2011. "Accepting Reality: Living with a Nuclear North Korea," The National Interest, August 30, http://nationalinterest.org/blog/the-skeptics/accepting-reality-living-nuclear-north-korea-5823.

Cliff, Roger, Mark Burles, Michael S. Chase, Derek Eaton, Kevin L. Pollpeter, 2007. *Entering the Dragon's Lair: Chinese Antiacess Strategies and Their Implications for the United States*. Santa Monica: RAND Corporation.

Deutsch, Karl. W., 1968. *The Analysis of International Relations,* Englewood Cliffs,: Prentice Hall.

Galtung, Johan, 1996. *Peace by Peaceful Means,* London: Sage Publications.

Glaser, Bonnie, Scott Snyder, and John S. Park, 2008. "Keeping an Eye on an Unruly Neighbor: Chinese Views of Economic Reform and Stability in North Korea," United States Institute of Peace Working Paper, Washington D.C.: U.S. Institute of Peace.

Goldstein, Avery, 2013. "First Things First: The Pressing Danger of Crisis Instability in U.S.–China Relations" *International Security* 37(4).

Hecker, Siegfried S. 2010. "What I found in North Korea: Pyongyang's Plutonium is no longer the only problem," *Foreign Affairs*, Snapshot, Dec. 9.

Hwang, Jihwan, 2013. "The Two Koreas after U.S. Unipolarity: In Search of a New North Korea Policy," *Journal of International and Area Studies* Vol. 20, No. 1.

Hwang, Jihwan, 2014. "The Paradox of South Korea's Unification Diplomacy: Moving beyond a State–Centric Approach," *International Journal of Korean Unification Studies*, Vol. 23, No.

Jervis, Robert, 1983. "Security Regimes," in Stephen D. Krasner, ed., *International Regimes*, Ithaca, NY: Cornell University Press.

Johnston, Alastair Iain, 2013. "How New and Assertive is China's New Assertiveness?" *International Security* 37(4).

Krasner, Stephen D. ed., 1983. *International Regimes*, Ithaca: Cornell University Press.

Lukin, Alexander, 2013. "Russian Strategic Thinking Regarding North Korea," The Asan Forum, October 7.

Morrow, James D., 1993. "Arms versus Allies: Trade–offs in the Search for Security," *International Organization*, 47(2).

Noland, Marcus 1997. "Why North Korea will Muddle Through," *Foreign Affairs*, Vol. 76, No. 4.

O'Hanlon, Michael and Mike Mochizuki, 2003. *Crisis on the Korean Peninsula: How to Deal with a Nuclear North Korea*, New York: McGraw–Hill.

Office of the Secretary of Defense. 2013. *Military and Security Developments Involving the People's Republic of China 2013*, Annual Report to Congress.

Stares, Paul B. and Joel S. Wit. 2009. "Preparing for Sudden Change in North Korea," Council on Foreign Relations Special Report No. 42, January.

Waltz, Kenneth N., 1979. *Theory of International Politics*, Reading: Addison–Wesley.

Wit, Joel S. and Sun Young Ahn, 2015. "North Korea's Nuclear Futures: Technology and Strategy," North Korea's Nuclear Futures Series, US–Korea Institute, School of Advanced International Studies, Johns Hopkins University, February.

Zelikow, Philip, and Condoleezza Rice, 1995. *Germany Unified and Europe Transformed: A Study in Statecraft*, Cambridge: Harvard University Press.

국가안보의 새로운 방향모색 -라운드 테이블 토론[1]

제8장

토론자 : 김상배, 김헌준, 배영자, 신범식, 신성호, 이승주,
이신화, 이태동, 정혜주, 조홍식, 조화순, 황지환

김상배: 먼저 우리 연구의 배경에 대한 말씀과 오늘 진행할 라운드 테이블 토론의 주제와 형식에 대해서 몇 가지 설명을 드리면서 시작하겠습니다. 지난 1년 동안 한국의 중장기 미래전략이라는 주제를 가지고 선생님들이 각기 전공하시는 분야의 주제들을 전체 어젠다에 맞추어서 조율하는

1 이 장은 〈한국의 중장기 미래전략: 국가안보의 새로운 방향모색〉이라는 주제로 7인의 필자들이 1년여 동안 진행한 연구 결과를 발표하고 난 후 필자들 7인과 새로이 2년차 연구에 참여하게 될, 배영자(건국대), 조홍식(숭실대), 김헌준(고려대), 이태동(고려대), 정혜주(고려대) 등 5인의 연구자들이 2015년 현재 한국의 중장기 미래전략이 고민할 문제들과 향후 이 연구팀이 탐구할 〈신흥안보의 국가전략〉의 방향을 설정하기 위해서 진행된 라운드 테이블의 토론을 녹취 정리한 자료이다. 토론은 2015년 7월 10일 오후 4:00-6:00에 진행되었다.

방식으로 세미나를 진행했습니다. 잠정적으로 프로그램의 순서일 수도 있겠고 편집본의 목차로 삼으려는 의도에서 제가 7개 발표 주제를 외교안보와 신흥안보라는 두 부분으로 나누어서 공지해 드리기는 했는데, 오늘 논문발표와 토론 말씀을 듣다 보니 이렇게 둘로 나누어 볼 것만은 아니고 미래의 국가안보를 중장기적으로 보는 좀 더 세분화된 틀이 필요하다는 생각이 듭니다.

보통 말하는 외교안보 이슈가 제1부라면, 전통 이슈와 신흥 이슈가 겹치는 부분이 제2부가 되겠고, 좀 더 새로운 이슈가 제3부로 들어오는 구조도 가능하지 않을까 생각을 했습니다. 그런 면에서 보았을 때 국제정치학에서 논의하고 있는 안보이슈라고 하는 것들이 이런 식으로 변해가면서 그런 과정에서 서로 중첩되는, 복합적인 과정을 보이면서 안보의 패러다임이 변하고 있다는 이야기가 가능할 것 같아요. 또한 그런 과정 속에서 우리가 국가안보의 새로운 방향 모색을 할 수 있을 것이라는, 상당히 중요한 기대를 가져볼 수 있지 않을까 하는 생각을 해보게 됩니다.
그런 맥락에서 1년차에는 각자 연구하고 있는 학술적인 작업 내에서 도출할 수 있는 주제들을 꺼내고 앞으로 그것을 쉬운 버전으로 풀기 위한 플랫폼을 만들기 위한 작업을 했었습니다. 1년차에는 학문적인 버전을 생각하면서 작업을 진행하셨다면, 2년차에는 독자가 학계 대중이 아닌 넓은 의미의 청중들, 제가 생각하기에는 신흥안보와 관련된 정책을 입안하고 추진하는 분들이 보시기에 도움이 되는 이야기를 우리가 해드리는 것이 좋지 않나 싶고, 좀 더 넓게는 우리가 가르치는 대학교 교양과정 학생들에게 쓸 수도 있는 교재를 만들어보는 목표를 설정할 수도 있을 것 같습니다.

1년차에 우리가 해왔던 부분은 우리의 공부나 고민의 전체적인 궤적

내에서 한국의 중장기 미래전략이 어떤 방향으로 가야 하는가, 그 중에서도 특히 국가안보의 새로운 방향을 어떻게 모색해야 할 것인가가 주제였던 것이고, 그 방향을 모색하는 것뿐만 아니라 내용에 해당되는 부분을 2년차 연구나 그 이후에 도출해 내기 위한 기초 작업을 하는 의미를 가졌다고 할 수 있습니다. 그렇다고 그 주제가 완전히 전통안보의 문제를 버리고 새로운 것으로 간다는 것은 아닙니다. 어느 정도 변환과 복합되는 부분이 있는데 그 복합되는 지점과 내용을 밝히는 것이 중요하고, 이는 오늘 선생님들의 토론에서 통해 여쭙고 싶은 말씀입니다.

이어서 미리 생각을 정리하시는 데 도움을 드리기 위해서 배포해 드렸던 라운드 테이블 토론의 가이드라인에 대해서 잠깐 말씀드리겠습니다. 크게 보아 중장기 미래전략 총론, 중장기 미래전략에서 국가안보문제의 위상, 국가안보 패러다임의 변화와 연속성, 신흥안보의 국가전략, 향후 연구과제 등에 대한 다섯 가지 질문을 드렸던 것으로 기억하는데요, 앞의 두 개의 질문은 1차 년도의 작업과 관련해서 중장기 미래전략이라고 하는 것이 현 단계의 한국에서 필요한 것인지, 그 중장기 전략이 목표로 하는 시점을 언제로 잡는 것이 좋은지, 즉 2030년인지 아니면 2025년이나 2035년인지, 만약에 중장기 미래전략이 필요하다면 어떠한 형태의 미래전략이 필요한 것인지의 문제였습니다. 대략 한국이 추구할 중장기 미래전략의 내용이 무엇인가에 대한 총론을 먼저 말씀해주시면 좋을 것 같습니다.

그리고 이것을 이어받아 주로 1년차 연구에 참여하신 선생님께서 화두를 꺼내주실 것으로 기대되는데, 이런 중장기 미래전략의 과제를 풀어나가는 데 있어서 국가안보라는 것이 어떤 위상을 가지는지, 그리고 이것이 각자 다룬 주제들, 외교안보 일반, 유엔 차원의 외교안보, 경제와 안보의 연계문제, 통일 및 대북외교와 같은 전통적인 이슈들, 또는 사이버 안보, 환경안보, 인구안보와 같은 신흥안보 이슈와 관련된 문제와 어떻게 이어지게 되는지에 대한 말씀들을 해 주셨으면 합니다. 그리고 2년차에 새로 참여하시는 선생님들께서 우리가 했던 작업에 대한 인상이나 코멘트를 해주시는 것으로 토론을 진행하면 좋을 것 같습니다.

사실 오늘 토론의 본론은 국가안보 패러다임의 변환에 대한 주제이지 않을까 싶습니다. 중장기 미래전략의 시각에서 보았을 때 한국이 당면하고 있는 국가안보 패러다임의 변화와 연속성을 어떻게 이해해야 되는가, 새로운 방향을 어떻게 모색해야 할 것인가, 그 내용이 어떠해야 하는가에 대한 이야기일 것입니다. 이것이 일종의 이행론의 시각에서 '전통안보로부터 신흥안보로'라고 이야기할 수 없는 것이라면 전통안보와 신흥안보가 적절히 복합되는 영역에서 새로운 안보이슈가 등장할 경우에 이 부분에 대해 구체적으로 이야기해야 할 필요가 있을 것 같습니다.

이러한 전체적인 맥락에서 새롭게 자리매김을 해야 하는 신흥안보의 국가전략이라고 하는 것들이 어떤 내용을 가지고 어떻게 자리 잡을 것인가에 대해 우리가 12개 정도의 주제를 설정하고 있는데, 우선은 신흥안보에 대한 총론이겠고요, 각론 차원에서 환경, 원자력, 보건, 인권, 정체성, 사이버안보, 인구, 에너지·식량, 이민, 통일 이후의 사회통합, 경제분야의 안보문제 등에 대해 어떻게 생각해야 할 것인가와 관련된 주제들입니다. 아마도 이 부분들은 각자 2년차에 하실 연구와 관련하여 예고편이라 생각하시고 문제제기를 해주시면 좋을 것 같습니다.

그리고 마지막 부분에서는 마무리 말씀 삼아서 이러한 중장기 미래전략을 모색한다는 시각에서 우리가 더 다루어야 하는 기타 연구주제가 무엇이 있을지에 대한 이야기, 그리고 학계에서 끝날 것이 아니라 이

연구가 정책 서클에 대해서 나름대로의 실천적 문제의식을 입력할 수 있을 것이냐, 더 나아가서 대중을 얼마나 설득할 수 있느냐의 문제를 얘기해 보았으면 합니다. 사실 우리가 한 작업에 대한 홍보도 중요할 텐데, 앞으로 1년 동안 공부하는 과정에서 작은 세미나일 수도 큰 컨퍼런스일 수도 있겠고, 또는 어떤 면에서는 언론과 연계되어진 특집을 기획해 볼 수 있겠는데, 이런 것과 관련된 아이디어도 주시면서 우리가 앞으로 무엇을 해야 하는지에 대한 과제를 도출해 보는데 도움이 될 것 같습니다. 이를 염두에 두시고 자유롭게 말씀해주시면 좋겠습니다.

그럼 토론의 첫 주제로서, 2015년 현 시점에서 우리가 한국의 중장기 미래전략에 대한 논의를 하고 있는데, 이런 종류의 중장기 전략의 수립에 대한 고민은 사실 국제정치 분야에서 강대국이나 패권국들이 해왔던 것입니다. 앞으로 어떻게 하겠다고 하는 것을 대내외적으로 공포하는 것이었고, 사실은 약소국들은 이런 전략이 없거나 있다고 하더라도 잘 공개하지 않고 그냥 눈치 보면서 진행하는 부분이었는데, 최근 5~10년 사이에 부쩍 한국의 국가적 위상이 개도국에서 중견국으로 상승되는 맥락에서 '우리도 이런 것이 필요하다' 또는 '남이 가라는 길로만 갈 수는 없는 게 아니냐'라는 얘기들을 많이 하시는 것 같습니다. 대략 어떠한 방향에서 어떠한 내용이 필요한 건지에 대해 선생님들 말씀 먼저 듣고 시작하는 게 좋을 것 같아 첫 번째 화두를 던져 봅니다.

이승주: 미래전략의 객관성을 확보하기 위한 노력이 필요합니다. 미래 예측에는 어떤 숨은 의도가 있을 수 있고, 이를 기반으로 미래전략을 수립하면 위험성이 내포될 수밖에 없습니다. 이러한 가능성을 차단하고 미래전략에 접근하는 것이 필요합니다. 미래 예측 가운데는 지나치게 장밋빛 전

망이 있는가 하면, 과도하게 우울한 전망도 있습니다. 예를 들어, 미국의 경우, 미국과 중국의 경제력에 대한 예측을 하면서 미래를 비관적으로 보고 현 시점에서 적극적으로 대비하지 않으면 미래 중국의 도전을 감당하기 어려울 수 있다는 식의 전망이 제시되는 경우가 있습니다. 이러한 전망에는 중국의 부상에 대응하기 위해 현 시점에서 더욱 많은 자원을 추출하고 동원하자는 숨은 의도가 있을 가능성을 배제할 수 없을 것 같습니다. 또한 우리가 얼마나 먼 미래를 내다보아야 하고 얼마나 그 미래를 객관적으로 볼 수 있는가에 대한 조심스러운 접근이 필요합니다. 왜냐하면 우리나라의 장기 미래는 멀리 가면 갈수록 암울한 미래가 많습니다. 이러한 암울한 미래는 어떤 의도가 없이도 현재를 구속하는 측면이 있습니다. 신성호 교수님이 논문에서 다루신 예측과 관련해서도 인구와 관련된 것들을 보면 대부분 다 암울합니다. 이것이 암울해지면 현재 뭔가 더 노력해야 하는데, 문제는 이러한 노력이 미래를 더욱 암울하게 만들 수 있다는 것입니다. 예를 들어서 우리나라에는 인구 노령화에 대한 경고가 많이 이루어지고 있습니다. 대체적인 논리적 고리는 노령화가 경제생산활동 인구의 감소로 이어지고, 복지 수요의 증대로 인해 젊은 세대가 과도한 복지 부담을 지게 되는 반면, 연금 개혁 등으로 인해 정작 젊은 세대는 향후 자신의 미래를 보장받지 못할 수 있다는 것입니다. 이러한 암울한 전망에 대해 개인 차원에서 해야 하는 합리적 반응은 저축을 더 많이 하고 이를 위해 소비를 줄이는 것입니다. 문제는 이처럼 개인 차원에서 지극히 합리적인 반응이 국가 차원의 미래를 당초 예측했던 것보다 더 암울하게 만들 수도 있다는 점입니다. 따라서 얼마나 먼 미래를 내다보는 것이 현 시점에서 우리의 합리적인 대응을 이끌어낼 수 있을까에 대한 우리 나름의 생각도 필요하지 않나 생각합니다.

김상배: 어느 정도 내다보면 암울하지 않고 장밋빛 미래를 내다볼 수 있을까 하는 의문이 생깁니다. 국내정치적으로는 대통령 5년 단임제를 채택하고 있기 때문에 5년 단위로 생각하는 경향이 있는 것 같습니다. 지금 2년 반 지났는데 나머지 2년 반이 지난 후에는 어떻게 될 것인가? 차기 또는 차차기가 어떻게 될 것인가에 해당되는데, 보통 차기를 이야기할 때 차차기까지는 가는데 그 다음인 차차차기는 떠올리기 쉽지 않기 때문에 사실 국내정치적 주기는 주로 10년 정도의 시기를 주로 다루지 않는가 하는 생각을 개인적으로 가지고 있습니다. 국제정치적인 차원에서의 주기는 참 어려운 파트인데, 제 글의 서두에서 약 30년 정도를 보자고 말씀드렸던 것이 어차피 우리가 주변 강대국으로부터 영향을 받을 수밖에 없는 국가라서 중국과 미국이 보이는 행보가 중요한데 중국이 지금 내걸고 있는 국가발전의 목표가 2021년, 2049년을 설정하고 있다는 점에서 10년보다는 조금 더 넓은 범위에서 동아시아나 글로벌 구조변동을 중기 내지 장기 정도 생각하고 있습니다. 이런 점에서 볼 때 10년에서 30년 정도를 우리 프로젝트에서 상정하는 중장기로 보는 데 무리가 없을 것으로 생각됩니다.

이신화: 2030년이 우리에게 여러 가지 중요한 전기가 될 것이라는 주장이 여러 번 있었습니다. 이제 15년 밖에 남지 않았는데, 30년 주기는 너무 긴 것 같고 조금 더 짧아야 하지 않는가 생각합니다. 중장기라도 시기를 줄여야 하고 워낙 빠른 국면으로 돌아가는데 30년은 너무 먼 얘기일 수 있고, 장기 플랜인 것 같습니다. 두 번째는 김상배 교수님의 글에서 규범에 대한 얘기가 등장하는데, 규범은 이제 더 이상 "막연한" 규범만이 아닙니다. 규범이 유엔 안보, 경제, 통일 등 다양한 분야에 녹아들어가는 것

이기 때문에 규범과 실질적인 연계 고리가 필요한 것이 아닌가 생각됩니다. 세 번째는 통일 네트워크 이야기가 나왔는데 신성호 교수님도 지적하였듯이, 20~30년 동안 통일이 될지 안 될지의 가변성을 가지고 논의하고 있는 상황이기 때문에, 수십 년을 상정하고 통일 네트워크나 인력과 재정 문제를 걱정하는 것은 현실적 상관성(relevance)이 다소 적다고 생각됩니다. 따라서 통일이라는 부분을 통일 과정만을 이야기할지, 통일 이후까지를 다룰 지를 고민해야 할 것 같습니다. 마지막으로 'Good Office'라는 개념인데, 유엔 사무총장의 가장 중요한 역할 중 하나가 알선, 중재를 선의로 한다는 의미의 'Good Office'입니다. 한국말로 적절한 용어를 아직 찾지 못했습니다만, 김상배 교수님이 '인(仁)'이라고 하는 게 어떤가 하셨는데, 착한 외교는 아닌 것 같습니다. 영리한 외교라는 속성이 있거든요. 그리고 신흥안보 말씀을 많이 하셨지만, 여기서 '전통안보에서 신흥안보로'라고 한 것에 있어 'coalescence'라는 말이 의미하는 바가 클 것 같은데, 이는 단순히 융합이라고 번역할 수 있는 말은 아니고 일종의 '꼬아 내는 것'이라고 합니다. 이것이 중요하기 때문에 전통안보와 신흥안보는 긴밀하게 상호 연계되어 있을 수밖에 없는 것입니다. 이 과정에서 여러 가지 신조어 및 이를 개념화하는 작업이 필요할 것입니다.

조화순: 중장기 미래전략에 대한 논의는 그야말로 국가적인 차원의 '로지스틱스(logistics)'를 이야기해야 한다고 봅니다. 먼저 2030년을 미래전략의 시점으로 본다면 2030년이 되어서 우리가 추구해야 할 전략이 아니라 2030년까지 우리가 이루어야 할 전략적인 목표를 상정해야 합니다. 선생님들께서 말씀하신 저출산, 고령화 등은 그 국가전략이 시급히 모색되어야 하는 문제로 2030년까지 그 대처방안이 수행되어야 합니다.

다른 고려 사항은 미래전략을 위한 정책제안을 하는 경우 정책수행의 주체가 누구인지를 생각해 전략을 수립할 필요가 있습니다. 구체적으로 담당부처를 지정하지 않고 미래전략을 논의하는 경우 책임감이 없어 어떤 부처도 수행하지 않는 이슈가 될 수 있습니다. 아울러 각 주체의 미래전략을 아우르는 이야기들, 즉 메타 거버넌스(meta-governance)에 대해서도 논의해야 하겠습니다.

셋째 의견은 통일 이후 미래전략을 마련하자는 안에 대한 것입니다. 국가 미래 전략을 마련하는데 통일 변수까지 포함시키면 훨씬 더 복잡한 전략적 고민이 필요할 것 같습니다. 통일 이후 한반도에서 국가전략을 어떻게 할 것인지에 대한 관점보다는, 국내외적 환경변화를 중심으로 중장기 전략이 왜 필요하고 어떤 미래 전략이 논의되어야 하는지를 생각하는 것이 필요합니다. 탈냉전 이후의 세계화, 정보화로 인해 국제정치의 패러다임 자체가 바뀌고 있고, 동아시아에서는 미국과 중국의 패권경쟁이 본격화되고 있습니다. 이런 차원에서 광복 70년이 되는 2015년은 개화기에 필적하는 격동의 시기입니다. 동아시아 내에서 중국은 경제적으로 부상하고 있고 군사력의 증강을 통해 세계로 진출하고자 합니다. 미국 역시 동아시아에 대한 재균형정책을 추진하고 있어 동아시아 내에서 두 패권국가의 대립이 이미 본격화되고 있습니다. 자유무역협정(FTA), 지역경제 질서의 재편은 세계유일의 분단국가라고 하는 한국의 현실과 맞물려 그 어느 때보다도 정부의 미래 전략을 필요로 합니다. 하지만 저는 우리가 잘 대응하고 있는지는 염려스럽습니다. 개화기 때처럼 그 결과에 대한 비전이나 구체적인 전략이 없이 그때그때 단기적 전략에 머물러 있는 것 같아 보입니다.

신성호: 이승주 교수님이 말씀하신 것이 뇌리에 와 닿았습니다. 굉장히 중요한 질문을 던지신 것 같아요. 제가 요즘 많이 느끼는 것인데, 미래전략을 다 짜서 무슨 소용이 있는가? 문제는 실현이 되어야 하는데, 제가 맡은 국방안보 분야도 문제가 있다는 것을 다 알면서도 아무도 여기에 대해서 손을 못 대고 있습니다. 작은 것 하나도 고치기가 너무 어려운 것이 현실인데, 그렇다면 굳이 미래전략 구상 같은 것을 왜 하는가 하는 생각이 많이 듭니다. 그럼에도 불구하고 굳이 해야 한다면, 무엇인가를 던져놓고 있다 보면 어느 순간 그것이 되는 계기가 되어 실현될 때가 있기 때문인 것 같습니다. 전혀 생각지도 못했던 우연적인 계기에서 일이 시작되기도 합니다. 아마 우리 연구의 의미가 여기에 있는 것이 아닌가 싶습니다. 그 씨앗들을 뿌려놓는 것입니다. 이것이 언제 어디서 어떻게 싹을 틔울지는 아무도 모릅니다. 대부분의 경우는 그냥 지나갈 수도 있지만, 이 중의 하나라도 건지면 안 뿌려놓는 것보다는 낫지 않을까요.

두 번째는 앞에서 다 이야기한 것이지만, 중장기라고 이야기했을 때 지금 한반도를 둘러싸고 하도 범상치 않은 상황이 벌어지고 있어서 평소처럼 하루살이로 살기에는 때가 태평성대가 아니어서 장기적인 전략에 대한 생각이 필요한 것 같습니다. 무엇보다 당장 우리의 주요 상대 국가들이 그렇게 하고 있는 것 같습니다. 중국은 벌써 50년, 100년을 내다보고 있고, 미국도 50~100년 앞을 바라보고 생각해 놓고 정권이 바뀐다고 하더라도 그 틀 속에서 뭔가 이루어지고 있는 것 같다는 점입니다. 그러면 이러한 시기에 이들을 상대하는 우리 입장에서는 그만큼 주도적으로는 못하더라도 우선 상대가 얼마나 길게 생각하는지는 알아봐야 하고, 그에 대한 우리 나름의 대응방안도 어쨌든 중장기를 잡고 생각해야 되지 않겠나 하는 점입니다.

세 번째는 실제로 중장기로 봐야 풀리는 문제들이 최근에 제기되고 있으며 대표적인 것이 통일문제라고 생각합니다. 매 정권마다 우리 정부가 대북 정책을 놓고 혼선을 보이는 이유가, 예를 들면 급변 사태와 통일에 대한 정책이 우선순위 없이 혼동되어서 이야기가 나오는 경향이 있습니다. 그 결과 우리의 의도와 상관없이 북한에게도 굉장히 안 좋은 신호를 보내서, 어차피 좋은 신호를 보내도 비합리적 행동들을 할 집단이기는 하나, 문제가 더 꼬이는 것 같습니다. 현실은 물론 급변 사태가 생길수도 있지만 그것 자체가 우리 정부의 통일 정책의 드라이브 자체가 되어서는 안 된다고 생각합니다. 그야말로 그것은 긴급사태이며 기본 전략은 중장기를 바라보고 우리 나름의 차분한 통일 전략을 먼저 세우는 게 적절하다고 봅니다. 그 틀 속에서 급변 사태든 뭐든 얘기가 나와야 하는데 지금 우선순위가 뒤죽박죽인 상태에서 논의가 진행되어 우리도 헤매는 것 같고 우리를 바라보는 사람들도 혼란스러운 것 같습니다. 이런 것은 우리가 제대로 잡아야 하지 않나 그런 생각이 듭니다.

조홍식: 현재 한국에서 중장기 미래전략이 필요한 이유는 대략 세 가지 차원에서 제기될 수 있을 것 같다고 생각합니다. 첫째는 세계 정치경제 질서의 변화인데, 미국의 헤게모니와 중국의 부상, 그리고 유럽의 지속적 강화라는 상황 속에서 전통적 한-미 동맹과 미국 중심의 세계관으로 새로운 미래를 준비하는 데 한계가 뚜렷하다는 점을 염두에 두어야 할 것 같습니다. 둘째는 통일과 공존의 문제인데, 분단 70년으로 민족과 국가의 상호관계가 지속적으로 약화되는 가운데 장기적 미래에 대한 합의가 부재한 것이 현재의 상황입니다. 흡수통일이라는 매우 예외적이고 어려운 방법을 모두 염두에 두고 있으며, 그럼에도 불구하고 이질적 체제의 융합

이라는 실현 불가능한 평화통일을 모두 이야기하는 초현실적 상황을 극복해야 한다는 당위성이 중장기 전략에 대한 고민이 필요한 이유를 제공한다고 생각합니다. 마지막으로는 민족 정체성과 관련된 문제인데요, 21세기 들어 민족 정체성이란 하나의 운명 공동체가 어떤 미래를 지향하는가라는 '정치기획으로서의 민족'이 중요해졌다고 생각합니다. 세계질서의 변화와 한반도의 미래에 대한 청사진을 갖기 위해서는 내부적으로 우리의 미래 기획과 내용에 대한 합의 도출이 필요하다고 생각합니다.

황지환: 예, 좋은 말씀 많이 해주셨습니다. 북한문제와 통일문제는 따로 놓고 생각하는 게 좋을 것 같습니다. 통일여부에 따라 다른 변수가 너무 급작스럽게 달라질 수 있기 때문입니다. 예를 들어 목표 연도를 30년 정도라고 한다면, 그때는 통일된 것을 상정하고 사이버안보, 환경안보 등의 신흥안보문제를 다루면 좋을 것 같습니다. 통일문제 때문에 환경안보나 사이버안보, 보건안보, UN에 대한 외교가 어떻게 될까를 논의하는 것은 너무 어려울 것 같습니다. 통일되기 전에는 북한문제를 해결하기 위한 방식으로서의 대응이 필요합니다.

중요한 것은 중장기라고 하면 목표연도를 명확하게 설정할 필요가 있고, 그런 측면에서 우리에게 의미 있는 해가 필요합니다. 중국의 경우, 2021년은 공산당 100년이고 2049년은 중화인민공화국 건립 100년인데 지금 2015년이니까 30년 정도를 생각하면 2045년은 우리의 해방 100년입니다. 식민지를 겪고 100년의 산업화 시대, 근대국가를 만드는 시대를 마무리하는 2045년에는 당연히 통일이 되어야 한다는 목표를 잡고 논의해야 할 것 같고, 그 상황에서 환경안보, 보건안보 등의 신흥안보 이슈가 세계적으로 어떠한 위기가 있을 것인가 하는 식의 고민을 해야 합니다. 2045년 정도면 괜찮은 것 같습니다. 일반적으로 한 세대를 의미하는 30년이기도 하고, 우리에게 광복 100년이라고 하는 시기이기 때문입니다. 식민지가 끝나고 격동의 근대화, 산업화의 100년의 시기를 마무리하는 시점에 우리가 어떠한 위치에 있어야 될 것인가를 명확하게 설정할 수 있을 것 같습니다.

두 번째는 오늘 전반적으로 토론하면서 느낀 생각인데, 아무래도 각각의 구체적인 어젠다에서 일정한 통일성을 가지고 논의가 되는 것 같지는 않다는 생각이 듭니다. 도입 논문 자체도 네트워크 국가의 모습을 전반적으로 그렸는데, 그러면 핵심 키워드를 우리가 공유해야 하는 것인지, 아니면 중장기 전략에서 목표연도만 공유하면 되는지, 네트워크 국가전략 관점에서 중견국의 외교를 하는 과정에서 통일, 사이버, 환경, 에너지, 인구문제를 바라보는 것인지에 대해 애로사항도 있는 것 같고 쉽지 않은 문제인 것 같습니다. 각자 개성이 강한 선생님들이 모여서 통일된 책을 쓰기는 어려운 부분이 있어, 그 부분을 조율할 필요가 있습니다. 우리가 어디까지 할 것인가, 문제제기를 강하게 할 것인가, 아니면 거기에 대한 대안을 세밀하게 제안하는 수준으로 할 것인가, 이 문제는 약간은 기술적인 부분에서 고민이 될 수도 있을 것 같습니다.

김상배: 공통의 관심사가 되는 어젠다, 즉 중장기 미래전략을 바탕으로 각자 연구하시는 분야에서 각각의 문제를 어떻게 볼 수 있는지를 서로 다른 각도에서 보여주는 과정에서 조화가 되는 게 이런 종류의 편집본이 가지고 있는 가치라고 봅니다. 우리가 공통의 주제에 맞추어서 적용하는 식의 연구를 이런 작업을 통해 굳이 할 필요가 있나 하는 생각이 들어서, 그 정도 선에서 정리해주시면 될 것 같습니다. 미래전략의 주기와 관

련해서도 적어도 현 정권의 임기 내에서 승부를 보자는 발상을 넘어서자는 것이 중장기를 논하는 취지인 것 같고, 통일문제와 관련해서도 언젠가는 통일이 되어 우리에게 닥치게 될 미래의 위협은 무엇인지, 그에 대해 무엇을 준비해야 할지를 고민하는 정도로 생각하시면 될 것 같습니다. 이렇게 보면 신흥안보 이슈는 통일 이후에도 계속 준비해야 할 대표적인 문제 가운데 하나일 것입니다. 어쩌면 좀 더 멀리 보고 공부하는 사람들이 필요할 것 같은데요, 우리가 하는 중장기 미래전략 연구는 지금 당장 유용하지는 않더라도 언젠가는 거둘 결실의 씨앗을 미리 뿌려놓는 것과도 같은 의미가 있을 것 같습니다.

이태동: 우선 미래전략이 왜 필요한가라는 질문에 대해서는 크게 두 가지를 생각해 볼 수 있습니다. 첫째, 정치의 사이클과 우리가 당면한 문제의 사이클이 다를 수 있다는 겁니다. 즉 정치의 사이클이 4년 혹은 5년이라고 한다면, 우리가 겪고 있는 문제의 사이클은 훨씬 더 장기적인 문제라는 거죠. 그래서 중장기 난제를 누가 해결하느냐에 있어, 정치의 단기 사이클 하에서 정책결정자들은 중장기문제에 별로 관심을 안 가질 가능성이 큽니다. 짧은 기간 안에 성과를 보이는 게 중요하지, 10년 20년 후의 문제는 별로 와 닿지 않는다는 겁니다. 둘째, 현재의 제도와 권력과 기득권이 미래의 제도와 권력과 기득권과는 비슷할 수도 있지만 다를 수도 있다는 문제가 있습니다. 그렇기 때문에 미래 전략의 비전으로 지속가능성이라는 개념을 생각할 필요가 있습니다. 지속가능성이라는 개념이 환경 쪽에서 많이 쓰는 개념이기는 하지만 결국은 미래 세대를 현 세대가 고려하는 발전 방향을 모색하는, 그리고 경제와 사회, 환경이라는 세 가지 축을 중심으로 모색한다는 개념입니다. 그래서 지속가능성은 환경의

문제만이 아닌 사회-경제-정치의 통시적 접근을 강조합니다. 이러한 측면에서 미래전략이 필요하다는 것은 당면하고 있는 문제의 사이클과 정치의 사이클을 조화시킬 수 있는, 그리하여 정책의 연속성을 가질 수 있는, 현재의 제도, 기득권, 권력과 미래 세대의 필요를 어떻게 조화시킬 수 있는가 하는 것이 가장 중요한 전략이고 가장 큰 과제가 아닌가 생각합니다.

신범식: 제 소견으로는 한국이 이제는 미래전략을 생각하고 준비하여야 할 필요성이 높아져서 이런 논의가 나오게 된 것이 아닌가 생각합니다. 한국이 이제 미래전략을 고민할 만한 힘과 여유가 생기고, 이런 문제의식을 고민하다 보니 생각보다 그 이슈가 복잡해서 과연 한국이 미래전략 구상을 할 수 있을까 하는 두려움도 있는 것이 아닐까라는 생각도 듭니다. 그럼에도 불구하고 이러한 논의가 나오게 된 것은 누가 똑똑해서 시작했다기보다는 우리가 이것을 할 때가 되었고 할 수밖에 없는 상황이 도래하여 이것을 안 할 수 없는 국면에 우리 사회가 들어서게 되었기 때문으로 보입니다. 꼭 강대국 미래전략에 대한 반작용 때문만은 아닌 것 같고, 세계의 변화하는 양상이 이제 미래전략을 제대로 구상하고 대응해 나가지 않으면 아마 그냥 그렇고 그런 나라로 살아갈 수밖에 없다는 절실한 고민이 시작되는 상황이 도래한 것 같습니다.

몇 가지 기술적인 말씀을 드리자면, 우선, 공동작업의 가장 중요한 목표는 환경의 변화를 잘 읽어내는 것, 객관적인 조건과 주관적인 기대를 잘 구분해 내는 것, 그리고 그 중에서 혹시 새로운 트렌드는 무엇이고 그 트렌드가 어떤 도전거리를 제시하는가를 정확히 읽어내는 것으로 설정할 필요가 있습니다. 물론 각 이슈별로 거대 트렌드와 도전에 대한 대응

방안을 제시하거나 어떤 준비가 필요하다는 정책 방향을 제시할 수도 있겠지만, 그것은 학자들의 몫이기보다는 정부의 몫이고 각급 기관들의 몫이라고 보는 것이 타당해 보입니다. 따라서 우리는 정확히 환경변화와 트렌드, 도전거리를 포착하고 이를 공유하는 목표에 치중하는 것이 좋겠습니다. 그 결과가 책으로 나와서 많은 사람들에게 읽혀지도록 우리가 대중서 집필을 지향하는 이유가 여기에 있다고 생각합니다. 우리가 읽어내는 트렌드나 변화를 공유하고 확산해서 공동의 지식기반, 아니면 집단지성을 키워가는 데 기여하면, 그것이 자연스레 여론을 만들어 내고 대응책의 필요성에 대한 압력이 되어 정치가와 관료 등이 실제로 정책을 만드는 연쇄작용을 기대해 보는 거죠. 이 같은 사회적 압력의 환경을 만들도록 기여하는 것이 우리 학자들이 할 수 있는 역할이 아닌가 생각합니다.

다음으로 시기와 관련해서는 환경문제만 가지고 보면, 저는 환경의 국제정치를 2008년부터 시작하여 7~8년 정도 관찰해 왔는데, 불과 그 짧은 기간에 커다란 변화와 움직임이 진행되는 것을 보고 있습니다. 제가 처음 환경 이슈를 접하던 때만 해도 교토의정서가 어떻게 될 것인지 예측할 수 없었고, 이후 개도국 대 선진국의 대립구도에 미국과 중국이 갈등하는 것까지 결부되어 한치 앞을 예측하기 어려웠습니다. 하지만 불과 몇 년이 지나지 않아 조금씩 변화들이 나타났는데, 코펜하겐 당사국 총회의 실패에 낙담하던 세계가 이제는 새로운 기후변화대응체제의 윤곽을 조금씩 가늠하는 단계에까지 왔습니다. 미미하지만 조금씩 나타난 그 변화들이 7~8년간 쌓이면서, 이제는 미-중 사이에 대략적 합의도 나오면서 거대한 트렌드가 만들어 지고 있습니다. 그동안 한국이 개도국과 선진국 사이에서 가교외교를 하겠다고 했던 것도 이제는 전략 수정이 필요합니다. 상황이 바뀌고 있는 거지요. 한국이 더 이상 중간에서 말만으로 중재적 역할을 하겠다는 전략은 통하지 않는 상황이 도래한 것입니다.

따라서 이슈별로 나타나는 거대 트렌드의 변화를 포착하되 향후 최대로 잡아도 10~15년 정도를 시간 범위로 놓고 트렌드의 변동과 그 제기되는 도전이 무엇인지를 밝히는 것을 현실적인 목표로 설정하는 것이 좋겠습니다. 환경 분야에서는 향후 10여 년은 지난 10여 년과는 달리 전혀 다른 싸움이 전개될 것으로 보입니다. 이명박 정부에서 그동안 한국이 활용할 수 있었던 크레딧은 거의 다 써먹은 것이 아닌가 싶습니다. 이제부터는 완전히 새로운 상황에서 새로운 전략이 필요한 상황이 되었습니다. 사실 우리가 변화에 대해 잘 준비되어 있지 못한 편이고, 비어있는 구멍이 다 드러나고 있습니다. 2015년 파리 당사국총회를 준비하며 제시한 우리의 감축목표에 세계가 모두 불만스러워 하고 있지요. 이런 부분은 단지 환경 분야의 문제일 뿐 아니라 우리의 중견국 외교 및 공공외교 등에 심각한 도전거리가 될 것임에 분명합니다.

한 말씀 더 드리자면, 그동안 발간되었던 글로벌 리스크와 관련된 WEF(World Economic Forum)보고서 10개의 버전을 쭉 보니까 최근 7~8년 사이에 변화하고 있는 특징 중의 하나인 '이슈 연계'가 굉장히 중요한 사안으로 떠오르고 있었습니다. 우리가 각자 맡은 다양한 영역에서 각각의 문제를 관찰하고 있지만, 다른 영역에서 진행되는 변화와 국내 이슈는 어떤 관련성이 있을까 하는 생각을 거의 모두들 하셨으리라 생각됩니다. 따라서 이 이슈 연계의 문제에 대해서도 우리가 함께 고민해야 하지 않을까 싶습니다. 이것은 나누어진 주제로만이 아니라 전체가 다 같이 한번 토론해야 하는 주제라고 생각됩니다.

이승주: 그것은 굉장히 중요한 포인트인 것 같습니다. 우리가 하고 있는 사안별 접근이 당연히 중요한데, 사안별로 접근하다 보면 결국 국가 차원에서는 이 개별 이슈들 사이에서의 우선순위를 어떻게 설정할 것인가가 문제가 됩니다. 결국 개별 이슈마다 자원, 인력투입, 시간이 필요한데 잘못하면 제로섬처럼, 어떤 이슈가 더 중요한지에 대한 논쟁이 생길 수 있을 것 같습니다. 중장기적인 관점에서 이 문제를 해결하려면 조화순 교수님께서 지적하신 대로 거버넌스적인 접근, 국가시스템적인 접근, 네트워크적 마인드 및 유연한 대응이 필요할 것 같고 그것이 이 프로젝트에서는 불가능해도 기본적으로 공유하면서 계속해서 더 생각하고 고민해 나가야 할 방향이 아닌가 싶고, 다음 프로젝트 정도에 그것에 대한 논의의 취합이 있어야 하지 않을까 생각합니다.

김상배: 그런 면에서 이승주 교수님이 다루시는 경제-안보 넥서스(nexus)라는 주제가 사실 현재 가장 쟁점이 되고 있는 이슈 연계에 해당되는 주제인 것 같은데요.

조화순: 이승주 교수님이 하신 말씀과 연관해서, 저는 전략이 필요한가 하는 질문을 받았을 때 우리가 전략이 있었는가도 질문해 봐야 한다고 생각합니다. 앞서 메타 거버넌스에 대해 말씀드렸습니다만 한국에서는 거시적인 차원의 메타 거버넌스가 없었다고 생각합니다. 물론 각 부처에 국제협력 파트가 있어서 미시적인 대응을 해왔지만, 급변하는 국제정세 속에서 살아남으려는 메타 전략은 무엇인지 잘 모르겠습니다. 예를 들어 새로운 시대에는 네트워크적 전략이 필요하다고 흔히 말하는데 이것은 문어발식으로 모든 국가와 친해지고 교류하자는 것으로 잘못 이해될 수

있습니다. 모두와 친하다는 것은 아무와도 진정한 친구가 아니라는 것을 의미합니다. 최근 중국과 미국 사이에서 누구와 보다 돈독한 동맹을 지속해야 하는지 설왕설래가 많았습니다. 이것은 국가적 차원의 메타적 방향성과 전략이 없어서 초래된 논란이었다고 생각합니다.

이신화: 그런 점에서 보면 외교안보 미래전략에 대해서, 한편으로는 거시적 시각에서 고려하기도 하고, 다른 한편으로는 비판적인 시각을 취하는 점도 있어야 할 것 같습니다. 사실 신흥안보 이슈들은 그 이름이 '민망할' 정도로 지난 20~30년 동안 이미 지속적으로 논의되고 있는 주제들인데 이것이 중요한 이유는 신범식 교수님이 지적한 이슈 연계와 제가 말씀드린 'coalescence'와 같은 맥락에 있다고 봅니다. 대부분의 이슈들이 서로 엮여 있기 때문에 신흥안보가 중요한 것이고, 절대로 전통안보에서 신흥안보로 가는 것이 아니라 이 둘은 같이 가는 것입니다. 이런 의미에서 유엔은 이러한 이슈들을 전부 다루고 있는 "종합백화점"이기 때문에 전통안보와 신흥안보 모두를 성공적으로 다룰지 여부를 떠나 이들을 한데 엮어낼 수 있는 편리한 장으로서 의미가 있습니다.

제 글에 담지 않은 부분, 그리고 황지환 교수가 지적한 바는, 그러면 통일은 어떻게 할 것인가 입니다. 북한에서 무슨 일이 발생하든 아니든 중국은 미국과 직접 상대하는 것이 아니라 유엔의 틀 속에서 하려고 할 것입니다. 따라서 이러한 가능성 혹은 개연성도 한국의 미래전략 과정에 들어가야 한다고 봅니다. 특히 통일 이후가 아니라 통일 과정을 이야기하려면 이 부분을 반드시 다루어야 한다고 생각합니다.

조화순, 신범식 교수님은 환경안보와 사이버안보에 관하여 종합적으로 신흥안보로서 있을 수 있는 이슈들을 논의했습니다. 그런데 인구문제를 논의한 신성호 교수님의 글은 매우 중요한 주제를 다루고 있지만 군사적 영역에만 초점을 맞추고 있습니다. 인구안보 속에서 군사적 함의 이외의 경제, 사회문제와 관련한 안보문제도 다루는 것이 적어도 두 가지 면에서 이 프로젝트를 추진하는데 필요하다고 생각합니다. 즉 이 프로젝트가 신흥안보 이슈를 다루는 점을 감안할 때 인구감소와 노령화가 가져올 군사적 부분 이외에 비군사적 영역의 문제를 안보적 관점에서 볼 필요가 있습니다. 또한 조화순, 신범식 교수님의 경우 환경이나 사이버안보 문제를 광범위한 시각에서 보고 있는데, 신성호 교수님의 경우 병력과의 연계에 초점을 두고 있기 때문에, 다루는 범위를 넓혀 다른 신흥안보 이슈의 광범위성에 범위를 맞출 필요가 있지 않나 싶습니다. 향후 우리가 추진할 연구의 방향과 관련하여 국방의 관점에서 본 인구문제를 넘어서는 좀 더 포괄적인 신흥안보의 이슈로서 인구문제를 보는 시각이 필요할 것 같습니다.

조화순: 맞습니다. 저는 인구문제와 국방 전략을 고려할 때 육군 위주의 전쟁수행전략에 대한 검토가 동시에 진행되어야 한다고 생각합니다. 우리는 전쟁수행전략이 아니라 지상군 위주로 편성이 되어 있고, 그렇다 보니 국방비는 많이 들지만 미래전에 대비하는 전략은 아니라는 평가입니다. 인구문제와 아울러 국방개혁은 이명박 정부에서도 일부 이루어졌지만 미래를 대비하는 국가전략의 수준까지는 이르지 못했습니다. 최근 인구문제를 복지의 시각에서 주로 다루고 있는데, 저는 안보의 차원에서 저출산 인구문제가 심각하다고 생각합니다. 이런 부분에서는 신 교수님이 앞으로 큰 목소리를 크게 내셔야 하는 것이 아닌가 싶습니다.

황지환: 제 생각에 신성호 교수님이 발표하신 주제와 관련해서 더 심각한 문제가 다른 편에 자리 잡고 있다고 생각합니다. 미국이 한국의 이런 부분을 알고 있습니다. 그런데 미국은 한국이 지상군을 줄이면 안 된다는 주장을 많이 하고 있습니다. 2014~2030 국방개혁을 반대하는 논의들도 워싱턴 DC에서 많이 이루어지고 있기 때문에 우리의 입장에서는 복합적인 문제가 있다고 생각됩니다. 미국은 동아시아에서의 공해전투(air–sea battle) 전략에서처럼 유사시에 해공군만 담당하고 지상군은 한국에 맡기려고 하고 있습니다. 예를 들어 제가 맡고 있는 분야의 급변 사태 같은 경우만 하더라도 당장 2025년도에 일어나면 어떻게 해야 하는가, 안정화 작전이나 대민 작전도 해야 하는데 더 심각한 문제가 발생할 수 있다는 생각이 듭니다.

이신화: 인구와 국방문제를 논할 때는 지엽적 이슈와 핵심 이슈의 관계를 새롭게 설정할 필요가 있다고 생각합니다. 인구안보가 2030년이 되면 아주 심각하기 때문에 경제, 사회, 이민문제와 모두 연계되어서 복잡한데, 인구안보라는 신흥안보를 논의할 때 향후 군사전략과만 연계하는 것이 아니라 이와 관련하여 시야의 확대가 필요하다고 생각합니다. 그리고 저는 오히려 신흥안보라는 관점에서 문제제기만 하고 끝나는 것이, 다시 말해 우리가 전략을 만들어야 한다는 화두를 제기하는 정도로 가는 것이, 오히려 어설픈 전략보다 나을 수 있다고 생각됩니다.

이태동: 전략 부분에서 우선 병력을 일정 수준으로 유지해야 한다는 것이 기본 가정인 것 같은데, 여기서 하나 살펴보고 싶은 것은, 북한의 경우 인구와 병력의 변화 추이가 어떻게 되고 있는가의 문제입니다. 이는 앞으로

연구해야 할 주제 같은데, 그 추이나 예상되는 결과를 보니 북한도 힘들고 우리도 힘들다고 한다면, 전략의 측면에서 앞으로 북한과 여러 가지 협상 등을 할 때, 군축 같은 개념들을 끌어들여서 서로 줄여보자는 식의 제안도 가능하지 않을까요? 그렇게 하려면 사실 북한도 얼마만큼 있는가에 대한 연구가 필요할 것이고, 그런 추세를 읽으면 군축 전략으로서 제시할 수 있지 않을까요?

신성호: 맞습니다. 말씀하신대로, 인구와 국방문제를 생각하다 보면 굉장히 구체적인 군사 정책상의 함의가 많은 문제이고 이를 해결하기 위해서는 국방개혁이 절실한 문제인데 답은 그렇게 접근하면 안 나옵니다. 교수님들께서 말씀하셨듯이 아예 패러다임 자체를 바꿔서 한반도에 평화를 정착시킨다든지, 군축을 한다든지, 그와 더불어 우리나라의 군사전략 자체, 말씀하셨듯이 지상군 전략 위주의 문제, 군 지휘 체계까지도 모두 들어가야 합니다. 그런데 그 하나하나가 굉장히 크고 어려운 이슈라는 점입니다. 더불어 더욱 어려운 점은 군에서는 이런 문제를 본격적으로 다루기가 굉장히 힘든 현실이라는 것입니다.

황지환: 조금 다른 문제인데, 1950년의 한국전쟁처럼 전면전의 수준에서 병력자원을 생각해야 하는 부분이 있지만, 북한과의 전쟁이 아니라 유사시 안정화 작업을 할 때의 병력자원 문제는 다릅니다. 북한은 재래식 전력과 비대칭 전력을 동시에 유지하고 있기 때문에 두 가지 모두에 대응해야 하지만, 우리 자체의 안보 전략이라는 측면이 있기 때문에 더 복잡하게 만드는 부분이 있습니다.

신성호: 황 교수님 말씀대로 적정 병력수의 산출이 쉽지 않습니다. 예를 들어 현재 병력을 인구 감소에 따른 현실적 고려와 군사기술 혁신과 개혁을 통해 향후 축소한다 하더라도 우리의 경우 급변 사태 직후, 혹은 통일 직후의 안정화 단계의 병력 수요도 함께 고려해야 합니다. 실제 전시보다는 전쟁을 이기고 나서의 안정화 단계의 병력 투입과 프로세스가 더 중요하고 더욱 많은 병력을 필요로 합니다. 평화유지군과 같이, 인구 천 명당 군인이 얼마 필요하다는 데이터를 찾아볼 수 있습니다.

김상배: 지금 말씀하시는 내용들은 앞으로 우리가 진행할 프로젝트의 예고편이라는 점에서 의미가 있는 것 같고, 특히 이 이슈는 우리 인구 전체가 어떻다는 것보다 구체적인 이야기를 하고 있어서 직접 와 닿는 부분이 있어서 기대가 많이 됩니다. 지금 이런 맥락에서 다음 주제와 연결되는 접점이 있는 것 같습니다. 제가 토론의 서두에 도발적으로 '전통안보에서 신흥안보로'라고 문제를 설정하는 것이 맞는가 하는 질문을 던졌습니다. 지금 말씀하시는 내용들은 전통안보의 문제와 신흥안보의 문제는 여러 가지 측면에서 혼란스럽게 섞여 있다는 것으로 요약해 볼 수 있을 것 같습니다. 이 대목에서 2년차 연구를 위해서 신흥안보 이슈 부분에 새로 필자로 모신 선생님들께서는 어떻게 생각하시는지 좀 더 본격적으로 말씀을 들어보면 어떨까 싶습니다. 아울러 지난 1년 동안 우리들이 진행한 작업에 대한 총평도 해주셨으면 좋겠습니다.

조홍식: 사실 지금 우리가 논하는 신흥안보라는 것은 기존에 크게 안보와 기타 영역으로 나누던 사고에서 벗어나 총체적 차원의 안보 개념을 설정한 사례라고 할 수 있습니다. 경제의 영역에 속하던 인구, 이민 등의 문제,

사회의 영역에 속하던 환경, 기술 등의 문제, 문화의 영역에 속하던 종교, 정체성 등의 문제가 모두 안보에 지대한 영향을 미친다는 인식의 결과입니다. 또한 세계화를 통해 이런 분야에서의 문제가 국가와 사회에 커다란 충격, 즉 안보적 위협에 준하는 충격을 가할 수 있다는 현실의 반영이라고 할 수 있습니다.

제가 관심을 갖고 있는 주제와 관련하여 이러한 변화의 이면에 존재하는 세 가지 문제를 지적하고 싶습니다. 첫 번째는 종교적 요인인데요, 르네상스에서 근대로 역사가 전개되는 과정에서 종교전쟁이 유럽을 피로 물들였고, 일부 종교의 확산 과정에서 폭력적 전쟁이나 안보의 문제가 제기되어 왔습니다. 그러나 21세기 들어 대중 정치의 시대를 맞아 종교적 갈등과 대립이 더욱 강화되는 경향을 보이고 있습니다. 특히 근대화, 현대화의 과정에서 소외 문명, 민족, 집단 등이 종교를 통해 폭력 세력화하고 기존의 국가체제에 위협을 가하기 시작했습니다.

두 번째는 사회적 요인입니다. 세계화가 진행되면서 인구 이동이 점차 다양한 양상을 보이고 있습니다. 과거 유럽에서 타세계로의 이민 행렬과는 달리 이제는 개도국에서 선진국으로의 이민이 중요한 인구 이동의 경로가 되었고, 이에 따라 대부분의 선진국들이 다민족 이민사회의 경향을 내보이고 있습니다. 주어진 영토에서의 주권이라는 전통적 국가 및 안보의 개념이 바뀔 수밖에 없는 상황입니다. 일례로 유럽이나 미국 사회에서 무슬림 집단의 문제를 들 수 있습니다.

세 번째로는 기술적 요인을 빼 놓을 수 없을 것입니다. 인터넷을 통한 세계적 소통의 간편화, 보편화는 전통적 안보 패러다임의 변화를 초래하고 있습니다. 소규모 정체성 집단들이 세계적으로 저렴하게 활동할 수 있는 기반이 마련되었다고 할 수 있습니다. 또한 드론과 같은 무기의 등장이 인간과 전쟁의 상호관계에 대해 완전히 새로운 차원의 도덕적 문제를 제기하고 있습니다.

이러한 맥락에서 제가 맡은 정체성과 안보의 문제에 대해서 몇 말씀 더 드리고 싶습니다. 사실 우리의 중장기 미래전략을 고민하는 과정에서 '우리는 누구인가?'라는 문제를 고민하지 않을 수 없습니다. 정체성은 적과 친구를 구분 짓습니다. 한반도에서 과거에는 국제정치의 결과에 따라 적과 친구가 결정되고 그로 인해 공산주의니 자유주의니 하는 국가의 정체성이 규정되었다면, 적어도 민주주의가 정착한 사회에서는 이른바 자유민주주의, 복지국가, 시장경제 등과 같은 정체성과 미래에 대한 기획이 국제정치적 안보적 동맹과 대립을 규정하는 측면이 커진 것 같습니다.

마찬가지로 과거도 정체성을 규정합니다. 한–일관계는 전형적으로 과거에 의해 정체성이 강하게 영향을 받는 사례이며, 그로 인해 국가안보에 지대한 변화를 초래하는 경우입니다. 민주주의 시장경제라는 면에서 한–일은 정체성과 이익을 공유하지만, 그보다 더 강한 정체성의 충돌로 실질적 협력을 못하고 있습니다. 사실 정체성의 대립은 이익의 대립보다 훨씬 강렬하고 타협의 여지가 적은 것이 사실입니다. 계량화와 타협이 가능한 소유의 영역에 비해 정체성은 존재의 영역에 속하기 때문입니다. 따라서 미래 사회에서 정체성의 대립을 축소하고, 여러 정체성의 공존 방안을 모색하는 것은 미래 안보의 우선적 과제라고 생각합니다.

정혜주: 저도 몇 말씀드리면, 사실 보건문제라고 하는 것은 굉장히 전통적인 안보문제이기는 했습니다. 처음으로 공중보건위원회(public health board)가 성립되고 격리(quarantine)라는 개념이 도입된 것이 이미 14세기 흑사병

때의 일이고 그러면서 국경을 넘어가는 전염병의 문제 때문에 인접국가에 대한 국경관리 등이 굉장히 중요한 문제로 고려되었습니다. 서울대학교 보건대학원 앞의 '건강은 국력'라는 표지석이 그 하나의 상징입니다. 역사적으로 공중보건(public health)의 도입은 징집과 관련이 있는데, 군인으로 쓰려고 징집을 해보니 그동안 국가에서 너무 관리를 안 해 건강한 사람이 없었던 것이죠. 결국에는 건강한 인구라고 하는 측면 때문에 공중보건이 도입된 것이고, 일제 강점기 때는 보건경찰이 강제력을 가지고 건강에 문제가 있어 보이는 사람들을 관리했다는 점 등에서 공중보건와 안보 사이의 전통적이고 밀접한 연관성을 생각해 볼 수 있습니다.

최근의 새로운 보건안보는 크게 두 가지 차원에서 고려해볼 수 있을 것 같습니다. 먼저 전통적인 의미에서의 전염병 관리도 ODA(Official Developmental Aid)나 국제협력 차원에서 이해되고 있습니다. 예를 들면, 태국 같은 경우 인근 국가들에 대해 ODA를 통한 지원을 많이 하고 있습니다. 이유는 HIV/AIDS가 다 국경으로 넘어오기 때문에 주변국의 보건의료시스템이 잘 형성되어 있어야 그 나라에서 전염병 관리가 되고, 그래서 자국에 영향을 덜 주기 때문입니다. 다른 하나는 말씀하신 것처럼 신흥안보가 세계화라는 현상과 극적으로 연관이 되고, 이것이 보건안보적 차원에서는, 이전에 국경을 넘어오는 수준을 넘어서는, 이제는 지리적으로 인접하지도 않은, 예를 들어 중동에 있는 사람이 비행기를 타고 와서 우리나라에 감염을 시키는 이런 문제들이 일어난다는 사실입니다. 따라서 지리적인 인접성을 넘어서는 안보의 문제가 발생합니다.

이러한 맥락에서 전통안보와 신흥안보라고 하는 것을 과연 잘라서 바로 이야기를 할 수 있을까, 오히려 전통안보적 측면과 신흥안보적 차원이 겹치는 지점들을 해명하고, 이것들에 서로 다른 거버넌스가 필요하지 않는가 하는 질문을 던지는 것이 어떨까 생각해 보았습니다.

다른 하나는 메타적 차원에서의 전략이라는 부분인데, 보건 분야 맥락에서도 옛날부터 다부문 협력이라는 이야기를 많이 해왔고, 올해 우리나라에서 개최되는 '글로벌 보건안보 구상 국제회의'라는, 미국이 주도하고 있는 회의에서도 다부문 협력 이야기가 나오고 있습니다. 왜냐하면 병원만으로는 안 되고, 이번의 메르스(MERS) 사태에서도 나타나듯이, 근본적으로 지역사회에서 격리된 분들이 어떻게 먹고 살 것인가의 문제에서부터 시작해서 비행기로 입국하는 분들에 대한 관리 등이 전부 동시적으로 이루어져야 된다는 것이고, 아마 다른 분들이 다루시겠지만 환경문제도 당연히 건강에 영향을 미치고, 물 문제, 식량문제도 보건문제이고 등등 모든 것들이 건강과 연관이 되기 때문에, 그 문제를 보건을 중심으로 볼지 다른 것으로 볼지, 아니면 말씀하신 통일 과정과 그 이후에 대한 새로운 사회나 국가전략에 대한 준비로 볼지에 따라 초점은 다르겠지만, 다부문적인 차원의 메타 거버넌스 전략은 반드시 필요할 것 같습니다.

마지막은 질문인데요, 앞서 선생님들께서 해방 100년이라는 멋있는 시기 설정을 해 주셨는데, 그 때에 대한 국가상이나 국가의 위상, 그 시점에서 30년 후의 한국이 국제사회에서 어떠한 리더십을 가질 것인지에 대한 어느 정도의 합의가 있어야 상을 잡고 그럴 수 있지 않을까 생각합니다.

황지환: 대한민국 중장기 전략에서 통일·북한문제가 중요하긴 한데 그것이 사실 전부는 아닙니다. 80-90% 정도로 생각하시는 것 같은데, 오히려 전공하는 사람으로서의 느낌은 그 때는 오히려 해결되어 가는 것이고

2045년의 대한민국은 오히려 조금 더 큰 그림을 그려야 하는 것이 아닌가 생각합니다.

김상배: 북한 전문가께서 늦어도 2045년 이전에는 통일이 된다고 하시니까 기대를 해 봐야겠습니다. (전체 웃음)

김헌준: 저는 전통적인 분야보다는 신흥분야에 관심을 많이 가지고 있습니다. 일단 드는 생각 중의 하나는, 김상배 교수님이 논문에서 '자리 잡기'에 대해 말씀하셨는데, 얼마를 내다보는가에 대해서는 한 세대 정도 내다보는 것이 적당하다고 생각하고, 하지만 내다보기는 하지만 쓸 수 있는 부분은, 신성호 교수님이 말씀하신 것처럼, 저는 대략 10년이라고 보는데, 그렇게 보는 이유는 일단은 신흥이라는 것이 잘 모르는 부분이 많고 체계적으로 정비가 되어 있지 않고, 국가적으로 대응할 체계적인 방침이나 어떤 정해진 방식이 있지 않았다는 것을 암시하기 때문입니다. 모르고 미지이고 계속 변화하기 때문에 일단은 앞으로의 흐름을 봐야 하고, 흐름을 보기 위해서는 과거의 십여 년 정도, 아니면 어떤 경우에는 더 과거로 가야할 수도 있지만 적어도 10년 정도의 변화는 봐야지 앞으로 10년이 어떻게 변화할지를 볼 수 있기 때문에, 일단은 변화하는 안보에 대해서 봐야한다고 봅니다. 하지만 신흥이라고 하는 부분이 우리나라에서 체계적인 대응방책이 마련되지 않았다는 것은 산발적으로 대응을 해오고 있다는 것을 의미합니다. 이번 메르스 사태도 마찬가지이고, 인권 관련해서도 그렇고, 특별한 사건이 일어나면 그것에 대해서 때우기 식으로 조치가 이루어지고 있고, 그 부분에 대해서도 국가 전략적인 측면에서 '왜 안 되는가'에 대한 고찰이 있어야 한다고 봅니다.

앞서 인구문제를 언급하실 때 잠깐 나왔는데, 어떤 경우에는 구조적이거나 문화적인 측면 때문에 오래 걸려서 고쳐야 하는 것들도 있고, 어떻게 보면 변하지 않는 부분도 있고, 또 어떤 변화는 정책적으로 쉽게 변화할 수 있는 부분이 있을 것 같습니다. 그것을 구분 짓는 것, 우리나라의 위치를 먼저 정해놓고 왜 지금까지 대응이 이루어지지 않았는가를 파악한 다음에 앞으로 나아가야 할 방안에 대해서 생각해 봐야 한다고 봅니다. 구조적인 것은 바꾸기 힘들겠지만, 그래도 그 안에서 어떤 방식이 있고, 아니면 정책적으로 쉽게 바꿀 수 있는 경우에는 다른 나라들, 특히 우리보다 앞서 나가 있는 미국이나 중국, 다른 유럽 국가들에서는 동일한 문제가 일어났을 때 어떤 방식으로 바꾸었는가를 보는 접근을 해야 하지 않나 생각합니다.

제가 맡은 인권안보 부분에 대해서 잠깐 말씀드리면, 사실 저는 인권문제는 안보라는 것과 결합시켜서 본 적은 없습니다. 하지만 그래야 하는 부분이기는 한데, 과연 인권안보라는 것이 무엇인가, 앞에 형용사가 있고 뒤에 안보가 있는데, 어떻게 연결시킬 것인가, 새로 봐야 하는 영역인가, 아니면 어떤 방식인가, 인권을 중시하는 방식으로 안보정책을 짜는 것인가, 아니면 안보의 성격에다 인권을 더하는 것인가 등과 같이 다양한 질문들이 있을 것 같고, 두 단어들 사이에서의 관계 정립을 잘 해야 하지 않나 생각했습니다.

지금까지 제가 가지고 있는 생각 속에서 인권안보에 대해서 생각을 해봤는데, 앞서 말씀드린 것처럼 인권규범에 있어서 큰 변화가 있고, 특히 10년부터 일어난 많은 변화로 인해 점점 인권에 대한 인식이 늘어나고, 국민들의 요구도 높아가고, 흔히 미국에서도 대테러전이나 전쟁을 할 때에도 인권적인 요구를 많이 받아들이고 있고, 또 고문이나 관타나모

베이나 이라크의 아부그랍 감옥이나 이런 곳에서도 큰 문제가 되었고, 또 고문 메모를 만들어서 대응하는 것들, 이런 부분에 있어서 안보를 이야기하고 수행함에 있어서 인권적인 요소를 더 많이 고려해야 하고 어떻게 보면 인권 친화적인 안보정책을 마련해야 하는 부분이 점점 늘어나고 있습니다.

이는 단지 국내적인 요구 때문만은 아니고 국제적으로 많은 경우에 인권 기준이 높아져서 국제형사재판소나 다양한 방법들을 통해서 제재를 가하고 있기 때문에 대응하는 방식이 많아져야 한다는 생각을 했습니다. 그런 면에서 저는 인권안보라는 이야기를 할 때 안보정책을 마련하거나 안보에 대한 구상을 할 때, 물론 인권침해에 관한 것들, 한 국가의 인권침해가 다른 국가에 영향을 미치고 난민이나 이런 부분도 있지만, 그런 부분은 '영역으로서의 인권'이지만, 그것 말고도 전반적으로 앞으로 안보정책을 만들 때, 안보를 생각할 때 인권적인 요소를 더 고려해야 하지 않나 생각합니다. 그것이 시대적인 흐름이고 미국이 나아가는 길이고, 중국은 그렇게 따라가고 있지는 못하지만, 그렇게 해야 큰 무리가 없는 안보가 되지 않나 싶습니다.

이태동: 제가 연구하고 가르치는 분야를 한 마디로 말하면, 도시들의 환경·기후변화·에너지 정책을 국제정치와 비교정치의 관점에서 연구하고 있습니다. 그것을 환경안보라는 측면에서 연결을 하자면, 특히 환경이라는 문제가 가장 상당히 글로벌하면서도 로컬한 문제입니다. 그런 문제를 주로 다루고, 우선은 환경안보가 무엇인지에 대한 연구들이 조금 있습니다. 그런 것들을 소개해서 환경이 도대체 안보와 무슨 상관이 있는지에 대한 이야기를 조금 해야 할 것 같고, 그 중에서 특히 기후변화와 관련해서 기

후변화의 적응문제와 재난 쪽으로 생각을 해봐야 하지 않을까 싶습니다. 기후변화에 대해서는 크게 두 가지 정책이 있다고 이야기하는데요, 완화(mitigation)라고 하는 저감문제, 얼마나 온실가스를 줄이는가의 문제인데 그것은 에너지 안보와 연결이 되고, 적응(adaptation)의 문제, 즉 기후변화가 이미 이루어지고 있기 때문에 어떤 식으로 우리의 시스템을 바꾸어야 할 것인가의 문제가 있습니다. 저는 환경안보에서 좁혀서 기후변화, 기후변화에서 적응의 문제, 물 문제에 그런 쪽으로 초점을 맞추어서 연구를 진행하면 될 것 같다는 생각이 듭니다. 기후변화 적응이라는 문제가 생소할 수 있습니다. 그래서 제가 이런 예를 드는데, 1년 전 2월 중하순에 경주 마우나 리조트가 붕괴되어서 학생들이 1백 여 명이 다치고 십여 명이 목숨을 잃는 사건이 있었습니다. 경주가 사실 그렇게 눈이 많이 오는 곳이 아닙니다. 특히 2월 하순에 신입생 오리엔테이션 할 때 푄현상도 없는 그런 곳에 70cm 정도의 눈이 지붕에 쌓이면 40톤 정도 무게가 되어서 부실한 건물이 붕괴된 겁니다. 인재이면서 천재인 것이지요. 지금 우리가 가지고 있는 시스템으로는 기후변화를 지탱할 수가 없습니다. 이것은 기후변화에서 적응이 필요함을 보여주는 사례로서, 남쪽의 경주에서 이른 봄에 눈이 그렇게 갑자기 많이 오는 현상이라든지, 물이 얼마나 중요한지, 가뭄이라든지 이런 것들에 대해서 논의해보려고 합니다. 앞서 말씀드렸다시피 정치의 사이클과 환경문제의 사이클이 너무나도 다릅니다. 정치의 사이클보다 기후변화의 사이클은 훨씬 길기 때문에 우선순위도 많이 떨어지는 것 같습니다. 그래서 환경안보라는 문제에서 미래전략은 무엇인가에 대해 특히, 기후변화 적응 쪽으로 이야기를 할 생각입니다.

배영자: 핵무기로서 원자력은 전통안보의 핵심적 이슈입니다. 예컨대 소위

'북핵문제'는 동아시아 공간의 전통적인 안보 논의에서 가장 우선적으로 주목받는 요소입니다. 다른 한편 원자력의 평화적 이용이라는 관점에서 1960년대 이후 원자력 발전소가 가동되어 왔고 현재 많은 국가들이 원자력발전을 활용하고 있습니다. 현재 세계 30여개 국가에서 원자력발전소가 가동되고 있으며 원자력발전은 세계 전력공급의 15%를 차지하고 있습니다. 원자력 발전 이슈에 대해서는 첨예한 찬반 논쟁이 진행되어 왔습니다만 특히 1978년 미국의 쓰리마일 섬 원자력 발전소, 1986년 우크라이나 체르노빌 원자력 발전소에 이어 2011년 일본 후쿠시마 원자력 발전소에서 대형 폭발 및 방사능 유출 사고가 이어지면서 원자력 발전이 위협으로 인식되고 이를 새롭게 안보적 차원에서 접근해야 한다는 인식이 증대되고 왔습니다. 후쿠시마 사고 이후 많은 선진국들이 원자력 발전을 중단하거나 감소시키는 결정을 한 반면, 동아시아, 중동, 중앙아시아 등에서 원자력 발전은 여전히 확산되고 있습니다. 동아시아 지역에서는 특히 중국과 한국에서 원자력 발전소가 활발하게 건설되고 있어 원자력 발전의 위협과 안정성에 대한 높은 관심이 요구되고 있습니다.

원자력 이슈 자체가 전통적인 핵안보와 원자력 발전의 위협이라는 복합성을 가지고 있고 아울러 원자력발전 문제는 명백히 환경이나 에너지 이슈와 관련되므로, 이는 여러 겹의 복합성을 가진 이슈입니다. 원자력 발전 이슈는 급속도로 이루어지는 경제성장과 소비증대에 따른 효율적인 에너지원의 확보와 보건 및 지구생태계의 보호라는 인류 생존의 근원적인 문제가 부딪치는 지점에 놓여 있습니다. 또한 체르노빌이나 후쿠시마 사고에서 경험했듯 한 지역이니 국가만의 문제가 아니고 광범위한 지역 내지 글로벌한 차원에서 다루어질 수밖에 없는 이슈입니다. 원자력 발전은 진입장벽이 높을 뿐 아니라 이제까지 아쉽게도 소위 '원자력 마피아'에 의해 폐쇄적 의사결정 과정을 통해 주요한 결정이 이루어져 왔다고 비판받고 있습니다. 현재 원자력 발전이 처한 여러 가지 상황들을 고려하여 원자력 발전을 신흥안보 이슈로 분석하면서 원자력 발전 안전성의 국내, 지역, 글로벌한 네트워크 거버넌스를 어떻게 짜 나가야 할지를 구상해 보고자 합니다. 우리나라는 방사능 폐기물 처리장 부지 선정과정에서 극심한 갈등을 겪은바 있고 후쿠시마 사고 이후 원자력 발전 확산 자체가 논쟁의 대상이 되고 있는 만큼, 국가안보적 시각에서 원자력 발전 문제를 어떻게 이해하고 결정해야 하는지 생각해 보고자 합니다.

김상배: 신흥안보 이슈에 논의의 초점을 맞추면서 서서히 마무리하는 단계로 들어가야 하지 않나 생각합니다. 신흥이라는 말을 쓰는 것이 맞는가에 대해 문제제기를 해보려고 합니다. 사실은 종전에는 전통안보와 이에 대비해서 비전통안보 정도로 불렀는데, 최근에 우리 그룹을 중심으로 해서 비전통안보라고 하면 이슈를 너무 전통안보와의 관계 속에서 상대화시켜서 보게 되고 그 결과로 전통적인 것에 비해 부차적인 의미를 갖는 안보 이슈라는 느낌이 있다는 지적이 있어 왔습니다. 따라서 용어 자체에 대한 고민을 시작하게 되었고요, 새로운 관심을 가지고 새로운 대응을 할 필요가 있는 새로운 안보의 문제라는 의미에서 신흥안보(emerging security)라는 개념을 사용하고 있습니다.

이 토론이 시작되기 전에 이신화 교수님이 언급하시길, '지금 신흥이라고 하면 중국이 자꾸 떠올라서 개념이 좀 헷갈린다'라고 하셨는데, 사실 신흥이라는 말은 다의적일 수밖에 없다고 봅니다. 이슈영역이라는 것 자체가 전통적인 군사안보의 영역을 넘어서는 새로운 이슈들, 위협의 발생 자체가 국가 자체가 아니라 국가를 넘어서서 초국적으로 이루어지고,

그것을 해결하는 방식도 글로벌하게, 해결에 참여하는 행위자들도 단순히 국가 행위자들뿐만 아니라 다양한 비국가 행위자들이 참여해서 만들어내고 또 그럴 필요가 있는 성격의 안보이슈인 것이고, 안보문제를 해결해나가는 국가전략 자체도 전통적인 방식이 아니라 조금 더 스마트하고 주위의 환경을 고려하는 네트워크 전략이 필요하다는 의미에서, 그러한 다의적인 뜻에서 신흥이라는 용어를 쓰는 것은 의미가 있다고 봅니다. 특히 국내 학계의 전체적인 상황을 놓고 보았을 때 새로이 등장하는 안보 이슈들에 대해서 신흥안보라고 붙인 것은 우리 그룹이 처음 시도하고 있어서, 학계에 나름대로 던지는 의미가 있지 않나 생각합니다.

신흥안보의 국가전략이라는 주제와 관련해서, 새로 모신 선생님들께서 각자 맡으신 분야에서 국가안보의 문제를 어떻게 다룰 것인지의 이야기를 해주셨고, 1년차에 참여하셨던 선생님들께서도 2년차가 되면서 주제가 바뀌기도 하고 확장되기도 하고 조정되기도 하는 과정에 있으신 것으로 알고 있는데, 그러한 과정에서 담고 있는 국가전략에 대한 고민들이나 방향들을 소개해 주시면 좋지 않을까 하는 생각이 듭니다.

신범식: 이태동 교수님께서 말씀하신 것을 이어서 이야기해 보자면, '적응'에 해당되는 부분에 대한 관점으로 환경과 물 문제를 엮으실 수 있다고 하셨는데, 그에 비하여 에너지문제는 사실 굉장히 전통적인 안보문제로서 지정학적 측면도 있으면서 동시에 소프트한 협력의 측면도 가지고 있는 이슈라서 어떤 측면에 더 무게를 두고 다루어야 할 것인가 하는 문제가 있습니다. 그렇지만 소프트한 부분과 관련하여 에너지정책 변동과 소비와 연관되어지는 부분, 즉 에너지와 사회가 연결되는 이슈로서 식량을 엮어볼 수도 있지 않을까 하는 생각은 듭니다. 다만 이 경우에 한 가지 걱

정되는 것은 다른 주제들은 이슈 영역이 비교적 하나로 선명하게 정돈되는데 비해 환경·에너지·식량·수자원문제는 환경과 수자원, 에너지와 식량을 연결하여 다룬다고 할 때 다른 주제들과 형식적으로 상이한 측면도 나타나는데, 이런 문제들은 어떻게 하면 좋을지 생각해 볼 필요가 있습니다.

김상배: 신범식 교수께서 발표하신 논문에 실려 있는, WEF의 글로벌 리스크 보고서(Global Risk Report)에서 인용한 그림처럼 네트워크로 다 연결되어 있는 부분이고, 위협도 연결되어 있고 솔루션도 연결된 상태를 염두에 두고 고려해야 하는 것은 맞는데, 잘 지적해주신 것처럼 그 중에서도 클러스터를 이루고 있는 이슈들이 있습니다. 그런 부분을 중심으로 분별해 내고 연결하는 부분을 생각하는 것도 필요할 것 같고, 올 9월부터 시작하게 될 세미나의 순서도 주제별로 묶어서 이야기해 보면 어떨까 생각하고 있습니다.

신범식: 앞서 메타 프레임워크나 거버넌스가 필요하다는 말씀도 하셨는데, 전체 논의의 맨 뒤에 필자들이 논의했던 것들을 다 엮어서 우리가 한국의 미래전략을 바라볼 때 한국의 입장에서 조금 더 강하게 다가오는 도전들은 무엇인지를 정리하고, 그에 입각한 주제지도를 그려서 정리해 내면 어떨까요?

김상배: 저도 9월에는 글로벌 리스크 보고서를 다 함께 읽어보면서 우리가 생각하는 신흥안보의 범위가 어디인가에 대한 작업을 한다는 생각으로 2년차 세미나의 서두에서 발제를 해보려고 했는데, 지금 신 교수님이 말

씀하신 취지라면 오히려 세미나의 마무리 단계에서 발제를 하는 것이 맞겠네요?

신범식: WEF 보고서는 개별적으로 참조를 하시되 그것은 WEF의 이야기이고, 우리가 2045년이든 2030년이든 한국의 어느 시점을 바라볼 때 어떤 이슈들과 도전들이 우리에게 더 강하고 시급하고 구조적인가를 보여주는 이슈 맵을 만들어보는 작업들이 필요할 것이라고 생각합니다.

김상배: 알겠습니다. 그런 면에서 아까 말씀하신 메타 거버넌스의 솔루션 메커니즘을 도출하는 문제와 연결되는 부분이라고 봅니다. 혹시 다른 선생님들께서는 어떻게 생각하시는지요? 신성호 선생님, 아까 인구문제를 더 넓혀서 해보시라는 주문을 받으셨는데요.

신성호: 제 스스로가 궁금한 것은 혹시 기대하는 게 있으신지요? 아까 이신화 선생님께서 말씀하신 두 가지 모두 중요한 것 같습니다. 한편으로는 이번에는 좁게 보았는데, 다음에는 오히려 넓혀서 볼 수도 있을 것 같습니다. 아니면 문제제기를 다시 간략하게 한 다음에 대안제시 형태로 갈 수도 있고, 두 가지 다 가능할 것 같기는 한데 저도 고민을 좀 더 해보겠습니다. 2년차의 전체적인 형식과 맞춰서 할 수 있는 방안을 생각해 보겠습니다.

이신화: 자꾸 신 교수님 글만 "시비"거는 것 같아 죄송합니다만, 그만큼 인구안보가 너무 중요하다고 생각합니다. 물론 신 교수님이 논의하신 병력 부분도 결코 좁은 주제는 아닙니다. 하지만 너무나도 중요한 인구안보와

관련해서 사회과학자적 입장에서 조명, 분석할 전문가가 거의 없습니다. 우리가 화두를 던져서 누군가가 언제든지 참고할 수 있는 작업을 해야 한다면, 신 교수님이 인구안보에 어떤 하위 주제들이 있다는 것을 언급하여 엮어주는 작업만 하셔도 굉장히 큰 도움이 될 것 같다고 생각합니다.

김상배: 아까 말씀하신 부분에 더해서, 지금 신 교수가 다루신 논의는 군사적 함의가 있는 쪽의 인구문제인데, 사실은 경제·산업인력, 그야말로 일할 사람이 없는 문제나 누가 먹여 살릴 것인가와 관련된 이야기 쪽에 한 축이 있고, 더 나아가서는 복지도 연결되고 일상적인 삶이든지 인구가 고령화 되는 과정 속에서 삶의 질이 어떻게 되는지, 즉 문화와 관련된 문제를 포함해서 크게만 봐도 세 가지 정도의 영역이 있다고 보입니다.

이신화: 이런 분야들을 신 교수님이 다 하실 수는 없지만 그것을 맛보기로 처음에 엮어 주시고, 사례연구로 진행하는 방법은 어떨까 제안해 봅니다. 다른 분야들은 한 번씩 들어보았는데 인구안보나 인구문제에 대해서 한국도 마찬가지지만 유엔, 일본, 미국 등지에서 굉장히 많이 논의되고 있습니다. 신성호 교수님이 하실 수만 있다면 굉장한 블루오션이 아닌가 하는 느낌이 들고, 우리의 전략에 있어서도 상당히 중요하다고 생각합니다.

김상배: 황지환 교수님도 2년차에 주제가 조금 바뀌는데, 통일 이후의 사회통합은 굉장히 중요한 문제입니다. 어떤 계획을 가지고 계신지요?

황지환: 다른 연구를 하는 과정에 사회통합이 실패한 사례들을 보는 기회

가 있었습니다. 무엇이 문제가 되고 해결책은 어떠한가에 대한 논의가 있는데, 이를 살펴보면 정치적인 문제로 돌아오게 되는 부분이 있습니다. 우리나라에서 취약한 부분이 사회통합·갈등조정 이런 것인데, 결국 정당과 의회의 역할이 약하다는 문제가 있습니다. 그런 부분에 관심을 가지고 있는데, 성공사례라고 할 수는 없지만 기능주의나 통합의 모습들을 보이는 프레임워크들이 있는데, 거기에서 사용하고 있는 여러 가지 대안들이 있습니다. 일반적으로는 확산(spill over) 효과만 생각하는데 그 외에도 비국가 행위자들의 관계적인 측면도 살펴볼 필요가 있습니다. 이 부분은 북한 주민들에 대한 접근성과 친근성을 확보하는 것입니다. 결국 사회통합을 하려면 주민과 주민 간의 관계가 중요한데, 안정화 작전을 미국이 잘 못하는 이유는 그 지역의 사정을 잘 모르기 때문입니다. 그런 상황을 이해하고 한국사회의 구조를 이해한 상태에서 독일, 스코틀랜드, 스페인 등의 다양한 사례들을 보면서 실패한 이유를 분석해 볼 필요가 있습니다. 이 문제는 우리가 논의한 네트워크와도 결국 관련이 되는데, 관계적인 측면에서 어떠한 모습을 만들어내느냐에 관한 생각입니다.

김상배: 통일 이후의 사회통합문제는 다문화 가정이나 이민문제와도 밀접하게 연결됩니다. 이신화 교수님께서 다루는 이민 관련 이슈는 어떤 입장으로 접근하려고 하십니까?

이신화: 저는 사실은 난민 이야기를 더 많이 하고 싶습니다. 요즘에 보니까 이민과 난민을 엮어서 크게 두 가지로 할 수 있을 것 같습니다. 유럽의 경우, 유럽요새정책(Europe Fortress Policy)이라고 하여 난민인정이나 난민비호신청자(asylum seeker)들을 아예 처음부터 거절하여 이들 중 많은 사람들

이 이동과정에서 죽는 인도주의의 문제가 발생하기도 합니다. 그 반면에 난민이나 이민은 불쌍한(helpless) 사람을 다루는 인도주의적 문제일 뿐만 아니라 이 문제를 잘못 관리하면 수용국의 사회적 불안 및 출신국과 수용국간 정치적 긴장관계나 실질적 분쟁이 발생할 수 있는 "안보문제"이기도 합니다. 더 이상 단일민족국가가 아닌 한국의 경우, 점점 저출산이 문제가 되면서 이민자를 점점 더 받아들여야한다는 현실을 감안할 때 지구촌 여러 다민족국가들이 경험한 문제들을 연구해볼 필요가 있습니다. 예를 들어 2005년 프랑스 파리 외곽에서 이민자 및 이민자 2-3세에 의해 발생한 소요사태에서 볼 수 있듯이 한국도 이민자문제를 잘 관리하고 더불어 사는 문화를 조성하지 않으면 이민자 소요사태나 사회 내 다민족들 간의 갈등문제가 바로 우리 자신의 문제가 되는 것은 시간문제일 것입니다. 난민이나 이민자문제들은 한국뿐만 아니라 일본의 경우도 단순히 정책이나 법제적인 문제가 아니라 사회 규범이나 통념, 사회통합의 문제 및 국제사회의 역할 등이 연결된 복합적인 이슈이기 때문에 글로벌 차원과 국내 차원에서 양쪽 부분을 다루고자 합니다.

김상배: 인구안보와 사회통합 이슈, 난민·이민 세 가지가 같이 가야 맥락이 형성될 수도 있겠군요.

이신화: 그럴 수도 있고 인권안보와도 연결이 될 수 있습니다. 힘없고 취약한(helpless and vulnerable) 사람들을 어떻게 할 것이라는 문제도 난민 이슈에 포함되어 있습니다. 저는 이민 속에 난민을 포함하고 싶습니다.

신범식: 클러스터를 만들어 생각하는 것이 매우 중요합니다. 제가 WEF의

보고서 10년 치를 보면서 그 사람들이 클러스터링 한 방식은 자신들의 문제의식이나 목표를 바탕으로 이슈가 서로 연계되는 고리를 추적한 것이었습니다. 물론 이런 측면도 봐야지만 동시에 우리 입장에서 어떻게 클러스터링 해야 하는가의 생각도 필요하다고 봅니다. 가령 이주 문제는 각각의 위험요인들을 매개하는 요인으로는 단순위험을 폭발성이 높은 이슈로 전환시키는 대표적인 이슈입니다. 환경이건 에너지이건 식량이건 물 문제이건 이쪽의 클러스터들이 갑자기 상위정치로 연결되는, 즉 전쟁이나 국가의 혼란이나 내전으로 갈 수 있는 가장 큰 역할을 하는 매개변수로 이주가 주목되고 있습니다. 물론 이 경우 비자발적 이주가 가장 큰 변수였는데, 이에 비하여 자발적 이주는 다문화 사회에서의 불안정성과 연결이 될 수 있을 것입니다. 이처럼 이주문제는 여기저기 연관될 수 있는 이슈이기 때문에 제 생각에는 한국 입장에서는 이주문제의 어떤 부분이 제일 큰 문제인가를 고려해서 클러스터링을 하는 것이 맞겠다고 생각됩니다.

이신화: 제 생각으로는 한국 이야기만 쓰기보다는 신흥안보라는 것이 글로벌한 차원과 연결될 수밖에 없기 때문에 글로벌 트렌드가 어떻게 변화하고 있고 그 사이에 한국도 예외는 아니라는 맥락에서 다루어야 하지 않을까 싶습니다.

김상배: 말씀하시는 것을 들으니 주제마다 구성은 조금씩 달라질 수 있을 것 같습니다.

이신화: 제가 머릿속에서 정리를 하지 못했던 부분이 자발적·비자발적 이

주를 구분하는 부분이었습니다. 비자발적 이주는 난민을 포함해서, 불쌍한 사람들에 대한 인도주의적 문제이면서 국가 간의 전쟁까지 불사할 수 있는 안보이슈이고, 자발적 이주는 이주자가 스스로 선택하는 것이긴 하지만 수용국/정착국에서 잘못 관리되면 사회 갈등을 야기할 수 있는 이슈입니다.

신범식: 그런 의미에서 자발적 이주와 관련된 이주가 좀 더 의미 있지 않을까요?

이신화: 그럴 수도 있고, 북한이 어떻게 되는가에 따라서 탈북자문제도 저는 굉장히 중요하다고 봅니다.

김상배: 지금 보기에 가장 쉬운 방법으로는 환경안보와 원자력안보, 에너지·식량이 한 그룹인 것 같고, 두 번째는 이신화 교수님이 계속 묶어주시는 인구와 이민, 인권과 사회통합의 한 그룹이 가능할 것 같습니다.

조화순: 이신화 교수님이 말씀하신 문제도 사회통합문제입니다. 탈북자, 다문화문제도 사회통합 이슈에서 다룰 수 있습니다. 이슈별로 다루면 문제의 복합적이고 융합적인 성격을 파악하는 데 어려움이 있습니다.

조홍식: 사실 안보담론과 현실정치의 관계를 어떻게 설정할 것이냐의 문제는 중요한 것 같습니다. 신흥안보가 등장한다고 해서 기존의 전통안보의 문제와 필요성, 사고 등이 사라지지는 않을 것이라고 생각합니다. 그러나 사회적으로 신흥안보의 필요성을 제안하고 주장할 수 있는 세력은 극소

수인 반면, 전통안보의 사회적 기반과 기득권 세력은 엄청난 힘을 갖고 있습니다. 진정한 국가전략은 그 전략을 사회적·정치적·정책적으로 실천할 수 있는 사회적 엔지니어링의 개념을 동반해야 합니다. 어쩌면 전술적인 측면에서 신흥안보의 개념으로 전통안보를 포괄할 수 있고, 해야 한다는 주장이 필요할지도 모르겠습니다. 전통적인 의미의 국가안보를 강조하는 거시적 담론이 신흥안보 담론을 포획하는 것을 피하는 것이 무척 중요할 것이라고 생각합니다.

이런 점에서 학계에서 국가전략에 대한 청사진을 제공하는 것도 중요하지만 한국 정치의 양극화 및 사회의 양분을 감안할 때, 이를 정치적으로 뒷받침할 수 있는 합의조성이 더 중요할 것입니다. 보수와 진보로 양극화, 양분된 정치와 언론을 학계의 논의와 연결하여 의제설정을 이뤄내야지만 유익한 지적 논의가 현실적으로 전략화 될 수 있습니다. 정파적 의미의 현실 정치와 상당한 거리를 두면서도 양 정치진영이 동참하여 국민적 전략을 고민하고 토의하는 장의 양식과 형식을 고민할 필요가 있을 것 같습니다.

김상배: 한국의 중장기 미래전략이라는 시각에서 앞으로 국가안보에 대한 논의가 어떠한 방향으로 이루어져야 하는지에 대해서 밀도 높은 말씀들이 오간 토론의 자리였던 것 같습니다. 우리가 설정하는 중장기라는 시간대는 5년이나 10년 또는 30년이라는 틀에 갇힐 필요는 없을 것 같습니다. 오히려 단기－중기－장기라는 구도에서 중층적인 시간대를 설정하는 것도 복합적인 전략을 구사하는 방법일 것 같고요, 좀 더 멀리는 지난 100년의 한반도 역사를 되돌아보며 향후 100년을 내다보는 혜안도 필요하다는 생각이 드네요. 한반도 백년대계를 모색하는 구도 위에서 앞으로

한 세대를 어떻게 꾸려 나가야 할지, 그리고 그러한 미래를 위해서 우리는 오늘과 내일 무엇을 할지에 대한 고민을 담아야 할 것 같습니다.

다소 거칠지만 미래를 준비한다는 취지로 지난 한 해 한국의 중장기 미래전략에 대한 공부를 해보았습니다. 그 과정에서 얻은 잠정적인 결론이라면 결론은 변화하는 국내외 환경에 맞추어 국가안보의 새로운 방향을 모색해야 한다는 것 같습니다. 그리고 이러한 고민의 웅덩이에서 우리 팀이 건져낸 것이 있다면 신흥안보의 국가전략이라는 아이템일 것 같습니다. 오늘 여러 선생님들이 말씀해 주신 것처럼 앞으로 일 년여의 시간 동안, 신흥안보론 그 자체에 대한 공부뿐만 아니라 좀 더 구체적인 사례로서 기후변화, 에너지·식량, 원자력, 보건안보, 사이버안보, 사회통합, 인구, 이민, 인권, 정체성, 경제양극화 등과 관련된 21세기 국가안보의 문제들을 탐구할 것을 기약하면서 오늘 토론은 여기서 마무리하겠습니다. 감사합니다.

저자 소개

김상배

현 서울대학교 정치외교학부 교수

서울대학교 외교학과 학사 및 석사, 미국 인디애나대학교 정치학 박사

대표 저서: 『아라크네의 국제정치학』(2014), 『정보혁명과 권력변환』(2010), 『정보화시대의 표준경쟁』(2007) 외 다수

신범식

현 서울대학교 정치외교학부 교수

서울대학교 외교학과 학사 및 석사, 러시아 모스크바국제관계대학교 정치학 박사

대표 저서: 『21세기 유라시아 도전과 국제관계』(2006), 『한국과 러시아의 전략협력』(2015), 『중국의 부상과 중앙아시아』(2015) 외 다수

신성호

현 서울대학교 국제대학원 교수

서울대학교 외교학과 학사, 미국 Tufts 대학 Fletcher School 석사 및 박사

최근 논문: "19세기 유럽협조체제(The Concert of Europe)에 나타난 강대국 정치를 통해 본 21세기 중국의 신형대국관계"(『국제정치논총』 2014), "Northeast Asia's Aging Population and Regional Security "Demographic Peace?""(Asian Survey 2013) 외 다수

이승주

현 중앙대학교 정치국제학과 교수

연세대학교 정치외교학과 학사 및 석사, 미국 캘리포니아 버클리대학교 정치학 박사

대표 편저서: 『국익을 찾아서』(2013), *Trade Policy in the Asia-Pacific*(2011) 외 다수

이신화

현 고려대학교 정치외교학과 교수, 현 유엔 사무총장 평화구축기금(PBF) 자문위원

미국 메릴랜드 주립대학교 국제정치학 박사, 전 유엔 사무총장 르완다학살독립위 자문관, 전 동아시아 비전그룹(EAVG) 의장자문관

대표 저서: 『국제기구와 한국외교: 이론과 실제』(2015, 공저), *New Thinking on Diplomacy Toward North Korea* (2014, 공저), *Does Helmet Color Matter? Discrepancy in Korea's International Peace Operations* (2014), *The Pursuit of Multilateral Cooperation amidst Growing Political and Economic Divides in Northeast Asia* (2015)

조화순

현 연세대학교 정치외교학과 교수

연세대학교 학사 및 석사, 미국 노스웨스턴대학교 정치학 박사

대표 저서: 『한국 정당의 미래를 말하다』(2015), 『사이버 공간의 문화코드』(2015), *Building telecom markets: evolution of governance in the Korean mobile telecommunication market* (2013), 『정보시대의 인간안보: 감시사회인가? 복지사회인가?』(2012)외 다수

황지환

현 서울시립대학교 국제관계학과 부교수

서울대학교 외교학과 학사 및 석사, 미국 콜로라도주립대학교 정치학 박사

최근 논문: "The Paradox of South Korea's Unification Diplomacy: Moving beyond a State-Centric Approach," (*International Journal of Korean Unification Studies*, Vol. 23, No. 1 2014), "김정은 시대 북한의 대외전략: 지속과 변화의 '병진노선'" (『한국과 국제정치』 제30권 1호, 2014), "The Two Koreas after U.S. Unipolarity: In Search of a New North Korea Policy," (*Journal of International and Area Studies* Vol. 20, No.)

한국의 중장기 미래전략:
국가안보의 새로운 방향모색

발행일 1쇄 2015년 12월 25일
지은이 김상배 외
펴낸이 여국동

펴낸곳 도서출판 인간사랑
출판등록 1983. 1. 26. 제일-3호
주소 경기도 고양시 일산동구 백석로 108번길 60-5 2층
물류센타 경기도 고양시 일산동구 문원길 13-34(문봉동)
전화 031)901-8144(대표) | 031)907-2003(영업부)
팩스 031)905-5815
전자우편 igsr@naver.com
페이스북 http://www.facebook.com/igsrpub
블로그 http://blog.naver.com/igsr
인쇄 인성인쇄 **출력** 현대미디어 **종이** 세원지업사

ISBN 978-89-7418-342-4 93340

이 도서의 국립중앙도서관 출판시도서목록(CIP)은 서지정보유통지원시스템 홈페이지(http://seoji.nl.go.kr)와 국가자료공동목록시스템(http://www.nl.go.kr/kolisnet)에서 이용하실 수 있습니다.(CIP제어번호: CIP2015032647)